Herbert Haag
Vor dem Bösen ratlos?

Herbert Haag
Vor dem Bösen ratlos?

In Zusammenarbeit mit
Katharina und Winfried Elliger

R. Piper & Co. Verlag
München Zürich

ISBN 3-492-02397-5
© R. Piper & Co. Verlag, München 1978
Gesamtherstellung Clausen & Bosse, Leck
Printed in Germany

Si malum est, Deus est
Wenn das Böse ist, ist Gott

Thomas von Aquin

Inhalt

Zum Thema

In allen Bereichen seiner Existenz fühlt sich der heutige Mensch ungewöhnlich stark vom Bösen bedroht. Häufig wird sogar die Ansicht geäußert, noch niemals sei die Menschheit so sehr von der Macht des Bösen gezeichnet gewesen wie heute. Man wird mit derartigen Urteilen zurückhaltend sein müssen. Es genügt, nur wenige Jahrzehnte in der Geschichte zurückzugehen, um auf ganz andere Triumphe des Bösen zu stoßen. Und ein Blick in die Geistesgeschichte zeigt mit aller Deutlichkeit, daß das Problem des Bösen den menschlichen Geist zu keiner Zeit in Ruhe gelassen hat, ob es nun die Erzähler und Propheten des Alten oder die Evangelisten und Briefschreiber des Neuen Testaments waren, die Kirchenväter der christlichen Frühzeit, die Theologen des Mittelalters, die Denker der Neuzeit oder auch die Vertreter der modernen Verhaltenswissenschaften. Immer von neuem ist die Frage nach Ursache, Wesen und Bewältigung des Bösen gestellt worden, wenn auch mit unterschiedlichen Akzentuierungen, mit zum Teil auch stark divergierenden Antworten.

Gerade die Vielzahl von Versuchen scheint auf die Unlösbarkeit des Problems hinzudeuten und die Ratlosigkeit des Menschen vor dem Bösen zu beweisen.

Schon bei der Frage, was als böse zu bezeichnen ist, scheiden sich die Geister. Daß es keine ein für allemal feststehende, sondern eine von zeitlichen und räumlichen Bedingungen abhängige Größe ist, wird keineswegs immer als selbstverständlich vorausgesetzt. Auch die Möglichkeit unterschiedlicher Bewertungen derselben Sache sollte vor einer vereinfachenden Rede von »dem Bösen« warnen. Ist die Ausbildung an der Waffe Voraussetzung für die Verteidigung eines der höchsten Güter, des Vaterlandes, oder Vorbereitung zum Mord? Sind

Utopien notwendig zur Veränderung der Welt, oder führen sie zu neuen Abhängigkeiten, zu Despotismus und Terrorismus?

Andererseits behandeln sowohl Theologen als auch Philosophen das Problem des Bösen für gewöhnlich in der Dimension der menschlichen Freiheit als Voraussetzung für das Tun des Bösen, wobei es gleichgültig ist, ob dieses Tun letztlich als Negation des Göttlichen oder als Negation des Menschlichen gedeutet wird. In jedem Fall wird eine Erklärung mit Hilfe innerer oder äußerer Faktoren zwanghaften Charakters abgelehnt. Das gilt sowohl für eine Erklärung des Bösen durch die biologische Determiniertheit des Menschen, also durch seine Instinkte und Triebe, als auch für die Verlagerung der Ursache des Bösen aus dem Menschen heraus in eine den Menschen zwanghaft bestimmende Umwelt mit ihren institutionellen und gesellschaftlichen Strukturen sowie ihren je spezifischen Gruppierungen und Herrschaftsformen. Neid und Habsucht, Geltungsdrang und Herrschsucht, also das, was Augustinus *amor sui*, Selbstliebe, genannt hat, sind gängige Erklärungen für das Zustandekommen des Bösen, wobei menschliche Bosheit aber auch fähig ist, die Grenze des reinen Egoismus zu überschreiten und Böses zu tun, nur um dem Nächsten zu schaden.

Sah Augustinus – und im Grunde auch noch Kant – das Böse vorwiegend in der menschlichen Gier nach Besitz und Genuß der Dinge und damit in der Verkehrung der gottgewollten Ordnung, die die Dinge als Mittel zu Gott hin, nicht zum Selbstgenuß bestimmte, wird heute das Böse häufig in Zusammenhang gebracht mit dem Begriff Aggression[1]. Damit löst man das Problem zwar weitgehend aus seinem theologischen Zusammenhang, in dem es bislang seinen genuinen Ort hatte, sichert ihm andererseits aber eine umfassende anthropologische und gesellschaftliche Bedeutung. Denn Aggression ist ja keineswegs nur aus dem enttäuschten (»frustrierten«) Verlangen nach mehr Gerechtigkeit und Solidarität geboren, sie ist ebenso ein Produkt der Angst in einem sehr umfassenden Sinn. Daseinsangst wird in der Regel in Depression oder in Aggression umschlagen. Versteht man mit Heidegger diese Daseinsangst als Sorge des Menschen um sich selbst, als Streben nach Sicherung, gewinnt damit auch die Aggression eine theologische Dimension: Sie ist Ausdruck mangelnden Vertrauens, das allein das Leben tragen könnte, und von ihrem Ursprung her, dem Kreisen des Menschen um sich selbst, Ausdruck »jener fundamentalen Selbstverfehlung des menschlichen Daseins, die durch den theologischen Begriff der Sünde gekennzeichnet ist«[2]. Und insofern betrifft sie nicht nur eine kleine Gruppe von Außenseitern oder »Ausgeflippten«, sondern ist ein allgemein-menschliches Phänomen.

Dazu kommt die Ambivalenz allen menschlichen Tuns überhaupt. Nicht nur Haß und Bosheit, Eigenliebe und Gleichgültigkeit sind Ursachen des Bösen, auch das Gute kann Böses bewirken, da die Folgen einer Tat nur zum Teil voraussehbar und kontrollierbar sind. Auch bei einer guten Tat sind negative Nebenwirkungen nicht in jedem Fall zu vermeiden. Der Betroffene kann sich gedemütigt fühlen, in einem anderen werden Neid, in einem dritten nicht zu erfüllende Hoffnungen geweckt, die sich in Racheakten Bahn brechen können. Der Täter mag sich damit entschuldigen, daß er diese Folgen nicht habe voraussehen können und schon gar nicht gewollt habe; an dem negativen (Neben-)Ergebnis ändert das nichts, und trotz subjektiver Schuldlosigkeit wird sich das Gewissen nicht beruhigen.

Es gibt also nicht nur den Hang zum Bösen, gegen den der Mensch den Kampf mit Aussicht auf mehr oder weniger Erfolg aufnehmen könnte, es gibt auch ein ungewolltes Verstricktsein in das Böse, gegen das jeder Kampf aussichtslos erscheint, da man oft nicht einmal weiß, wo der Gegner eigentlich steht.

Angesichts einer solchen Lage ist es kein Wunder, daß die Menschen immer wieder den Traum einer Welt ohne Böses geträumt haben und noch träumen, daß gerade in einer Zeit, in der alles machbar zu sein scheint, ein Planungsutopismus ins Kraut schießt, der den Menschen Gespinste von Gleichheits- und Freiheitsideologien vorgaukelt. Der kritische Mensch und mit ihm der Christ wird an ein solches Paradies auf Erden niemals glauben können, auch wenn er, gerade auch unter Berufung auf das Neue Testament, von der Veränderbarkeit der Welt fest überzeugt ist.

Das Böse wird also seinen festen Ort in der Schöpfung Gottes auch für den Christen behalten. Die häufig gestellte Frage nach seinem Ursprung ist damit allerdings noch nicht beantwortet. Nun ist es sicher richtig, daß aus dem Ursprung einer Sache auch auf ihr Wesen geschlossen werden kann, daß beides zusammenhängt. Jedoch hat die mit erstaunlicher Energie und bewundernswertem Scharfsinn geführte Diskussion über den Ursprung des Bösen wenig Erhellendes und vor allem wenig Übereinstimmendes zutage gefördert. Die dualistische Erklärung, die das Böse als antigöttliches Prinzip versteht, wird von den Theologen mit Recht als unchristlich abgelehnt. Aber auch die monistische Erklärung, die die Ursache des Bösen in der Endlichkeit dieser Welt sieht, ist für die meisten unannehmbar, da sie Gott eine schlechte Schöpfung, zumindest eine Schöpfung, in der es notwendigerweise auch das Böse gibt, anlasten müßte. Die »Zulassung« des Bösen durch Gott scheint immer noch das kleinere Übel zu sein, da das Böse dann auf den Freiheitsmißbrauch des ersten Menschen zurückgeführt werden könnte und der Urzustand die Schöpfung so, wie sie aus Gottes Händen hervorging, repräsentieren würde. Noch viele andere Versuche wurden unternommen, um die fatale Verbindung von Gott und dem Bösen in dieser Welt zu lösen. Die meisten von ihnen enden in spitzfindigen Unterscheidungen und gedanklichen Konstruktionen, denen die Unglaubwürdigkeit auf die Stirn geschrieben ist.

So wird die Frage nach dem Ort des Bösen in der Schöpfung zu einer Glaubensfrage für den Glaubenden wie für den Nichtglaubenden. Der Mensch, der glaubt, daß die Welt aus den Schöpferhänden eines guten Gottes hervorgegangen ist, kann nicht begreifen, daß dieser Gott offenbar auch das Böse mit erschaffen hat. Der Nichtglaubende aber findet sich in seinem Unglauben bestätigt. Muß er nicht angesichts von so viel Bösem und Unvollkommenem auf die Abwesenheit, ja die Nichtexistenz Gottes schließen? In jedem Fall jedoch scheint der Versuch, das Böse mit Gott in irgendeinem Zusammenhang zu sehen, zum Scheitern verurteilt.

Die Verfasser der biblischen Schriften waren nicht dieser Ansicht. Für sie ist Gott inmitten aller menschlichen Bosheit immer gegenwärtig. Er sieht das Böse, er verurteilt das Böse, er bestraft das Böse, er verzeiht das Böse. Der biblische Mensch hat aus dem Bösen nicht auf die Abwesenheit, sondern auf die Anwesenheit Gottes geschlossen. Und das gleiche gilt von den großen christlichen Denkern. Thomas von Aquin sah im Bösen nicht eine Negierung, sondern eine Bestätigung des Guten und damit Gottes selbst, von dem das Gute kommt. Er erkühnte sich sogar zu der Aussage:

Si malum est, Deus est: Wenn das Böse ist, ist Gott[3].

Damit bekommen wir schon eine Ahnung, in welchem Maß das Böse das biblisch-abendländische Denken bestimmt hat und welch spannendes Unternehmen es sein müßte, eine Geistesgeschichte des Bösen zu schreiben. Vielleicht kann dieses Buch zu einer solchen hinführen, wenn in drei Schritten gefragt wird, wie sich die Bibel, die großen christlichen Denker und die modernen empirischen Wissenschaften zu Ursprung, Wesen und Bewältigung des Bösen äußern.

Die erste Frage hat in der gegenwärtigen Diskussion die beiden anderen weit überflügelt. Nur so ist es verständlich, daß der Streit um die Gestalt des Teufels die Gemüter heute so stark erregt. Denn im herkömmlichen christlichen und vor allem katholischen Denken ist der Ursprung des Bösen unlöslich an die Figur des Teufels geknüpft. In einer früheren Arbeit wurde versucht, die Unhaltbarkeit dieser Vorstellung zu erweisen[4]. Ein negatives Ergebnis kann zwar auch ein Gewinn sein, insofern es dazu zwingt, die Wahrheit auf einem anderen Weg zu suchen. Andererseits wird gerade derjenige, der die Ineinssetzung von Bösem und Teufel ablehnt, dazu aufgefordert, sich mit dem Bösen in allen seinen Dimensionen auseinanderzusetzen. Vorrangig wird dabei nicht die Frage sein, woher das Böse kommt, auch nicht, worin es besteht, sondern was der Mensch zur Überwindung oder wenigstens zur Eindämmung des Bösen tun kann – eine Frage, die längst nicht mit derselben Häufigkeit und Dringlichkeit gestellt wurde wie die beiden anderen; und doch ist sie die entscheidende. Jesu Ermunterung zum Gewaltverzicht, um einer Eskalation des Bösen vorzubeugen, seine Aufforderung zum Handeln aus Glauben und Hoffnung, um das Böse zu überwinden, verdienen gerade heute, neu bedacht zu werden.

I. Die Antwort der Bibel

1. Was nennt die Bibel böse?

Wir sind gewohnt, das Wort »böse« in sehr verschiedenen Zusammen-
hängen und Bedeutungen zu gebrauchen. Wir sprechen von einer
bösen Nachricht, von bösen Zeiten, einem bösen Sturm, einem bösen
Hund, einem bösen Bein, von bösem Blut und böser Zunge, von einer
bösen Absicht, einer bösen Tat, einem bösen Menschen. Und jedesmal
ist etwas anderes mit »böse« gemeint. Es mag überraschen, daß wir die
gleiche, ja sogar eine noch viel größere Bedeutungvielfalt im Alten
Testament vorfinden. Denn während wir im Deutschen mit den Begriffen »schlecht« und »böse« zwei Aspekte des Unguten wenigstens
annähernd unterscheiden können, sammelt die hebräische Sprache
alles unter dem einzigen Ausdruck ra^{c1}. Dieses eine Wort bezeichnet
daher notwendig vielerlei Sachverhalte.

Die bösen Dinge

Wenn die Leute von Jericho dem Propheten Elischa klagen, ihre Stadt
erfreue sich zwar eines guten Klimas, aber das Wasser der Stadt sei
»böse«, und der Prophet das Wasser im Namen Jahwes »heilt« (2 Kön
2,19–22), so ist mit dem »bösen« Wasser brackiges, verdorbenes, unge-
sundes Wasser gemeint. In der Wüste hadert das Volk mit Mose und
wirft ihm vor, er habe sie an einen »bösen Ort« gebracht, an dem man
nicht säen könne und wo es weder Feigen noch Weinstöcke noch
Granatäpfel gebe (Num 20,5). »Böse« ist somit jener Landstrich, weil
er unfruchtbar ist, weil ihm das Wasser fehlt, weil er den Menschen
dem Tod preisgibt. Um dem Propheten Jeremia das gute und das
verkommene Element im Volkskörper vor Augen zu führen, läßt ihn
Jahwe zwei Körbe mit Feigen schauen: Im einen Korb sind sehr gute

Feigen, im anderen »sehr böse Feigen, daß man sie vor Bosheit nicht essen konnte« (Jer 24,1 f.). Offensichtlich handelt es sich um faule Feigen. In der Joseferzählung sieht der Pharao in einem Traum zunächst sieben schöne und fette Kühe aus dem Nil heraufsteigen, nach ihnen aber sieben »böse« und magere Kühe (Gen 41,1 ff.). Die »bösen« Kühe sind jene dürren, häßlichen Tiere, die dem Pharao die Hungersnot ankündigen.

In den genannten Beispielen hat das Wort »böse« jeweils eine andere Bedeutungsnuance, die sich aus dem Zusammenhang ergibt. Immer aber handelt es sich um die Bezeichnung einer Qualität, und immer geschieht dabei die Bewertung vom Menschen her und von seinem Interesse an der Sache. Die Wüste an sich ist nicht böse, wohl aber erscheint sie dem Menschen so, weil sie ihm statt des zum Leben Notwendigen Tod und Gefahr bringt. »Böse« ist nicht nur, was hinter den Erwartungen zurückbleibt oder was seinen eigentlichen Sinn und Zweck nicht erfüllt. Der Mensch empfindet auch eine Sache – die Wüste, das ungesunde Wasser, die faulen Feigen, die ausgehungerten Kühe – deshalb als »böse«, weil er darin keinen Bezug zum Leben, sondern vielmehr zum Tode findet.

Im Gegensatz zum Hebräischen verfügt das Griechische über zwei Begriffe, um die mangelnde Qualität einer Sache zu bezeichnen: κακός und πονηρός, die beide, je nach dem Zusammenhang, mit »schlecht« oder »böse« wiedergegeben werden können[2]. So ist in der Bildrede über die falschen Propheten Mt 7,16–20 von den »bösen« (πονηρός), das heißt schlechten Früchten des faulen Baumes die Rede:

> Ein guter Baum kann nicht schlechte Früchte bringen,
> noch kann ein fauler Baum gute Früchte bringen (V. 18).

Was der Verfasser des Epheserbriefes mit dem »bösen (πονηρός) Tag« meint, auf den die Christen sich durch das Anlegen der Waffenrüstung Gottes vorbereiten sollen (6,13), ist nicht klar, jedenfalls aber meint er einen schlimmen, unheilvollen Tag.

Das Böse als Unheil

In den bisher angeführten Beispielen ging es immer um Sachen. Dabei ist in allen Fällen die Übersetzung »schlecht« möglich oder sinnvoll, auch wenn sie den jeweils gemeinten Sinn nicht ganz präzise trifft.

Anders verhält es sich, wenn der Mensch ins Spiel kommt, sei es als aktiv Handelnder, sei es als passiv Betroffener. Das Alte Testament spricht davon, daß einem Menschen Böses widerfährt, wie auch davon, daß er Böses tut. Mit dem Bösen, das einem Menschen von außen zustößt, kann jede Art Unheil oder Unglück gemeint sein: der Kummer über den Verlust eines Kindes (Gen 44,34), die Widerwärtigkeiten, Wechselfälle und Nöte des Lebens (48,16), die öffentliche Bloßstellung in der Gemeinde (Spr 5,14), eine Niederlage im Kampf (2 Kön 14,10), Tod durch eine Naturkatastrophe (Gen 19,19) oder durch Feindeshand (Ri 20,34; 1 Sam 25,17), die Verwüstung Jerusalems (Neh 1,3; 2,17). Immer ist hier das Böse Leid oder Unglück, das über Menschen kommt. Ähnlich wird im Neuen Testament von dem armen Lazarus gesagt, er habe in seinem Leben »das Böse« (τὰ κακά) empfangen (Lk 16,25), das heißt, es sei ihm im Leben nur schlecht ergangen. Umgekehrt tut dem Paulus die Natter, die sich an seiner Hand festgebissen hat, nichts »Böses«, keinen Schaden (Apg 28,5).

»Ich mache Heil und erschaffe Böses«

Dieses dem Menschen zustoßende Unheil wird nun im Alten Testament nicht selten als Schickung Jahwes verstanden, so daß Jahwe durchaus als Urheber von Schlechtem erscheinen kann. Als die Frau des Ijob ihrem aufs schwerste geprüften Mann rät, mit einem Fluch gegen Gott aus dem Leben zu scheiden, weist dieser Zweifel und Anfechtung zurück mit der Antwort:

> Das Gute nehmen wir von Gott,
> und das Böse sollten wir nicht nehmen? (Ijob 2,10)

Das Böse ist hier das namenlose Leid, das Ijob widerfahren ist: der Verlust seines ganzen Reichtums und vor allem seiner zehn Kinder, das »böse« Geschwür, das seinen ganzen Leib bedeckt und ihn aus der Gemeinschaft der Menschen ausschließt. Ijob weiß sich dabei von keinem anderen als von Jahwe geschlagen. Denn für Israel galt immer der Glaube, daß Jahwe Prüfung, Heimsuchung und Gericht über Mensch und Volk verhängt, daß er in diesem Sinn also »Böses« tut. Deuterojesaja läßt Jahwe sprechen:

> Ich bilde Licht und erschaffe Finsternis,
> ich mache Heil (šālōm) und erschaffe Böses (rāᶜ; Jes 45,7).

Zwar haben manche Ausleger aus diesem Wort herauslesen wollen, daß sowohl das sittlich Gute wie das sittlich Böse, die Disposition des Menschen zum Guten wie zum Bösen, vom gleichen Gott komme, eine Vorstellung, die der Bibel gewiß nicht fremd ist. Das aber ist bei Deuterojesaja nicht gemeint, wie schon die Gegenüberstellung von *šālōm* und *rāᶜ* zeigt: Der Gegensatz zu »Heil« ist »Unheil«, nicht das (sittlich) Böse.

Allerdings ist die Bibel mit der Sprechweise, Jahwe »tue« das Böse, sehr zurückhaltend, sicher deshalb, weil sie zu Mißverständnissen Anlaß geben könnte. Meist wird gesagt, daß Jahwe das Böse über jemanden »bringt« (1 Kön 9,9: Jahwe bringt Böses über Israel, u. ö.), das Böse »denkt« (= plant, zu tun beabsichtigt: Mi 2,3 u. a.), das Böse »androht« (Jon 3,10 u. ö.), sich des Bösen »gereuen läßt« (Ex 32,12). Bei all diesen Aussagen ist das Böse das über die Menschen beschlossene Verderben, das Strafgericht.

Jahwe ist aber nicht nur der, der das Böse tut, also Unheil über die Menschen bringt. Er bewahrt auch vor dem Bösen, dem Unheil, Unglück, der Bedrohung des Lebens. Dies bekennen vor allem die Psalmenbeter in vielfältiger Weise:

> Und wenn ich auch wandere im finsteren Tal,
> ich fürchte nichts Böses,
> denn du bist bei mir (Ps 23,4),

und

> Jahwe behütet dich vor allem Bösen,
> er behütet dein Leben (Ps 121,7).

Gewiß läßt dieser Licht und Finsternis schaffende Gott auf einen ambivalenten Gottesbegriff schließen. Das hat jedoch nichts mit Willkür zu tun, vielmehr liegt in solchen Aussagen ein Bekenntnis zur absoluten Souveränität Gottes über Leben und Tod, Glück und Unglück, Heil und Unheil.

Das Unheil, das dem Menschen zustößt oder als Strafe über ihn verhängt wird, erfährt von diesem zwar eine negative Wertung. Dennoch ist damit keine sittliche Beurteilung von Jahwes Handeln verbunden. Anders verhält es sich, wenn von einem Menschen gesagt wird, er tue Böses. Einer solchen Aussage liegt immer eine moralische Bewertung zugrunde. Daß nur der Mensch, nie aber Gott in diesem Sinn etwas Böses tun kann, liegt auf der Hand. Mehrfach spielen die biblischen Schriften mit dieser doppelten Bedeutung von »böse«: Auf die (moralisch) böse Tat des Menschen reagiert Gott mit (physisch) Bösem, das heißt mit seinem Gericht. Wegen des Bösen, das die Menschen tun, tut Gott das Böse. Diese Sprechweise ist besonders dem Propheten Jeremia geläufig.

> So spricht Jahwe der Heerscharen, der Gott Israels:
> Ihr habt all *das Böse* gesehen, das *ich* über Jerusalem
> und über alle Städte Judas gebracht habe:
> Sie liegen heute in Trümmern, und niemand wohnt darin,
> wegen *des Bösen*, das *sie* getan haben (Jer 44,2f.; vgl. 44,9–14).

Und umgekehrt: Bekehren sie sich von ihrer Bosheit, so läßt sich Jahwe des Bösen gereuen, das er ihnen anzutun gedachte (Jer 18,8; 26,3; 36,3). So erging es den Bewohnern von Ninive in der Jona-Erzählung:

> Als Gott sah, daß sie sich von ihrem bösen Wandel bekehrten, da ließ er sich des Bösen gereuen, das er ihnen zu tun gedacht hatte, und er tat es nicht (Jon 3,10).

Dieser Form des Bösen, der bösen menschlichen Tat, gilt die ganze Aufmerksamkeit des Alten Testaments. Denn für das zentrale Thema der Bibel, das Verhältnis zwischen Gott und Mensch, muß die Frage nach dem Tun des Menschen von grundlegender Bedeutung sein.

»Die Bosheit der Menschen war groß auf Erden«

Kaum hat die Menschheit sich auf der Erde ausgebreitet, provoziert ihre hoffnungslose, durch den Brudermord des Kain in Gang gesetzte Verstrickung in die Sünde das Strafgericht der Sintflut, denn Gott muß feststellen, daß

> die Bosheit der Menschen groß war auf Erden und daß das ganze Gebilde der Gedanken ihres Herzens allezeit nur böse war (Gen 6,5).

Dies ist die erste Stelle in der Bibel, an der davon die Rede ist, daß Menschen Böses tun. Wenn wir nach den Einzelheiten fragen, an die dabei gedacht sein könnte, so sind vorher erwähnt: der Ungehorsam der Stammeltern (Gen 3,6), der Brudermord des Kain (4,1–8), der Städtebau des Henoch (4,17), die maßlose Rachsucht des Lamech (4,23), die sexuelle Willkür (4,19) – ja Hybris bis zum Übermenschentum (6,2). Das Gemeinsame all dieser Verhaltensweisen liegt in dem Drang zur Eigengesetzlichkeit und Selbstherrlichkeit, die sich über bestehende Sitten und Gebote hinwegsetzen. Diese Tendenz bestimmt auch den weiteren Verlauf der menschlichen »Bosheitsgeschichte«. Von den Leuten von Sodom meldet der biblische Erzähler, sie seien »sehr böse und sündig gewesen vor Jahwe« (Gen 13,13), und später hören wir von ihrer Homosexualität, die in Israel als widernatürliche Unzucht galt (19,1–11). Josef weist das Ansinnen der Frau des Potifar, mit ihr Ehebruch zu begehen, entrüstet zurück:

> Wie sollte ich eine so große Bosheit tun und gegen Gott sündigen? (39,9)

Und nach dem Tod des Vaters tröstet er seine Brüder, indem er auf ihre Absicht, ihn zu töten, anspielt:

> Ihr zwar gedachtet mir Böses zu tun, aber Gott hat es zum Guten gewendet (50,20).

»Böse in den Augen Jahwes«

Die Bemerkung »vor Jahwe« und »gegen Gott« an zwei der genannten Genesisstellen (13,13; 39,9) läßt bereits erkennen, daß nach alttestamentlichem Verständnis die böse Tat neben der ethischen auch eine religiöse Dimension hat. Am stärksten wird dieser Aspekt bei Jeremia betont, der unter den Propheten am häufigsten vom Bösen spricht und deshalb zu Recht der Theologe des Bösen im Alten Testament genannt werden kann. Wenn Jahwe von der »Bosheit« seines Volkes Israel spricht (7,12), meint er damit die Bedrängung von Fremdling, Waise und Witwe, das Vergießen unschuldigen Blutes (7,6), Diebstahl, Mord, Ehebruch, Meineid und dem Baal dargebrachte Opfer (7,9). Als böse gelten hier also nicht nur Verstöße gegen den Nächsten an Leib und Leben, gegen Gerechtigkeit und Liebe, sondern auch die Vergehen gegen die Verehrung des wahren Gottes, wobei die Anspielung auf den Dekalog unüberhörbar ist. Oft nennt Jeremia, wenn er vom Bösen redet, auch nur das letztgenannte Vergehen: die Abkehr von Jahwe und den Kult fremder Götter. Er läßt Jahwe klagen:

> Zweierlei Böses hat mein Volk getan.
> Mich haben sie verlassen, den Quell des lebendigen Wassers,
> um sich Zisternen zu graben, rissige Zisternen,
> die das Wasser nicht halten (2,13; vgl. 1,16; 3,5; 25,5 f.).

Die gleiche fundamentale Sünde ist gemeint, wenn im Königsbuch von den meisten judäischen und israelitischen Königen gesagt wird, sie hätten getan, »was böse ist in den Augen Jahwes« (wörtlich: »das Böse in den Augen Jahwes«: 1 Kön 11,6; 14,22 u. ö.). Das Böse ist hier die Absage an die gebotene Form der Gottesverehrung.

Daß die Propheten, vorab Jeremia, das Böse in der Abkehr von Jahwe und in der Verachtung seines Willens sehen, trifft das Zentrum der biblischen Sicht des Bösen. Das Böse gibt es nicht losgelöst von Gott, vielmehr führt die Störung des Verhältnisses zwischen Mensch und Mensch durch das Böse unweigerlich zu einer Störung des Verhältnisses zwischen Gott und Mensch. Denn letztlich ist böse, was Gott mißfällt, was vor seinem Urteil nicht bestehen kann. Der Prophet Maleachi verwirft mit Schärfe den frivolen Gedanken: »Jeder, der Böses tut, ist gut in den Augen Jahwes« (Mal 2,17), als ob Gott sich um das böse Tun der Menschen nicht kümmerte, und auch der Psalmenbeter sieht das Böse in Relation zu Gott:

> Jahwe liebt, die das Böse hassen,
> er behütet das Leben seiner Frommen (Ps 97,10).

Hier wird deutlich, daß der Mensch in einem ganz anderen Sinne böse ist als die Feige oder das Wasser. Eine Tat und ein Mensch sind dann böse, wenn sie vor Gott nicht in Ordnung sind, wenn sie den Erwartungen, die Gott an sie stellt, nicht gerecht werden. Auch wenn sich ein Vergehen unmittelbar nur gegen einen Menschen richtet, ist es für die Bibel doch im letzten ein Vergehen gegen Gott: Es ist Sünde. Die Männer von Sodom sind »sehr böse und sündig vor Jahwe« (Gen 13,13) – beides ist offensichtlich dasselbe. Und wenn Josef seiner Verführerin entgegenhält:

> Wie sollte ich eine so große Bosheit tun und gegen Gott sündigen
> (Gen 39,9),

dann weiß er eben, daß der ihm zugemutete Ehebruch nicht nur ein Unrecht gegen den Ehegatten, sondern auch und vor allem eine Sünde gegen Gott wäre. Dasselbe weiß auch David. Als der Prophet Natan ihm sein niederträchtiges Verhalten gegen Batseba und ihren Mann Urija vorhält, sagt er nicht etwa: »Ich habe Urija betrogen«, vielmehr bekennt er:

Gegen Jahwe habe ich gesündigt (2 Sam 12,13).

Deshalb steht auch das Urteil darüber, was böse ist, letztlich nur Jahwe zu. Ungefähr fünfzigmal lesen wir im Alten Testament die schon erwähnte Formel:

. . . und er tat (sie taten), was böse war in den Augen Jahwes.

Gottes Urteil ist die letzte Norm für den Menschen. Was ihm mißfällt, führt zu Schuld und Strafe. Der Mensch der Bibel ist nicht nur ein innerweltliches Wesen, er ist zugleich auf Gott bezogen und von ihm abhängig. Das Böse, das der Mensch tut, ist immer auch gottwidriges Verhalten. Der Mensch, der Böses tut, sieht Gott nicht, hört nicht auf seine Stimme, meint, von ihm nicht gesehen zu werden.

Sie schreiten von Bösem zu Bösem, mich aber kennen sie nicht,

klagt Jahwe bei Jeremia (Jer 9,2), oder:

Sie denken, er sieht unsere Pfade nicht (12,4).

Sie sind deshalb ein »böses Volk«, weil sie sich weigern, auf die Worte Jahwes zu hören (13,10), und statt dessen ihren eigenen Gedanken folgen (18,12).

Dieses »Böse in den Augen Jahwes« ist für das alte Israel gleichbedeutend mit »Sünde«. Deshalb stehen die beiden Begriffe mehrmals parallel (Gen 13,13; 39,9). Es gilt also in unserem Zusammenhang weiter zu fragen, was das Alte Testament unter Sünde versteht.

Sünde: das Ziel verfehlen

Die hebräische Sprache verfügt nicht nur über ein Wort für »Sünde«, sondern über ein ganzes Vokabular, aus dem drei oder vier Hauptbegriffe herausragen[3]. Das häufigste Wort für Sünde ist *ḥaṭṭāʾt* oder *ḥēṭʾ*. Es bildet sozusagen den umfassenden Oberbegriff für jegliche Art von

Verfehlung. Obwohl ursprünglich aus der Profansprache stammend, ist es doch fast immer in religiösem Zusammenhang anzutreffen. Die Grundbedeutung von *ḥaṭṭāᵓt*, »ein Ziel verfehlen«, ist in Ri 20,16 noch sichtbar, wo es heißt:

> Alle schleuderten mit Steinen und trafen aufs Haar, ohne zu fehlen.

Diese Grundbedeutung ist wichtig für das biblische Verständnis der Sünde. Sie ist im buchstäblichen Sinn eine »Verfehlung«, ein Vorbeischießen und Vorbeitreffen am Ziel. Die Verfehlungen können sich auf verschiedene Bereiche beziehen. Die Josefgeschichte erzählt, der Bäkker und der Mundschenk des Pharao hätten sich gegen ihren Herrn »verfehlt« (Gen 40,1), womit vielleicht ein bloßes Dienstvergehen, vielleicht aber auch ein Komplott gemeint ist. Die Propheten verstehen unter Verfehlung sehr oft soziales Unrecht (Mi 3,8; 6,6–8 u. ö.). Davids Verfehlung ist Ehebruch und Mord (2 Sam 12,13). Wenn Jakob dagegen protestiert, sich gegen seinen Schwiegervater Laban »verfehlt« zu haben, so bezieht er sich auf den ihm angelasteten Diebstahl (Gen 31,36). Aber auch kultische Vergehen und Götzendienst werden als »Verfehlung« bezeichnet (Dtn 12,29f.; 2 Kön 21,17). »Verfehlung« ist demnach der Eingriff oder Übergriff in eine andere Rechtssphäre, sei es eines Mitmenschen oder Gottes. *ḥāṭāᵓtī* (»ich habe mich verfehlt«) oder *ḥāṭāᵓnū* (»wir haben uns verfehlt«) ist deshalb die häufigste Formel des Sündenbekenntnisses im Alten Testament.

Uns befremdet dabei, daß es nicht notwendig eine Rolle zu spielen braucht, ob die Tat absichtlich oder unabsichtlich, wissentlich oder unwissentlich geschah. Wie etwa auch im frühen Recht der Griechen entscheidet das Faktum, nicht das Motiv oder die Gesinnung. Der alttestamentliche Mensch bekannte sich auch zu Verfehlungen, die er ungewollt oder unbewußt begangen hatte.

Da ist zum Beispiel die Episode mit Abrahams Frau Sara (Gen 20,1–18). Auf seinem Zug durch das Südland gibt Abraham aus Angst, ihretwegen getötet zu werden, Sara als seine Schwester aus. Daraufhin nimmt Abimelech, der König von Gerar, sie zur Frau. Bevor noch diese Verbindung vollzogen wird, warnt Gott jedoch Abimelech im Traum. Und es entspinnt sich ein Gespräch zwischen beiden. Abimelech rechtfertigt sich vor Gott:

Hat er nicht selbst zu mir gesagt: Sie ist meine Schwester? Und auch sie hat gesagt: Er ist mein Bruder. In aller Unschuld und mit reinen Händen habe ich das getan. Da antwortete ihm Gott im Traum: Auch ich weiß wohl, daß du das in aller Unschuld getan hast, und ich selber habe dich davor behütet, dich an mir zu versündigen.

Trotz dieser Zusage versteht Abimelech sein Verhalten als Sünde. Er stellt Abraham zur Rede:

Was habe ich dir getan, und womit habe ich an dir gesündigt, daß du so große *Sünde* über mich und mein Reich gebracht hast?

Und er versucht, seine »Sünde« nach besten Kräften wiedergutzumachen. – Ähnlich Bileam, der seine störrische Eselin dreimal schlägt, ohne zu ahnen, daß sie vor dem Engel des Herrn und seinem gezückten Schwert zurückschreckt. Er bekennt sich, über den Sachverhalt belehrt, sofort zu seinem Vergehen:

Ich habe gesündigt, denn ich wußte nicht, daß du mir auf dem Wege entgegenstandest (Num 22,34).

Nicht umsonst gibt das Buch Leviticus (Kap. 4 und 5) genaue Anweisungen, welches Opfer derjenige darzubringen habe, »der sich unwissentlich gegen irgendein Verbot Jahwes versündigt« (4,2 u. ö.).

Dennoch wäre es irrig, aus solchen Beispielen zu schließen, das Alte Testament habe grundsätzlich der Gesinnung, in der eine Tat geschah, nicht größte Beachtung geschenkt. Die Pflicht zur Wiedergutmachung sogenannter »unwissentlicher« Sünden sollte den Menschen daran erinnern, daß er in eine Ordnung eingebunden ist und daß diese nicht straflos durchbrochen werden kann. Damit wird nur bestätigt, daß die Verantwortung für diese Ordnung beim Menschen liegt und darin gründet, daß Gott den Menschen als sein Bild erschaffen und die Herrschaft über seine Schöpfung an ihn delegiert hat (Gen 1,26–28). So wußte Israel sehr wohl zwischen einem ungewollten Versehen und bewußter Sünde zu unterscheiden, und es hatte ein sehr feines Empfinden dafür, daß in der Regel eine Sünde zuerst im Herzen geschieht, bevor sie zur Tat wird. Nur wer weiß, mit welch raffinierter und kaltblütiger Berechnung David das im Ehebruch gezeugte Kind auf den Ehemann der Frau abzuwälzen versuchte und, als dies nicht gelang, dessen Tötung plante und in Szene setzte, vermag den psychologischen Hintergrund seines Bekenntnisses: »Ich habe gesündigt gegen Jahwe« und das theologische Gewicht der prophetischen Antwort: »So hat dir denn Jahwe deine Sünde vergeben« zu begreifen (2 Sam 12,13). Die ganze Predigt der Propheten wäre unverständlich, wenn diese nur mit einer objektiven und nicht mit einer subjektiven Schuld des Volkes und vor allem seiner geistlichen und weltlichen Führer gerechnet hätten. Der Prophet Jeremia lädt dem sündigen Volk sogar die Schuld für eine Mißernte auf:

> Eure Verschuldungen haben diese Ordnung gestört,
> und eure Sünden haben euch den Segen verwirkt (Jer 5,25).

Für diese Sünden – vor allem skrupelloser Egoismus auf Kosten der sozial Schwachen (5,27f.) – macht Jeremia allein das böse Herz des Menschen verantwortlich:

> Dieses Volk hat ein trotziges, widerspenstiges Herz,
> sie wandten sich ab, gingen davon
> und sagten nie bei sich selbst:
> Wir wollen Jahwe fürchten, unseren Gott (5,23f.).

Sünde: das Gerade krümmen

Auch der zweite Begriff für Sünde, ᶜāwōn, hat seinen Ursprung im profanen Bereich. Denn die Grundbedeutung des Stammes (ᶜāwāh) ist »beugen«, »krümmen«, »verdrehen«. Diese ist zum Beispiel noch in Psalm 38,7 sichtbar, wo es heißt: »Ich bin gekrümmt und tief gebeugt.« Im übertragenen Sinn bedeutet das Wort dann »den (Lebens-)Pfad krümmen« (Klgl 3,9), »das Recht verdrehen« (Ijob 33,27) oder »verkehrten Sinnes sein« (Spr 12,8). Das Substantiv ᶜāwōn (Krümmung, Verkehrung) wird dann ausschließlich im übertragenen Sinn verwendet, und zwar nur in theologischem Zusammenhang, weshalb es gerne mit »Sündenschuld« wiedergegeben wird. Im Unterschied aber zu ḥaṭṭāʾt, das mehr auf die Feststellung eines Vergehens zielt, umfaßt ᶜāwōn den ganzen Ablauf zwischen der Tat und ihren Folgen, so daß es, je nach dem Zusammenhang, mit »Untat« (Sünde), »Schuld« oder »Strafe« übersetzt werden kann.

Trotz der gelegentlichen Anwendung des Begriffs auf unwissentliches schuldhaftes Vergehen dominiert auch bei ihm der Aspekt der bewußten moralischen Schuldhaftigkeit. Zwar wissen sich die Brüder Josefs frei von Schuld, als der Becher Josefs in Benjamins Getreidesack gefunden wird, in den ihn Josef heimlich hatte legen lassen. Aber sie sehen darin die gerechte Strafe für die wirkliche und größere Schuld, die sie an ihrem Bruder begangen haben, und so bekennt Juda im Namen aller:

> Gott hat die Schuld (ʿāwōn) deiner Knechte an den Tag gebracht (Gen 44,16).

Schimi, der den tief gebeugten David noch vollends gedemütigt hatte, indem er ihn auf seiner Flucht vor Abschalom mit Steinen und Kot bewarf und beschimpfte (2 Sam 16,5–13), wirft sich bei der siegreichen Rückkehr des Königs vor ihm nieder und bittet um Verzeihung:

> Mein Herr rechne mir die Schuld (ʿāwōn) nicht an und denke nicht mehr an das, was dein Knecht verschuldet hat an dem Tag, da mein Herr und König aus Jerusalem wegging, und er trage es mir nicht nach. Denn dein Knecht weiß, daß ich gesündigt habe (ḥāṭāʾtɪ; 2 Sam 19,20f.).

Auch hier handelt es sich deutlich um das Eingeständnis einer bewußten schweren Schuld. Und wenn Hosea das Volk des Nordreiches kurz vor dessen Untergang zu einer großen Bußfeier aufruft:

> Kehre um, Israel, zu Jahwe, deinem Gott!
> Denn du bist zu Fall gekommen durch deine Schuld (ʿāwōn).
> Sprecht zu ihm:
> Nimm alle Schuld (ʿāwōn) von uns
> und laß uns Gutes erfahren (Hos 14,2f.),

dann ist das ein Werben Gottes um ein Volk, das sich von ihm abgewendet und in freier Entscheidung das Böse gewählt hat. Auch der Begriff ʿāwōn macht somit deutlich, daß der Mensch sich im Bösen mit Gott konfrontiert sieht.

Sünde: etwas ver»brechen«

Eine neue Nuance in das Verständnis von Sünde bringt das dritte Wort: pešaʿ. Das Zeitwort pāšaʿ bedeutet zunächst »brechen mit«,

»wegbrechen von« und schließlich absolut »verbrecherisch handeln«, weshalb *pešaᶜ* am besten mit »Verbrechen« wiedergegeben wird. Der Begriff stammt aus der Rechtssprache und bezeichnet ursprünglich eine bestimmte Art von Eigentums- und Personendelikten. Im theologischen Kontext bezieht er sich auf alle Verbrechen, die juristisch greifbar sind. So zählt Amos (1,3–2,7) in einer langen Kette die »Verbrechen« auf, die Jahwe zu ahnden sich anschickt:

> Wegen der drei Verbrechen von Damaskus,
> wegen der vier kann ich es nicht widerrufen . . .

> Wegen der drei Verbrechen von Gaza,
> wegen der vier kann ich es nicht widerrufen . . .

> Wegen der drei Verbrechen von Juda,
> wegen der vier kann ich es nicht widerrufen:

> Weil sie das Gesetz Jahwes verwarfen
> und seine Gebote nicht hielten,

> lasse ich Feuer los wider Juda,
> daß es die Prachtshäuser Jerusalems verzehre.

Die Zahlenangaben bei den einzelnen Sünden und die Anordnung nach Städten und Gegenden weisen auf die totale Schuldverhaftung der Völker hin, wie der Begriff *pešaᶜ* überhaupt seinen genuinen Ort in der Gerichtsankündigung Jahwes hat. Deswegen begegnet er bei Amos und Micha besonders häufig. Seine Verwendung vor allem in der radikalen Gerichtstheologie des Amos läßt zudem stärker als andere Stellen den eigentümlichen Charakter des Verhältnisses zwischen Mensch und Jahwe erkennen. Man verstand es primär als ein Rechtsverhältnis, was zur Folge hatte, daß die Sünde als Rechtsbruch gegenüber Jahwe gedeutet wurde. Jahwe hatte mit Israel unter Treueschwüren einen Bund geschlossen, der in ewigen Gesetzen festgelegt war. Israel aber hatte diesen Bund mit jeder Treulosigkeit, mit jeder Sünde gebrochen. Und dieser Vertragsbruch war das schwerste Vergehen, dessen sich Israel schuldig machen konnte.

Sünde: Gewalt antun

Der vierte Begriff für Sünde, der im Sprachgebrauch des Alten Testaments einen festen Platz hat, ist *ḥāmās*, in der Regel und zu Recht mit »Gewalttat« übersetzt[4]. Daß auch er zum Vokabular des Bösen gehört, zeigt sich schon darin, daß *ʾīš ḥāmās* (Mann der Gewalttat) gleichbedeutend ist mit *ʾādām raʿ* (böser Mensch, Ps 140,2). *ḥāmās* ist oft, wenn auch nicht notwendig, mit Blutvergießen verbunden. So wird die Bluttat von Simeon und Levi an den Männern von Sichem (Gen 34) als *ḥāmās* qualifiziert (Gen 49,5). Indes kann *ḥāmās* auch ohne physische Gewaltanwendung durch ungerechte Behandlung, falsche Anklage, Ausbeutung der sozial Schwachen verübt werden. Als sich Abrahams Magd Hagar in ihren Mutterfreuden über dessen unfruchtbare Ehefrau Sarai erhebt, beklagt sich diese bei Abraham, sie erfahre von seiten Hagars *ḥāmās* (Gen 16,5). Jeremia (22,3) warnt davor, Fremde, Witwen und Waisen zu bedrängen und ihnen *ḥāmās* anzutun. Die ganze Perversität der in Sünde verstrickten Menschheit, die das Strafgericht der Sintflut provoziert, ist Gen 6,11–13 im Begriff *ḥāmās* eingefangen. Die Stelle zeigt noch einmal die zwei wichtigsten Aspekte des alttestamentlichen Sündenverständnisses: Das Böse kommt vom Menschen (V. 13: »voll von *ḥāmās* ist die Erde von den Menschen her«), richtet sich aber im letzten gegen Gott (V. 11: »die Erde war verdorben vor Gott, voll von *ḥāmās* war die Erde«).

Vergleicht man die vier Hauptbegriffe für Sünde miteinander, so zeigt sich, daß jeder auf seine Weise einen bestimmten Aspekt des Bösen bezeichnet. *ḥēṭʾ* oder *ḥaṭṭāʾt* meint »ein Ziel verfehlen«: Der Mensch geht am Ziel vorbei; *ʿāwōn* ist »beugen«, »verdrehen«: Der Mensch verdreht die Ordnungen; *pešaʿ* bedeutet »brechen«: Der Mensch bricht mit seinem Mitmenschen oder mit Gott, er wendet sich von ihnen ab; *ḥāmās* schließlich, »vergewaltigen«, ist jede Form von gewaltsamer Verletzung der persönlichen Rechte des Mitmenschen. Jeder der Begriffe bezieht sich weniger auf den Gegenstand einer Tat als auf deren Charakter. Allen aber ist gemeinsam, daß sie einen Angriff auf jenes Gut kennzeichnen, das für die Bibel das höchste ist und um das ihr ganzes Denken kreist: das Leben – sei es das physische Leben des Mitmenschen, sei es seine Rechts- und damit seine Lebenssphäre, sei es das soziale Leben des Volks. Das Böse ist immer gegen das Leben gerichtet, es ist deshalb böse, *weil* es sich gegen das Leben richtet. Und weil der Mensch das Leben im Namen Gottes verwaltet, richtet es sich notwendig und immer auch gegen Gott.

Wird dieses Verständnis des Bösen vom Neuen Testament her bestätigt? In den älteren drei Evangelien fällt zunächst auf, wie wenig sie über das Böse theoretisch reflektieren. Ihr Interesse gilt dem praktischen Kampf Jesu gegen das Böse, der Überwindung des Bösen und der Haltung, die die Jünger Jesu zum Bösen und zu den Bösen einnehmen sollen[5].

»Niemand ist gut außer Gott« (Markus)

Bei Markus machen wir zunächst die überraschende Feststellung, daß in seiner Deutung der Verkündigung Jesu alle Menschen samt und sonders böse sind. Nur einer verdient für ihn das Prädikat gut: Gott. Jesus weist die Anrede »guter Meister« zurück mit dem Hinweis:

> Niemand ist gut außer Gott allein (10,18).

Alle Menschen jedoch tragen, wie die Schlüsselstelle 7,21–23 zeigt[6], im Herzen »böse Gedanken«(διαλογισμοὶ κακοί), und das hat zur Folge, daß sie alle Arten von »Bosheiten« oder »bösen Dingen«(πονηρά) begehen. Als solche werden genannt: Unzucht, Diebstahl, Mord, Ehebruch, Habgier, Bosheiten (im Plural: πονηρίαι), Betrug, Ausschweifung, Neid, Verleumdung, Hochmut und Unvernunft (7,21–23). Dieser »Lasterkatalog« ist natürlich keine erschöpfende Aufzählung alles möglichen Bösen. Aber es werden doch die wichtigsten Vergehen genannt, die die menschliche Gemeinschaft in Frage stellen. Zwei Begriffe fallen dabei auf. Zunächst: Was hat die Unvernunft mit dem Bösen zu tun? Abgesehen davon, daß sie in der Regel Gutes verhindert, ist damit speziell bei Markus jenes kurzsichtige, ichbezogene und diesseitsgerichtete Denken und Trachten gemeint, das den Einbruch der Gottesherrschaft verhindert oder hemmt. Seltsam ist ferner der Sammelbegriff »Bosheiten«(πονηρίαι) in der Mitte der Aufzählung. Er umfaßt nicht nur alle im Katalog nicht aufgezählten Vergehen, er ist auch der Inbegriff aller möglichen Arten von schlechter Gesinnung. Seine Mittelstellung zwischen den konkreten Lastern erklärt sich aus der fehlenden Systematik des Katalogs. In irgendeiner Form tut nach Markus jeder Mensch Böses, und zwar deshalb, weil er »böse Gedanken« in seinem Herzen trägt. Was darunter zu verstehen ist, wird später zu klären sein.

»Böse und Gute, Gerechte und Ungerechte« (Mattäus)

Im Gegensatz zu Markus unterscheidet Mattäus zwischen Bösen und Guten. Seine Gemeinde hatte inzwischen die Erfahrung gemacht, daß das Gottesreich »in seiner vorläufigen Gestalt der Kirche böse und gerechte Menschen umfaßt«[7]. So ist die Gemeinde gespalten in »Söhne des Reichs und Söhne des Bösen« (13,38), in »Böse und Gerechte« (13,49), in »Böse und Gute« (5,45; 22,10), in »Gerechte und Ungerechte«, wie das fast schon geflügelte Wort sagt: Der Vater im Himmel läßt seine Sonne aufgehen über Böse und Gute und läßt regnen über Gerechte und Ungerechte (5,45).

Fragen wir genauer, worin für Mattäus das Böse besteht, so fällt auf, daß er mehrfach von der »Gesetzlosigkeit« (ἀνομία) spricht, die »getan« wird (7,23; 13,41). Böse ist somit ein Tun, das den Forderungen des mosaischen Gesetzes, vor allem des Dekalogs, widerspricht. Entscheidend bei der Erfüllung des Gesetzes ist allerdings, daß äußeres Tun und innere Gesinnung übereinstimmen; sonst wird Gesetzeserfüllung zur Heuchelei, die so schlimm ist wie Gesetzlosigkeit (23,28; vgl. 6,1). Die Gesetzlosigkeit ist vor allem deshalb böse, weil sie die Feindin der Liebe ist (24,12), in der sich nach Mattäus Gesetz und Propheten erfüllen (22,40; vgl. 7,12).

In der letzten Vaterunserbitte, die bei Mattäus – im Unterschied zu Lukas – eine Doppelbitte ist:

> Führe uns nicht in Versuchung,
> sondern rette uns vor dem Bösen (6,13),

steht das Böse parallel und somit sinnentsprechend zur »Versuchung« (πειρασμός). Was mit diesem Begriff gemeint ist, erhellt aus den Versuchungsgeschichten. Übereinstimmend erzählen die Evangelien, daß Jesus zweimal versucht wurde. Das erste Mal geschah es zu Beginn seines öffentlichen Wirkens, nach seinem Fasten in der Wüste, als der »Versucher« (πειράζων: Mt 4,3) an ihn herantrat und dreimal ansetzte, um ihn zur Absage an den vom Vater empfangenen Auftrag zu bewegen (Mt 4,1–11; Lk 4,1–13)[8]. Auch bei der zweiten Versuchung, im Garten Getsemani, geht es um die Möglichkeit, sich dem Vorhaben des

Vaters zu verschließen, diesmal, indem Jesus dem Leiden ausweicht. Mit »Versuchung« und entsprechend mit dem »Bösen« ist demnach in der letzten Vaterunserbitte die Absage an den Willen Gottes gemeint. Nach dem Gesagten muß eine Stelle überraschen. Mt 7,11 erklärt Jesus, um die Kraft des Bittgebets zu unterstreichen:

> Wenn nun ihr, die ihr böse seid, euren Kindern gute Gaben zu geben wißt, wieviel mehr wird euer Vater im Himmel denen Gutes geben, die ihn darum bitten?

Obwohl für Mattäus, wie wir gesehen haben, nicht alle Menschen böse sind, werden hier auch jene böse genannt, die Gutes tun und ihren Kindern gute Gaben geben (vgl. Lk 11,13; Mt 12,34). Das erinnert zunächst an Markus. Dennoch liegen die Dinge bei Mattäus etwas anders. Nach seiner Auffassung erwartet Jesus von den Jüngern das vollkommen Gute (5,48), angesichts dessen alles, was dahinter zurückbleibt, zum Bösen wird[9]. Der Gute ist böse, wenn er seiner Güte Grenzen setzt. So ist im Gleichnis von den Arbeitern im Weinberg das Auge der Arbeiter der ersten Stunde »böse«, weil die Arbeiter der letzten Stunde den gleichen Lohn bekommen (20,15). Einen ähnlichen Sachverhalt finden wir im Gleichnis von den Talenten (25,14–30; vgl. Lk 19,12–27), wo der Knecht, der das ihm anvertraute Talent nicht nutzte, sondern vergrub, als »böse« (V. 26), »faul« (V. 26) und »unnütz« (V. 30) bezeichnet und dem Gericht überantwortet wird. Obwohl er nichts Böses getan hat, ist er böse, weil er die ihm gegebenen Möglichkeiten nicht erkannt und damit dem Anspruch Gottes nicht genügt hat. So müssen auch die Eltern, selbst wenn sie ihren Kindern Gutes tun, hinter dem idealen Anspruch zurückbleiben und können von daher »böse« genannt werden.

»Erstickt von Reichtum und Genüssen des Lebens« (Lukas)

Anders bei Lukas. Für ihn sind diejenigen böse, die sich an die Welt mit ihren Reichtümern und Genüssen verloren haben. Wenn Jesus den Pharisäern vorwirft, sie reinigten die Außenseite von Becher und Schüssel, ihr Inneres aber sei »voll von Raubgier und Bosheit« (11,39), so setzt er damit Bosheit mit Geld- und Habgier gleich. Immer wieder warnt das Lukasevangelium vor dieser Form von Weltlichkeit. Die Saat, die unter die Dornen fiel, sind jene, die das Wort Gottes zwar

37

gehört haben, aber »in ihrem Wandel von Sorgen und Reichtum und Genüssen des Lebens erstickt werden« (8,14).

Jesus lehnt es ab, den Testamentsvollstrecker zu spielen, und fügt die Mahnung bei:

> Seht zu und hütet euch vor aller Habsucht (12,13–15).

Wer für sich Schätze sammelt und nicht reich ist vor Gott, dem ergeht es wie dem reichen Kornbauern, der seine Scheunen für andere gefüllt hat (12,16–21). Deshalb wird die Gemeinde ermahnt, sich vor ängstlicher Sorge um das Leben zu hüten, vielmehr den Besitz zu verkaufen, Almosen zu geben, einen Schatz im Himmel anzulegen, wo kein Dieb sich naht und keine Motte frißt (12,22–34). Darin besteht die Verblendung des verlorenen Sohnes und des reichen Prassers, daß sie sich an die Welt verlieren (15,13; 16,19). Das sind für Lukas die »Bösen«. Während bei Mattäus auch die Gemeinde nicht vom Bösen verschont bleibt, steht diese bei Lukas als Bereich der Guten der Welt als dem Bereich der Bösen gegenüber.

»Unter die Sünde verkauft« (Paulus)

Stärker als die Evangelisten zeigt sich Paulus von der Macht des Bösen beeindruckt. Direkt und persönlich trifft ihn das Böse in den Feindseligkeiten und Verfolgungen, die er von seiten der Juden erfährt. Deshalb bittet er die Gemeinde um ihr Gebet, »daß wir errettet werden von den verkehrten und bösen Menschen« (2 Thess 3,2). Die Gemeinde sieht sich aber auch ihrerseits der Anfeindung und dem Unrecht ausgesetzt und muß sich deshalb ermahnen lassen, nicht Böses mit Bösem zu vergelten, vielmehr, soweit es an ihr liegt, mit allen Menschen Frieden zu halten und jedermann Gutes zu tun (Röm 12,17f.; 1 Thess 5,15; vgl. 1 Petr 3,9). Solches Verhalten setzt die Liebe voraus, die »das Böse« verabscheut (Röm 12,9) und es nicht anrechnet (1 Kor 13,5).

Indes kann mit dem Bösen auch Zwist und Spaltung in der Gemeinde gemeint sein (Röm 16,19), der kindische Unverstand im Gegensatz zur reifen Verständigkeit (1 Kor 14,20). In der Auseinandersetzung des Apostels mit einem Skandal in Korinth ist der Böse der Blutschänder in der Gemeinde (1 Kor 5,13), und entsprechend ist bei der »Bosheit und Schlechtigkeit«, die die Kultgemeinde des neuen Bundes von sich weisen soll, in erster Linie an Unzucht zu denken (5,8). 2 Thess 3,3 ist das Böse, vor dem die Treue des Herrn die Gemeinde bewahren wird, der Abfall vom Glauben.

Das Böse darf in der christlichen Gemeinde deshalb keinen Platz haben, weil es grundsätzlich dem Bereich des Heidentums angehört. Für Paulus manifestiert sich das Böse vor allem in der zügellosen Lebensweise der Heiden, also in Götzendienst, Ungerechtigkeit, Habsucht, Neid, Streit, Mord, Verleumdung, Unehrerbietigkeit gegenüber den Eltern, Homosexualität (Röm 1,23–31). Auch die Heidenchristen haben vor ihrer Bekehrung nur »böse Werke« getan (Kol 1,21). Wenn Paulus im Sündenkatalog der Heiden die »mit jeglicher Bosheit erfüllten« Menschen abschließend als »lieblos und erbarmungslos« charakterisiert (Röm 1,30f.), läßt er erkennen, worin er im letzten das Wesen des Bösen sieht: im Mangel an Liebe und Erbarmen.

In diesem moralischen Fehlverhalten erschöpft sich jedoch für Paulus keineswegs das Wesen der Sünde. Es ist auffällig, daß er von ihr meistens in der Einzahl spricht und sie geradezu als personale Macht verstanden zu haben scheint. Jedenfalls ist sie für ihn weit mehr als die Summe der einzelnen Tatsünden. Mit Adam ist sie in die Welt gekommen und hat in ihr die Herrschaft erlangt (Röm 5,12–21). Der Mensch ist »unter die Sünde verkauft« (Röm 7,14), und weder die guten Taten der Heiden noch die fromme Gesetzeserfüllung der Juden vermögen ihren Bann zu brechen.

Der Hinweis auf die Ursünde Adams macht zum einen deutlich, worin Sünde nach paulinischem Verständnis letztlich besteht: in der Behauptung des eigenen Willens gegen Gott, um nicht zu sagen: in der Feindschaft gegen Gott (Röm 5,10; 8,7). Zum anderen geht daraus hervor, daß die Sünde für Paulus nicht ableitbar, also etwa auf Satan oder sonst eine Macht zurückzuführen ist, sondern ihren Grund in sich selbst hat. Das Wesen des Menschen manifestiert sich in dem Widerspruch, den er in sich vorfindet, nämlich das Gute zu wollen und das Böse zu tun (Röm 7,15). Das Verfallensein an die Sünde geht sogar so weit, daß Paulus sagen kann:

> Nicht mehr ich bin es, der das Böse vollbringt, sondern die in mir wohnende Sünde (Röm 7,17).

Auch wenn er mit dem Verstand dem Gesetz Gottes dient, mit dem »Fleisch« – hier Inbegriff des Widerspruchs zu Gott – dient er dem Gesetz der Sünde (7,25 b), ist er dem Tod verfallen.

Sünde: Verfehlung, Übertretung, Gesetzlosigkeit, Schuld

Was auf den letzten Seiten mit »Sünde« wiedergegeben wurde, ist in den griechischen Texten keineswegs ein einheitlicher Begriff. Ähnlich wie den Schreibern des Alten Testaments standen auch den Autoren des Neuen Testaments mehrere Ausdrücke dafür zur Verfügung.

Das klassische Wort für Sünde im Neuen Testament ist ἁμαρτία[10], das wie das hebräische ḥaṭṭāᵓt ursprünglich das Verfehlen eines Ziels meint. Darüber hinaus aber kennt das Neue Testament noch verschiedene andere Bezeichnungen wie παράπτωμα (Verfehlung, Übertretung), ὀφείλημα (Schuld), ἀνομία (Gesetzlosigkeit), ἀδικία (Ungerechtigkeit). Ähnlich wie die hebräischen Begriffe bezeichnen auch die griechischen unterschiedliche Nuancen eines Fehlverhaltens oder schlechten Tuns, wenn sich dieses auch in den meisten Fällen gegen Gott richtet und deshalb die Wiedergabe mit »Sünde« durchaus gerechtfertigt ist. So lautet bei Mattäus (6,12) die fünfte Vaterunserbitte: »Vergib uns unsere Schulden«(ὀφειλήματα), bei Lukas (11,4): »Vergib uns unsere Sünden« (ἁμαρτίας). Vor allem παράπτωμα (meist im Plural) bezeichnet fast regelmäßig eine Verfehlung gegen Gott, was nicht ausschließt, daß mit dem Begriff auch einmal eine Verfehlung gegen Menschen ausgedrückt werden kann, etwa Mt 6,14:

Wenn ihr den Menschen ihre Verfehlungen verzeiht . . .

Man muß bedenken, daß alle genannten Begriffe in der griechischen Profanliteratur ihren festen Platz hatten und hier keineswegs zur Bezeichnung von Verfehlungen gegen einen Gott dienten, wofür das Griechische eigene Vokabeln kennt. Erst bei den Autoren des Neuen Testaments erscheinen sie in einem theologischen Kontext und erfahren ihre Pointierung auf den religiösen Bereich hin. So wird ἀδικία, von Haus aus einer der zentralen Begriffe der griechischen Polis und des griechischen Rechtswesens, von Paulus als Ungerechtigkeit vor Gott verstanden (2 Kor 12,13) und vom Verfasser des ersten Johannesbriefes ausdrücklich als »Sünde«(ἁμαρτία) definiert (5,17). Und wenn das Johannesevangelium von dem sich ausschließenden Gegensatz Wahrheit/Ungerechtigkeit spricht (ähnlich Röm 1,18 die wahrheitsfeindliche Ungerechtigkeit), ist auch das nur verständlich von der göttlichen Wahrheit her, auf die jedes menschliche Fehlverhalten bezogen wird.

Eine spezielle Bedeutung hat die ἀνομία bei dem für Judenchristen schreibenden Mattäus, der als einziger von den Evangelisten den Begriff verwendet[11]. Er meint damit die Sünde in ihrem Widerspruch zu dem in der Tora (griechisch νόμος) geoffenbarten Willen Gottes. Andererseits hat gerade Mattäus die Sünde ganz im alttestamentlichen Sinn als Schuldverhältnis gesehen, das beglichen werden kann oder auch zur Wiedergutmachung verpflichtet. Die Wahl des Wortes ὀφειλήματα (Schulden) in der fünften Bitte des Vaterunser weist in diese Richtung, und das Gleichnis vom großmütigen König und vom unbarmherzigen Knecht (Mt 18,23–35) liefert dafür die anschaulichste Illustration.

Die beiden Begriffe πονηρία und κακία dagegen bezeichnen eher die (moralische) Schlechtigkeit in jeglicher Gestalt, vor allem dann, wenn sie einzeln oder nebeneinander in den sogenannten Lasterkatalogen auftauchen und mit speziellen Lastern wie Neid, Eitelkeit, Ehebruch und dergleichen verbunden sind (Röm 1,29; 1 Kor 5,8). Keinesfalls können sie jene Mächtigkeit des Zentralbegriffs für Sünde, ἁμαρτία, erlangen, die bei Johannes als Grundzustand des Menschen der Wahrheit entgegengesetzt wird (9,41; 15,24), bei Paulus des öfteren fast personifiziert erscheint[12] und im Hebräerbrief als die Macht auftritt, die den Menschen zum Abfall von Gott verführt (3,13).

Allerdings gilt auch von der Sünde, was wir vom Bösen feststellten: Das Neue Testament hält sich nicht bei einer Beschreibung der Sünde auf, und noch weniger liefert es eine Definition. Gelegentlich haben sich die neutestamentlichen Verfasser den geläufigen jüdischen Sprachgebrauch zu eigen gemacht. Wenn Jesus erklärt, er werde nun in die Hände der Sünder überliefert (Mk 14,41 par.), so soll nichts über die persönliche Sündigkeit der römischen Soldaten ausgesagt werden. Es sind damit einfach die Römer gemeint. Und insofern sie Heiden sind, sind sie nach jüdischem Sprachgebrauch auch Sünder. Mit einer festgeprägten Wendung haben wir es auch zu tun, wenn »Zöllner und Sünder« in einem Atem genannt werden (Mk 2,15 f. par.; Mt 11,19; Lk 15,1), weil in der Umwelt Jesu die Zolleintreiber als berufsmäßige Betrüger galten. Gerade hierin liegt ja das soziale Vorurteil, das Jesus durch sein Verhalten aufheben will.

Gewiß hat Jesus nach dem Zeugnis der Synoptiker mehrfach und auf unterschiedliche Weise zur Sünde Stellung genommen, vor allem in den Gleichnissen. Im Gleichnis vom Pharisäer und vom Zöllner (Lk

18,9–14) ist Sünde die Selbstgerechtigkeit und Überheblichkeit, im Gleichnis vom verlorenen Schaf (Mt 18,12–14 = Lk 15,3–7) das Abweichen vom Weg, im Gleichnis vom verlorenen Sohn (Lk 15,11–32) das Verlassen des Vaterhauses. Trotzdem zählt die Sünde nicht zu den zentralen Themen der Evangelien. Wie wenig sie die älteren Evangelien beschäftigte, bestätigt schon die Beobachtung, daß die Wörter »Sünde« und »sündigen« in ihnen selten vorkommen[13]. Viel mehr als die Sünde interessiert die Evangelisten deren Vergebung und Überwindung. Eindrücklich zeigt das Gleichnis vom verlorenen Sohn (Lk 15,11–32) die grenzenlose Bereitschaft Gottes zum Verzeihen.

Um so überraschender ist es, daß die Evangelien von einer Sünde wissen, für die es keine Verzeihung gibt: die Lästerung des Heiligen Geistes (Mk 3,29 = Mt 12,31). Damit ist die bewußte Verachtung der von Jesus angebotenen Offenbarung gemeint, durch die sich der Sünder selbst vom Heil ausschließt. So liebevoll vergebend Gott dem einsichtigen Sünder entgegenkommt – wo sich der Mensch in Härte, Stolz und Überheblichkeit von ihm abwendet, setzt er selbst dem göttlichen Verzeihen die Grenze. In diesem Sinn versteht vor allem das etwas später geschriebene Johannesevangelium die Sünde: als Unglauben, der den Menschen in den Bereich des Todes führt. Ihn meint Jesus auch, wenn er den Juden droht:

Ihr werdet in eurer Sünde sterben (Joh 8,21).

2. Woher kommt das Böse?

Wenn wir uns nun der Frage zuwenden, wie die Bibel die Herkunft des Bösen erklärt, und dabei beim Alten Testament beginnen, machen wir eine überraschende, ja erschreckende Entdeckung. Wiederholt nämlich stoßen wir auf die Aussage, Jahwe selbst veranlasse das Böse, er reize den Menschen zur Sünde, indem er in ihm Verblendung und Verstockung bewirkt. Das ist um so erstaunlicher, als Israel von der frühesten Zeit bis zum heutigen Tag an der Einmaligkeit, Einzigkeit und Heiligkeit seines Gottes festgehalten hat.

> Jahwe, unser Gott, ist Jahwe allein (Dtn 6,4),

das ist kurz und bündig Israels Credo. Nie kam in Israel der Gedanke auf, wie es in der Antike üblich war, Gott eine Gattin, einen Sohn oder eine Tochter beizugeben, die ihn ergänzen oder kontrastieren sollten. Deshalb konnte es auch keinen Gegengott geben, der für das Böse verantwortlich gewesen wäre. Vielmehr war Jahwe so sehr ein einziger, daß er auch das Dunkle und Böse in der Welt bewirken, daß er gegen den Menschen stehen konnte.

Zahllos sind die Textstellen, nach denen Jahwe den Menschen in Furcht und Schrecken versetzt, durch Katastrophen, Pest und Hunger vernichten will, in Kriege verwickelt und dem Verderben preisgibt. Fast satanisch sind die Züge Jahwes, der den unschuldigen Ijob mit allen nur denkbaren Mitteln quält (Ijob 1f.). Jahwe sendet einen bösen Dämon in Saul (1 Sam 16,14f.), der ihn nicht nur in Schwermut, sondern auch in krankhafte Eifersucht stürzt, so daß er gegen David den Speer erhebt, um ihn an die Wand zu spießen (18,10f.). Auch zwischen Abimelech und Sichem schickt Jahwe einen bösen Geist, der sie entzweit (Ri 9,23). Jahwe will, daß die nichtsnutzigen Söhne Elis nicht auf die Mahnungen ihres Vaters hören (1 Sam 2,25). Rehabeams Verbohrtheit, die zum Auseinanderbrechen des Davidreiches führt, ist von Jahwe verfügt (1 Kön 12,24). Jahwe reizt sogar zur Sünde, indem er David eine Volkszählung veranstalten läßt – nach israelitischer Anschauung ein schwer schuldhafter Akt menschlicher Überheblichkeit (2 Sam 24). Er betört die Propheten Ahabs, indem er ihnen einen Lügengeist in den Mund legt, um den König ins Verderben zu stürzen (1 Kön 22,19–23), ja, er befiehlt sogar, zu töten (Jos 8,2 u. ö.) und zu fluchen (Dtn 27,13). – Ein unheimlicher, hinterlistiger, unberechenbarer Gott! Nicht zu Unrecht hat man daher vom »Dämonischen« in Jahwe gesprochen[1].

Wir müssen uns fragen, wie das alte Israel zu einer solchen ambivalenten Gottesvorstellung gekommen ist und ob es eine Erklärung dafür gibt. Zur Verdeutlichung sollen drei Beispiele dienen.

»Ich lasse dich nicht, du segnest mich denn«

Da ist die merkwürdige Geschichte vom nächtlichen Kampf des Erzvaters Jakob am Jabbok (Gen 32,22–32)[2]. Auf dem Rückweg aus der Fremde in die Heimat, zu seinem Bruder Esau, kommt Jakob an den Grenzfluß Jabbok. Dort schlägt er sein Nachtlager auf. Frauen, Mägde und Kinder bringt er über den Fluß, er selbst aber bleibt allein zurück. Da wird er unversehens von jemandem angegriffen. Die beiden kämpfen miteinander. Als der Fremde sieht, daß er Jakob nicht besiegen kann, schlägt er ihn auf die Hüfte, so daß sich das Gelenk ausrenkt. Schließlich bittet er Jakob, ihn loszulassen, weil die Morgenröte heraufziehe. Jakob aber gibt nicht auf. Er stellt sogar eine Bedingung:

Ich lasse dich nicht, du segnest mich denn.

Der Fremde geht darauf ein, aber erst, nachdem Jakob ihm seinen Namen gesagt hat. Gesegnet, aber hinkend verläßt Jakob den Kampfplatz. Er nennt ihn Penuel, »Gottgesicht«, »denn«, so sagt er, »ich habe Gott von Angesicht zu Angesicht gesehen und bin am Leben geblieben«.

Was für ein Gott, der in stockfinsterer Nacht einen Menschen überfällt, stundenlang mit ihm ringt – man weiß nicht warum – und dann wieder verschwindet, nicht ohne daß beide ihren Tribut bezahlt haben: Dem Fremden wird der Segen abgerungen, dafür bleibt Jakob ein Gezeichneter.

Daß in der biblischen Erzählung mit dem Fremden wirklich Gott gemeint ist, daran kann kein Zweifel bestehen. Die Szene ist ein Markstein in Jakobs Leben. Was hat er alles hinter sich an Betrug, Lüge, List, Feigheit, Fluch und Intrige, und doch ist er immer Sieger geblieben. Nun aber hat er es nicht mehr mit Menschen, sondern mit Gott zu tun. Und die Erfahrung, die er mit ihm macht, ist die von Leben und Tod. Denn nach allem, was Jakob sich zuschulden kommen ließ, hat er das Leben verwirkt. Gott will Jakob niederringen, der Überfall ist geplant. Erst hinterher begreift Jakob, was eigentlich geschehen ist: daß Gott ihn nicht vernichtet, sondern gesegnet hat. Gott hat ihm handgreiflich gezeigt, was ihm zukommt: der Tod, aber er hat ihm dennoch Heil und Leben geschenkt.

Nun ist es für die Gottesvorstellung der alten Israeliten nichts Ungewöhnliches, daß Jahwe seine Absicht ändert, daß ihn eine Tat »reut«, daß er seine Pläne schrittweise verwirklicht. Für das merkwürdige Verhalten des Fremden gibt es jedoch noch eine andere Erklärung: die Vorlage, die der israelitische Erzähler[3] benutzt hat. Sie war eine uralte Kultsage, die den Namen des Heiligtums Penuel erklären sollte. Dieses stand in der Nähe eines riesigen Felsvorsprungs, der wie ein Gesicht über die Jabbokschlucht ragte. Dort hatte einmal jemand – so hieß es – einen Ringkampf mit einem überirdischen Wesen zu bestehen gehabt, und er war wider Erwarten mit dem Leben davongekommen. Daß es in der Sage nicht der Gott Jahwe, sondern ein undefinierbarer Dämon war, ist dem biblischen Text noch anzumerken. Der Hinweis darauf, daß der Fremde durch die heraufziehende Morgenröte in Bedrängnis gerät, läßt darauf schließen, daß es sich um einen Nachtmahr handelt, für den das Tageslicht das Ende bedeutet. Und der Schlag auf die Hüfte, durch den Jakob im Kampf behindert wird, mutet wie ein magischer Zauber an.

Als sich die Israeliten diese alte Volkssage zu eigen machten und sie schließlich mit der Geschichte ihres Erzvaters verbanden, blieben ein paar ursprüngliche Motive stehen. Aus dem primitiven, gewalttätigen Unhold war jedoch ein »dämonischer Jahwe« geworden. Niemand nahm daran Anstoß, daß in das Jahwebild auch negative Züge integriert wurden. Entscheidend war allein die theologische Aussage, die nun mit der Geschichte gemacht werden sollte: daß Jakob, durch seine

Schuld und Sünde dem Tod verfallen, von Gott begnadigt und zum Träger einer Verheißung ausersehen wurde. Damit war der Inhalt jener typischen Sage, in der ein Mensch von einem Dämon überfallen wird, ihm im Kampf aber ein Geheimnis oder dergleichen entlockt, theologisch im Sinne der Jahwe-Religion umgedeutet: Gottes Gericht schließt göttlichen Segen und göttliches Heilshandeln nicht aus.

»Ein Blutbräutigam bist du mir«

Dämonisches enthält das Jahwebild auch in der mysteriösen Geschichte vom Blutbräutigam (Ex 4,24–26)[4]. Auf Geheiß Jahwes zieht Mose mit seiner Familie von Midian, wo er bei seinem Schwiegervater gelebt hatte, nach Ägypten, um die Israeliten aus den Händen des Pharao zu befreien. Unterwegs aber, mitten in der Nacht, überfällt ihn Jahwe und will ihn töten. Da nimmt seine Frau Zippora einen scharfen Stein, schneidet ihrem Sohn die Vorhaut ab, berührt mit dem Blut das Glied ihres Mannes und sagt:

> Ein Blutbräutigam bist du mir.

Darauf läßt Gott von Mose ab.

Diese Episode ist ein Fremdkörper im Ablauf der biblischen Berichte über die Befreiung Israels aus ägyptischer Sklaverei. Und so viele Exegeten sich auch daran gemacht haben, den Text zu erklären, es wurde keine eindeutige und überzeugende Lösung gefunden. In unserem Zusammenhang verdient Beachtung, daß Jahwe wieder bei Nacht einen von ihm Erwählten überfällt, um ihn zu töten, daß er also gerade dem, den er sich selbst zur Verwirklichung seines Heilsplans ausgesucht hat, als Feind und unverständliche existentielle Bedrohung entgegentritt. Nun läßt sich zwar auch hier die religiöse Absicht des Erzählers mit größter Wahrscheinlichkeit erheben: Die Sitte der Kinderbeschneidung sollte eingeführt oder legitimiert werden. Offenbar war es bis dahin üblich, erst die erwachsenen jungen Männer zu beschneiden. Warum aber, so fragt man wiederum, muß das in der Weise geschehen, daß Jahwe sich gegen eine menschliche Sitte durch Drohung und Überwältigung durchsetzt?

Auch hier hat der israelitische Erzähler eine alte Quelle benutzt. Sie handelte von einem Wüstendämon, der einen in sein Revier eingedrungenen Menschen bedrohte und nicht ohne Tribut ziehen ließ. Der biblische Autor hat dieses Motiv beibehalten, aber auf Jahwe und die Beschneidung umgedeutet. Eindringlicher als ein Gesetz sollte von nun an diese kleine Geschichte deutlich machen, wie unabdingbar und lebensnotwendig in Israel die Beschneidung der Kinder war. Jahwe selbst forderte sie unter Todesstrafe ein. Wiederum hat sich der Erzähler nicht gescheut, Jahwe die Züge eines Dämons zu leihen, wenn es ihm damit nur gelang, den Ernst und die Schwere des Gebots deutlich zu machen. Auch diese Begegnung geschieht ja an einem Wendepunkt. Mose fürchtet sich vor der Aufgabe, die Jahwe ihm zugedacht hat. Er befindet sich in einer Grenzsituation zwischen friedlichem Hirtendasein und verantwortungsvoller Führung seines Volkes in die Freiheit. In diesem Augenblick tut Jahwe seinen Willen kund, der, magischem Denken entsprechend, mit Blut bekräftigt wird.

»Verstocke das Herz dieses Volkes«

Völlig anders, aber nicht minder befremdlich ist das Verhalten, das Jahwe bei der Berufung des Propheten Jesaja (Jes 6) an den Tag legt[5]. In einer großartigen Schau sieht Jesaja Jahwe auf einem hohen Thron sitzen; die Säume seines Gewandes füllen den Palast, Serafe umgeben ihn und rufen sich das Dreimalheilig zu. In dieser erhabenen und heiligen Atmosphäre fühlt sich Jesaja vernichtet. Er begreift, daß er bisher Jahwe unrichtig eingeschätzt und unangemessen von ihm gesprochen hat. Da kommt einer der Serafe auf ihn zu und reinigt seine Lippen mit einem glühenden Stein. Nun ist Jesaja vorbereitet für die Sendung, die Jahwe ihm überträgt:

> Verstocke das Herz dieses Volkes,
> mache taub seine Ohren und blind seine Augen,
> daß es mit seinen Augen nicht sieht
>   und mit seinen Ohren nicht hört,
> daß sein Herz nicht zur Einsicht kommt
>   und wieder geheilt wird (6,10).

Welch ein Auftrag für einen Propheten! Hier scheint alles auf den Kopf gestellt zu sein. Hat nicht der Prophet zur Umkehr zu rufen, zu warnen, zu mahnen, das Beste aus einer verfahrenen Situation zu machen, Hoffnung und Trost zu vermitteln? Diesmal soll er seine Zuhörer taub und blind, uneinsichtig und hartherzig machen, so daß sie unheilbar werden und damit das Heil Gottes endgültig verspielen.

Man hat diese Worte als einen Ausfluß späterer Erfahrungen des Propheten zu verstehen gesucht; Jesaja sei im Laufe seiner Verkündigung so tief enttäuscht worden, daß er seinen Mißerfolg nachträglich als Fügung Gottes gedeutet habe. Aber eine solche biographisch-psychologische Deutung kann nicht befriedigen, zumal auch sonst im Alten Testament die Verstockung als Handeln Gottes und nicht als Auswirkung menschlichen Verhaltens dargestellt wird (1 Kön 22, 19–22; Ex 10,1; Jes 29,10). Wie aber kann derselbe Gott sich ein Volk erwählen, es mit Fürsorge und Liebe umgeben, aus den schlimmsten Situationen retten, um es dann fallenzulassen und selbst zur Ablehnung aufzufordern? Ist eine perversere Verkündigung überhaupt denkbar?

Nun muß man berücksichtigen, daß die Situation, in der Jesaja den Verstockungsbefehl erhält, ihre Vorgeschichte hat. Israel war von sich aus nicht in der Lage, zu Jahwe zurückzukehren. Gerade weil es uneinsichtig war, wurde die Unheilspredigt des Jesaja nötig. Diese aber, vom Volk als Provokation empfunden, bedingte die Verhärtung. Israel hatte sich also selbst bereits in die Gerichtssituation gebracht, bevor Jesaja es in die Ausweglosigkeit drängte. Die Verstockung war dann allerdings die höchste und radikalste, von Jahwe selbst verordnete Eskalation im geschichtlichen Wechselspiel zwischen ihm und seinem Volk. Jahwe wollte den Untergang seines Volks, möglichst schnell und möglichst total. Aber auch hier scheint der Untergang nicht das Letzte zu sein. Die Frage des Jesaja: »Wie lange?« läßt Hoffnung zu. Gott will das Gericht, aber nicht das Ende. Deshalb wird er Leben aus dem Tod und Heil aus dem Untergang schaffen. Zwar ist diese Generation abgeschrieben, aber einer späteren wird er die Gnade des Neuanfangs gewähren. Die Verstockung ist letztlich also ein Element im Heilshandeln Gottes an seinem Volk[6].

Übrigens findet sich eine ähnliche Vorstellung bei Paulus. Vor das Dilemma gestellt, wie man es sich erklären soll, daß die Juden nicht zum Heil finden, antwortet er:

> Also erbarmt er (Gott) sich, wessen er will, und läßt verstockt sein, wen er will (Röm 9,18).

Selbst das Christentum duldet noch in seinem religiösen Bewußtsein diese Paradoxie in Gott. Das Tragische des Lebenssinnes wird nicht harmonisierend aufgelöst, sondern bleibt – in Gott! – bestehen.

Für das Alte Testament ist noch anzumerken, daß das Dämonische in Jahwe keineswegs nur der Ursprungsstufe des Jahweglaubens angehört. Noch bei den Propheten des 8. und 7. Jahrhunderts war es, wie das Beispiel des Jesaja zeigt, ein bestimmender Wesenszug. So wie der Zeus der archaischen Zeit als Urheber des Guten und des Schlechten erscheint, so hatten auch die Israeliten keine Schwierigkeit, das Dunkle, Unheimliche, alles denkbare Unheil aus der Hand ihres Gottes entgegenzunehmen. Das bedeutete keine Minderung seiner Heiligkeit oder Göttlichkeit, sowenig wie die biblischen Schriftsteller ein Mißverständnis befürchteten, wenn sie Vorstellungen von alten Wüstendämonen ihrer eigenen Verkündigung dienstbar machten. Die von späteren Kritikern gestellte Frage, ob ein Wesen, das Schlechtes bewirkt, nicht selbst schlecht sein müsse, hatte für sie noch keine Bedeutung. Sie verlagerten alle Wirkkräfte des Lebens, dunkle wie helle, ängstigende wie beglückende, bedrohliche wie rettende in Jahwe hinein. Er war der Urgrund, die einzige Kausalität ihres Lebens. Wie hätte man umfassender und totaler die Souveränität Gottes über Leben und Tod zum Ausdruck bringen können!

Die Vorstellung eines das Böse wirkenden Jahwe hinderte die Israeliten jedoch nicht, gleichzeitig an seinem absoluten Heilswillen festzuhalten. Durch alle literarischen Schichten des Alten Testaments zieht sich die immer wieder neu formulierte Überzeugung, daß Jahwe gut ist, daß er die Welt und den Menschen gut geschaffen und ihm die besten Lebensbedingungen bereitgestellt hat, daß er Israel aus der Knechtschaft Ägyptens gerettet hat und bis in die ferne Zukunft auf sein Heil sinnt. Daß Jahwes Heilsabsichten immer wieder durchkreuzt und behindert werden, ist nicht seine Schuld. Die Menschen selbst sind es, die ihr eigenes Unglück schmieden.

»Ihr werdet sein wie Gott«

Viel zahlreicher als die Aussagen, wonach Gott die bösen Taten des Menschen wirkt, sind deshalb diejenigen Texte, in denen das moralisch Böse auf den Menschen zurückgeführt wird[7]. Wir finden diese Sicht schon auf den ersten Seiten der Bibel, in der uns vertrauten Sündenfallerzählung (Gen 2,4b–3,24), die die Bibelkritik, wie den Jakobskampf am Jabbok, dem ältesten großen Literaturwerk des Alten Testaments, dem Jahwisten, zuschreibt. Gott gebietet dem Menschen:

> Von allen Bäumen des Gartens darfst du essen nach Begehr,
> nur vom Baum der Erkenntnis von Gut und Böse,
> von dem darfst du nicht essen (2,16f.).

Wie ist das zu verstehen, daß Gott, gleich nachdem er den Menschen nach seinem eigenen Bild erschaffen und sich zum Partner gemacht hat, ihn mit einem Verbot bedrängt, noch dazu einem, auf dessen Übertretung die Todesstrafe steht (V. 17)? Man sollte sich davor hüten, nach den Gründen des göttlichen Verbots zu fragen, als habe Gott mit ihm bestimmte, etwa pädagogische Absichten verfolgt. Einzig entscheidend ist vielmehr dies, daß gleich auf den ersten Seiten der Bibel zum Ausdruck kommt, was sich später noch öfter[8] wiederholen wird: Das Geschenk Gottes ist an ein Gebot gekoppelt, und der Mensch muß dieses Gebot befolgen, wenn er nicht »sterben«, sondern »leben« will. Gleich zu Beginn stellt sich für den Menschen also die Gehorsamsfrage – in ihr und nicht etwa in einem »paradiesischen« Dasein besteht der Sinn des Aufenthalts der ersten Menschen im Garten Eden. Und Gehorsam wiederum setzt die freie Entscheidung des Menschen voraus, so daß sich für den Erzähler die Möglichkeit bot, den Ursprung des Bösen aus der menschlichen Freiheit herzuleiten. Nur wenn der Mensch die göttliche Ordnung respektiert, kann sein Leben gelingen. Deshalb hat das Judentum durch alle Zeiten hindurch die Tora, die Willensoffenbarung Gottes, als das größte Geschenk und höchste Gut betrachtet.

Nun hat jedoch der Mensch ein angeborenes Verlangen, mehr zu haben, als er hat und ihm zusteht. Dieser Drang, der den Menschen zu immer neuen Abenteuern, Leistungen und Erkenntnissen führt, wird ihm zum Verhängnis, wenn er ihn verleitet, seine Grenzen zu überschreiten.

> Die Frau sah, daß der Baum gut zum Essen
> und daß er eine Lust war für die Augen
> und begehrenswert, um klug zu werden (3,6).

Der Baum hat nichts »Böses« an sich. Er ist schön, gesund und appetitanregend wie alle anderen Bäume des Gartens. Auch sie sind »begehrenswert« und erwecken eine natürliche Freude am Schönen und Guten. Gefährlich wird der Baum nicht durch sein Aussehen und seine

Beschaffenheit, sondern durch sein Verbotensein. Hier zeigt sich der israelitische Erzähler als Psychologe: Nicht weil die Früchte dieses Baumes anders oder besser wären, sind sie so reizvoll, sondern weil sie verboten sind. Jedes Verbot aber erweckt im Menschen den Eindruck, als solle ihm etwas vorenthalten werden.

In diesem Fall geht es um das »Erkennen von Gut und Böse«. Das Begriffspaar bezeichnet nach alttestamentlichem Sprachgebrauch nicht so sehr zwei entgegengesetzte moralische Qualitäten als vielmehr – in der für archaisches Denken typischen polaren Ausdrucksweise – eine Totalität, könnte also, wenn auch reichlich blaß, mit »alles« wiedergegeben werden. Allwissenheit und damit Gottgleichheit wäre demnach, was der verbotene Baum verspricht. Und aus eben diesem Grund, »um klug zu werden« (3,6), findet Eva den Baum begehrenswert. Klugheit ist dabei in einem sehr praktischen Sinn zu verstehen: als die Fähigkeit des Menschen, zu Glück und Erfolg zu kommen. Der vorangehende Verweis der Frau auf das Verbot Gottes (3,3) zeigt, daß sie sich der dem Menschen gesetzten Grenzen bewußt ist. Es liegt daher nahe, den Erfolg, den sie sich von der verbotenen Frucht verspricht, in der Sprengung dieser Grenzen zu sehen. Während die Grenzüberschreitung der Hybris jedoch meist unbewußt geschieht, setzt sich der Mensch in der Sündenfallgeschichte in voller Kenntnis über ein von Gott erlassenes Gebot (oder Verbot) hinweg. Und gerade darin liegt sein Konflikt: Er steht unter Gottes Willen, mißachtet aber zugleich dessen Absichten und wird zum Sünder.

Diese Wesensbestimmung des Menschen kann auch die bildhafte Umschreibung der Erzählung nicht mildern. Trotz des Versuchs, seine böse Tat auf die Schlange («Die Schlange hat mich verführt«), den Partner (»Die Frau gab mir vom Baum«) oder indirekt sogar auf Gott (»Die Frau, die du mir gegeben hast«) abzuwälzen, bleibt der Mensch Gott unmittelbar und voll verantwortlich. Ihm wurde das Gebot erteilt, er wird von Gott verhört, ihn trifft wie seine Frau die uneingeschränkte Strafe. Nur scheinbar läßt sich die Schlange für das ganze Unheil verantwortlich machen[9]. Zwar weist ihr der Erzähler wegen ihrer Schlauheit die Funktion der Versucherin zu, zugleich aber betont er, daß sie wie alle anderen Lebewesen von Gott geschaffen ist. Den Prozeß der Versuchung, der sich im Inneren des Menschen abspielt, hat er in einem Dialog mit der Schlange nach außen projiziert. Diese verkörpert den Widerpart des menschlichen Herzens.

Noch etwas anderes macht die Sündenfallerzählung deutlich. Hat der Mensch das Böse erst einmal akzeptiert, ist nicht nur er selbst in seiner Befindlichkeit verändert. Die Sünde wirkt ansteckend, sie springt auf andere über.

Sie nahm von der Frucht und aß,
und sie gab auch ihrem Mann bei ihr, und er aß (3,6).

Partner im Leben, sind beide nun auch Partner in der Sünde geworden.

Nicht ohne Grund ist die Sünde die erste Tat, die uns die Bibel vom Menschen mitteilt. Sie entspricht seinem Wesen. Unter den Auslegern herrscht heute Einmütigkeit darüber, daß es in der Sündenfallerzählung der Genesis nicht um die historisch erste Sünde des historisch ersten Menschen geht, sondern um den Menschen schlechthin, so wie er von Gott konzipiert ist: mit einer erheblichen Anfälligkeit für das Böse. In die Versuchung gestellt, sündigt er mit an Sicherheit grenzender Wahrscheinlichkeit. Gerade das aber macht seine Heilsbedürftigkeit aus.

»Die Sünde lauert vor der Tür«

So ist es kein Wunder, daß die Geschichte Gottes mit seinem Volk gezeichnet ist vom Ungehorsam des Menschen, auf den Gott mit Strafe, aber auch immer wieder mit Verzeihen und neuen Heilszusagen reagiert. Es beginnt mit Kains Brudermord (Gen 4,1–16), der schwersten Sünde, die die Semiten kannten. Mit erschreckender Konsequenz stellt der Erzähler die tödliche Gefährdung des aus dem Paradies vertriebenen Menschen dar: Er wird zum Brudermörder. Auch hier wäre es verfehlt, die Geschichte psychologisierend deuten zu wollen. Weder wird uns mitgeteilt, warum Jahwe Kains Opfer ablehnt, noch wird Kain vom Erzähler als ein von vornherein schlechter Mensch dargestellt. Die Unterscheidung zwischen Abel dem Hirten und Kain dem Ackerbauern kann nach der Erzählabsicht der Geschichte nicht wertend verstanden werden. Wie in der Sündenfallgeschichte Gott ohne Angabe von Gründen das Verbot erläßt, so ist er hier frei genug, das eine Opfer anzunehmen und das andere abzulehnen. Kains Reaktion ist dadurch wohl motiviert, aber nicht gerechtfertigt. Die Veränderung, die in Kain vor sich geht, faßt der Erzähler sehr prägnant in zwei Zügen:

Da entbrannte Kain sehr, und es senkte sich sein Angesicht (4,5)

– anschaulicher Ausdruck für die Macht, die das Böse in ihm bereits gewonnen hat. Wichtiger als die psychologische Begründung der Tat ist dem Erzähler jedoch, ähnlich wie in der Sündenfallgeschichte, die Objektivierung der Sünde in der Gestalt eines Tieres (oder Dämons[10]):

> Bist du aber nicht gut, so lauert die Sünde vor der Tür,
> und nach dir hat sie Verlangen (V. 7).

Auch wenn man die Tür nicht als »Herzenstür« versteht, wozu kein Anlaß gegeben ist, sondern als Haustür, die den sicheren Innenbereich vom gefährlichen Draußen abgrenzt, so ist die erzählerische Absicht des Bildes sicher auch darin zu sehen, den kurzen Weg zwischen Denken und Tun der Tat zu illustrieren. Allerdings ist die Sünde in der Erzählung von Kains Brudermord nicht – oder nicht primär – als innere menschliche Regung aufgefaßt, sondern als aggressive Macht außerhalb des Menschen. Ihr ist der Mensch ausgeliefert, nachdem er Gott den Gehorsam aufgekündigt hat.

Gott wendet das Böse zum Guten

Kain ist nach dem Bericht der Genesis das erste Glied einer langen Kette von menschlichem Unrecht und menschlicher Schuld, die schließlich zum Strafgericht der Sintflut führt. Kategorisch stellt Jahwe fest, »daß die Bosheit der Menschen auf Erden groß und jedes Gebilde der Gedanken ihres Herzens allzeit nur böse ist« (Gen 6,5), daß »die Erde voller Gewalttat ist von ihnen (den Menschen) her« (Gen 6,13). Nach der Katastrophe jedoch scheint es Jahwe leid zu tun; er versichert, er werde nie mehr ein solches Strafgericht über die Menschen verhängen, ja er entschuldigt sogar das jämmerliche Versagen der Menschen:

> Ist doch das Gebilde des menschlichen Herzens böse von seiner Jugend an (Gen 8,21).

Dieser Pessimismus ist charakteristisch für das Werk des Jahwisten, der unter Salomo – bis hinauf zum Hof und zur Person des Königs – manches Beispiel sittlicher Schwäche erleben mußte. Optimismus zeigt er nur in der Festigkeit, mit der er am Heilsplan Gottes festhält, auch wenn dieser immer wieder durch das Fehlverhalten des Menschen durchkreuzt wird.

Diese Vorstellung vom schwachen menschlichen Herzen setzt sich durch das ganze Alte Testament fort. Der Turmbau von Babel, Sodom und Gomorra, die Vertreibung Hagars, der Betrug Jakobs sind wichtige Wegmarken im Verlauf der Patriarchengeschichte. Und die Schuld, die auf Jakob lastete, liegt auch auf seinen Söhnen, wie die berühmte Josefnovelle (Gen 37 und 39–50) zeigt.

Gewiß läßt die Erzählung Josefs Weisheit, seine Qualitäten als Führer und seine Auserwählung in prächtigen Farben hervortreten. Aber neben Jakobs unklugem Verhalten ist es doch immer wieder auch Josef selbst, der durch sein anmaßendes und wenig taktvolles Benehmen die Brüder neidisch und eifersüchtig macht. Dadurch trägt er seinen eigenen Teil dazu bei, daß Gott die großen Absichten, die er mit ihm hat, nur zögernd verwirklichen kann. So erscheint die Geschichte von Jakob und Josef als eine schicksalhafte Verkettung von Schuld und Leid, nicht wie bei der Urgeschichte bis zur Sintflut die ganze Menschheit umfassend, sondern nur den begrenzten Bereich der Familie, aber trotzdem ein wichtiger Abschnitt im Heilshandeln Gottes. Wie Jakob seinen Vater betrog und seinen Bruder verstieß, so wird er von seinen Söhnen betrogen und sein Liebling beseitigt. Doch auch in der Josefgeschichte liegt das Unbegreifliche darin, daß Gott das Böse zum Heil wenden kann. So hat sich am Ende der Geschichte der verwöhnte Liebling des Vaters zum Liebling Gottes geläutert, und auch die Brüder nehmen plötzlich Rücksicht auf die Gefühle des Vaters und stehen in der Prüfung, der sie Josef unterwirft, opferbereit füreinander ein. Sinndeutend steht daher als Zusammenfassung der ganzen Geschichte am Ende das Josefwort:

> Ihr gedachtet mir Böses zu tun,
> aber Gott hat es zum Guten gewendet (50,20).

»Verlassen haben sie Jahwe«

Übertragen auf das geschichtliche Kräftespiel zwischen Kampf und Vernichtung, in das das kleine israelitische Volk verwickelt war, gilt dieser Satz auch für die alttestamentlichen Geschichts- und Prophetenbücher. Die großen politischen Ereignisse und Wirren der damaligen

Völkerwelt werden in ihnen nicht als Schicksal oder Zufall gedeutet, sondern als Wirken Gottes, mit dem er auf die guten oder schlechten Taten seines Volkes antwortet.

So ist für Jesaja die Niederlage Jerusalems im Jahr 701 v. Chr. Anlaß zu heftigen Vorwürfen gegen sein Volk (1,4–9). Das Land ist verwüstet, die Städte Judas sind verbrannt. Auch wenn Jerusalem selbst stehenblieb, die Situation ist bedrückend und hoffnungslos. Aber noch immer will das Volk das Ausmaß der Katastrophe nicht erkennen, und noch weniger ist es bereit, die Ursache zu akzeptieren. Diese sieht Jesaja ausschließlich in einer tiefen Schuldverhaftung. »Sündige Nation, schuldbeladenes Volk, Verbrechersippe« nennt er seine Mitbürger erbarmungslos. Das ist nicht einfach eine rhetorische oder poetisch bedingte Tautologie. Das Nebeneinander der Begriffe Sünde *(ḥaṭṭāʾt)* und Schuld *(ᶜāwōn)* läßt keinen Zweifel daran, daß hier der gesamte Komplex von objektivem und subjektivem Fehlverhalten gemeint ist. Worin dieses besteht, sagt Jesaja in aller Deutlichkeit:

> Verlassen haben sie Jahwe,
> den Heiligen Israels verschmäht (V. 4 b).

Mit dem »Verlassen Jahwes« ist hier nicht, wie sonst häufig bei den Propheten, der Abfall von Jahwe in Form des Götzendienstes gemeint, sondern die Aufkündigung des Gehorsams, genauer: die Weigerung, sich in die von Gott gesetzte Ordnung einzufügen. Dazu wären »Einsicht« und »Erkennen« vonnöten, aber gerade daran fehlt es dem Volk, das dadurch noch unter das Tier absinkt, denn der Ochse kennt seinen Meister und der Esel die Krippe seines Herrn (V. 3). Dieser Verweis auf die Naturgesetzlichkeit und die Vergleiche mit einer bösartigen Krankheit – es gibt nichts Gesundes mehr am Körper (V. 5 f.) – machen deutlich, daß es nicht um eine Einzeltat, sondern um eine grundsätzliche anthropologische Aussage in heilsgeschichtlichem Zusammenhang geht: So ist Israel, so der Mensch – ein Sünder. Trotz aller Mühe, die Gott sich mit ihm macht, steckt er voller Widerspenstigkeit und Auflehnung, voller Untreue und Selbstherrlichkeit, voller Hochmut und Überheblichkeit (vgl. 2,6–8; 3,8 f. u. ö.).

Auch die Königsbücher (Ende 6. Jahrhundert v. Chr.) sehen einzig und allein in der stetig wachsenden Untreue und Schuld die Ursache des unausbleiblichen Untergangs. 2 Kön 17,7–23 ist eine geschichtstheologische Reflexion über die Frage, wie es zum Fall Samarias und damit zur Deportation und zum Untergang des Nordreiches kam:

> Israel hatte sich nämlich an Jahwe, seinem Gott, versündigt (V. 7).

Nach dieser pauschalen Feststellung wird im einzelnen aufgezählt, worin die Sünden bestanden: Die Menschen hatten sich anderen Gesetzen, anderen Sitten, anderen Göttern zugewandt. Und das bedeutete Treuebruch, Aufkündigung des Jahwebundes, und zwar über Generationen hin. Alle Warnungen der Seher und Propheten, die Jahwe unablässig zu ihnen schickte, fruchteten nichts:

> Sie gehorchten nicht, sondern waren halsstarrig (V. 14).

Jedoch ist nach der sogenannten deuteronomistischen Theologie, die die Königsbücher prägt, in erster Linie nicht das Volk für die Abwendung von Jahwe verantwortlich zu machen. Vielmehr fällt die Entscheidung im Herzen seiner Könige. Jeder König bekommt gleich bei seiner Vorstellung, noch bevor seine Taten aufgezählt werden, eine theologische Beurteilung:

> . . . und er tat, was gut (böse) war in den Augen Jahwes.

Das Unheil beginnt schon bei Salomo. Hatte er nach der Tempelweihe flehentlich um Gottes Beistand gebetet und sein Volk ermahnt: »Euer Herz soll ganz Jahwe, unserem Gott, gehören« (1 Kön 8,61), so muß der Annalist später von ihm berichten:

> Als Salomo alt war, verführten ihn seine Frauen, daß er anderen Göttern diente, und sein Herz gehörte nicht mehr ungeteilt Jahwe (1 Kön 11,4)[11].

Der König aber hatte sein persönliches Leben und sein politisches Handeln nach den Geboten Gottes auszurichten. Er war der Verantwortliche für die Reinerhaltung von Glauben und Sitte, er mußte über die Jahwetreue seines Volkes wachen. Tat er das nicht, machte er sich schuldig, nicht nur für sich persönlich, sondern für sein ganzes Volk. Deshalb richten sich die Propheten mit ihren Heils- und Unheilsbotschaften an den jeweiligen König. Deshalb auch kann der Geschichtsschreiber den König beschuldigen, er verführe das Volk zur Sünde[12]. Im Herzen des Königs also entschied sich Israels Schicksal, sein Heil oder sein Untergang[13]. Und weil alle Könige mit wenigen Ausnahmen dem Beispiel Salomos folgten, mußte sich die Sünde über Generationen hin im Volk anhäufen.

In ähnlicher Weise, nur noch radikaler charakterisiert das etwa 250 Jahre jüngere Geschichtswerk, das in der Bibel den Namen Chronik führt, Bosheit und Sünde der Menschen:

> Alle Fürsten Judas und die Priester und das Volk begingen Frevel auf Frevel, indem sie alle Greuel der Heiden nachahmten, und sie verunreinigten das Haus Jahwes, das er in Jerusalem geheiligt hatte. Wohl sandte Jahwe, der Gott ihrer Väter, ihnen durch seine Boten (Warnungen) früh und spät, weil er sein Volk und seinen Tempel schonen wollte. Aber sie verspotteten die Boten Gottes und verachteten seine Worte und verhöhnten seine Propheten (2 Chr 36,14–16).

Stärker, als der Chronist es tut, kann die menschliche Verantwortung nicht betont werden. Da heißt es nicht nur pauschal, daß die Verderbnis groß ist, vielmehr sieht sich der Chronist kaum in der Lage, ihr Ausmaß zu beschreiben. Außer dem König Zidkija sind diesmal auch Fürsten und Priester genannt, die es eigentlich besser wissen sollten; mit dem Volk stehen sie in Sünde und Frevel zusammen. Alle taten sie alle Greuel der Heiden und häuften Frevel auf Frevel, und alle Warnungen der Propheten fruchteten nichts. So entsteht der Eindruck von totaler Bosheit und Verstockung. Der Chronist fragt nicht, wie die Menschen dazu kamen, nur noch Böses zu tun, er fragt auch nicht, ob sie es aus eigenem Antrieb oder auf Veranlassung anderer taten. Er stellt einfach fest: Die Menschen, alle Menschen waren von Grund auf böse.

»In Sünde empfing mich meine Mutter«

Der gleiche Glaube spricht sich in den Gebeten Israels aus, wie das Beispiel von Psalm 51 zeigt, der der bevorzugte Bußpsalm der Kirche wurde. Da er den Einfluß der großen Propheten Tritojesaja, Jeremia und besonders Ezechiel verrät, kann er nicht vor 500 v. Chr. entstanden sein. Den Beter treibt seine Sündigkeit um, und es macht auch den heutigen Leser noch betroffen, zu welch radikaler Einsicht in die eigenen Abgründe er dabei geführt wird. Der Psalmist versteht sich existentiell als Sünder. Sein ganzes Wesen ist von der Sünde durchdrungen:

> Sieh, in Schuld wurde ich geboren,
> und in Sünde empfing mich meine Mutter (V. 7).

Hier ist nicht etwa, wie fälschlicherweise gemeint wurde, von einer »Erbsünde« die Rede, als seien Sünden der Vorfahren auf den Beter übergegangen. Vielmehr fühlt sich dieser so durch und durch sündig, daß er sich nicht vorstellen kann, wie er jemals anders gewesen sein könnte. Um das Ausmaß der Sünde voll auszuloten, häufen sich in V. 3f. die drei wichtigsten Begriffe für Sünde. Dabei respektiert der Beter die Sünde vollkommen als seine eigene, ganz persönliche. Er spricht von »meinem Frevel«, »meinem Vergehen«, »meiner Sünde«. Damit wird nicht nur der personale Charakter der Sünde betont; der Beter macht auch keinen Versuch, die Verantwortung für die Sünde abzuwälzen. Er bekennt:

> Denn ich selber kenne meine Frevel,
> und meine Sünde steht immer vor mir (V. 5).

Darüber hinaus spricht er Jahwe das Recht zu, ihn ohne Umschweife zu richten. Wie Aussatz frißt die Sünde ihn innerlich auf; deshalb soll der Ysop, der als Sprengwedel bei kultischen Reinigungen Verwendung fand, ihn reinigen. Aber da jede Sünde eine Sünde gegen Gott ist[14], kann nur Gott allein ihm helfen. Deshalb erfleht er von ihm ein neues Herz, in dem die »Wahrheit im Verborgenen« und die »Weisheit im Geheimen« ihren Sitz haben soll. Wie bei der Schöpfung soll Gott aus dem Chaos Ordnung, Hoffnung und Zukunft schaffen.

Obwohl nun der Mensch nach dem Verständnis des Beters primär durch die Sünde bestimmt ist, wird doch nicht nach der Herkunft des Bösen gefragt. Es ist mit der menschlichen Existenz einfach gegeben. Genauso verhalten sich auch die späteren Schriften des Alten Testaments. Wenn sie von Bosheit und Sünde sprechen, greifen sie nie auf eine Erklärung zurück. Nach dem »Prediger« (Kohelet, um 230 v. Chr.) gibt es überhaupt keinen fehlerfreien und sündelosen Menschen:

> Denn es gibt keinen Frommen auf Erden,
> der nur Gutes täte und niemals fehlte (7,20).

Da ist auch kein Unterschied zwischen Mann und Frau; wie es unter tausend Frauen keine wirklich gute gibt, so auch unter tausend Männern nicht einen guten Mann (7,28). Mag diese deprimierende Feststellung auch auf das gebrochene Weltbild des »Predigers« zurückzuführen sein, eines ist klar: daß nicht Gott selbst für die Bosheit der Menschen verantwortlich gemacht werden kann. Denn Gott hat den Menschen »recht« erschaffen (7,29). Dessen Bosheit hat ihren Ursprung allein im menschlichen Herzen[15].

»Sage nicht: Von Gott kommt meine Sünde«

Noch viel heftiger verwahrt sich Jesus Sirach, eine der wichtigsten Quellen für das religiöse jüdische Denken vor der Zeitenwende (um 180 v. Chr.), gegen den Vorwurf, Gott sei an der Sünde des Menschen mitschuldig:

> Sage nicht: Von Gott kommt meine Sünde.
> Denn was er haßt, das schafft er nicht.
>
> Sage nicht, er selbst hat mich verführt.
> Denn er hat keinen Sünder nötig.
>
> Böses und Greuliches haßt der Herr,
> und denen, die ihn fürchten, läßt er es nicht widerfahren
> (Sir 15,11–13).

Deutlicher als an allen bisher besprochenen Stellen des Alten Testaments tritt in der Schrift des Jesus Sirach die Polemik gegen gewisse Theorien, die Gott für das Böse verantwortlich machen wollten, zutage. Man hat den Eindruck, als ob die Reflexion über das Böse zur Zeit des Jesus Sirach einen bisher nicht bekannten Grad von Bewußtheit erlangt hätte. Zumindest hatte sich das Theodizeeproblem, das heißt die Frage, wie Gott das Böse zulassen oder gar selbst bewirken könne, in dieser Eindeutigkeit bislang nicht gestellt.

Für Jesus Sirach kann es an der Gerechtigkeit Jahwes keinen Zweifel geben (18,2). Zwar führt auch er »Gutes und Böses, Leben und Tod, Armut und Reichtum« auf Jahwe zurück (11,14), aber trotzdem gilt für ihn die Feststellung von Gen 1,31:

> Die Werke Gottes sind alle gut (39,16).

Das Paradox, das zwischen den beiden scheinbar widersprüchlichen Sätzen besteht, löst Jesus Sirach auf, indem er, stoischen Gedankengängen folgend, die Kategorie der Zweckmäßigkeit einführt. Gut sind die Werke Gottes insofern, als sie alle »jedem Zweck genügen zu seiner Zeit« (39,16). Und dieser – rational nachweisbaren – Zweckmäßigkeit der Schöpfung hat Jesus Sirach ein weitausholendes Weisheitslied gewidmet (39,24–34), in dem er zwar die Existenz des Schlechten nicht leugnet, aber es relativiert, indem er es mit dem Menschen in Bezug setzt: Die Güter der Erde sind nur gut für den Guten, und Feuer, Hagel und Hungersnot sind gut, weil sie dem Strafgericht dienen. Wohl ist dem Schlechten das Gute entgegengestellt, dem Tod das Leben, aber eben dieses Gesetz der Polarität, das für den Menschen wie für den gesamten Kosmos gilt, entspricht dem Schöpfungswillen Jahwes.

Das auf diese Weise gelöste Theodizeeproblem stellt Jesus Sirach natürlich vor die Frage, wie das Böse auf anderem Weg erklärt werden kann. Auch in diesem Punkt bezieht er klare Stellung:

> Wenn du willst, kannst du das Gebot halten,
> und Gehorsam ist es, seinen Willen zu erfüllen.

> Feuer und Wasser sind vor dich hingeschüttet:
> Wonach du begehrst, streck deine Hand aus!

> Vor dem Menschen liegen Leben und Tod:
> Was er begehrt, wird ihm gegeben (15,15–17).

Die Gegensatzpaare Feuer und Wasser, Leben und Tod sind Bilder für die Wahlmöglichkeit, die dem Menschen gegeben ist. Die Entscheidungsfreiheit des Menschen wird von Jesus Sirach nachdrücklich betont, offenbar in Auseinandersetzung mit hellenistischen Theorien, die den Menschen für streng determiniert erklärten. Die auf den Sophisten Prodikos zurückgehende Fabel von Herakles am Scheideweg hat für den Juden Jesus Sirach an Gültigkeit nichts verloren, auch er gebraucht die Metapher von den zwei dem Menschen offenstehenden Wegen (2,12). Nur würde er die Freiheit des Menschen anders definieren. Für ihn als Juden ist die Erfüllung des Gesetzes oberstes Gebot. Aber Voraussetzung für den Gehorsam (πίστις, V. 15) – und das ist etwas Neues im Judentum – ist eben die Entscheidung für den Gehorsam, und diese wiederum setzt den freien Willen voraus.

Wie dieses freiheitliche Menschenbild mit dem Satz von der Allmacht Gottes vereinbar ist, hat Jesus Sirach ebenfalls stark beschäftigt. Die altisraelitische Weisheitslehre, die einen direkten Zusammenhang sah zwischen Tun und Ergehen, war zur Zeit des Jesus Sirach in eine ernste Krise geraten, nicht zuletzt deswegen, weil sie durch die Wirklichkeit ständig widerlegt wurde. Ihren klassischen Niederschlag hat diese Krise in der Ijob-Dichtung gefunden. Jesus Sirach, für den die alte Weisheit überwunden war, entwickelte statt dessen eine Vergeltungslehre, die in Gott den Garanten einer gerechten Bestrafung sah. Der Mensch hat also die Freiheit, sich gegen Gott zu entscheiden, er muß dafür aber mit dem Strafgericht Gottes rechnen. An diesem Punkt tritt der philosophische Gegner, gegen den Jesus Sirach polemisiert, vielleicht am deutlichsten in Erscheinung. Es ist die für den Hellenismus bezeichnende eudämonistische Lebensauffassung, nach der sich der Wert des Lebens am materiellen Wohlergehen bemißt. Das lutherische *pecca fortiter*, das auch einem hellenistischen Juden hätte angenehm in den Ohren klingen können, lehnt Jesus Sirach, freilich unter ganz anderen Voraussetzungen, radikal ab:

> Sage nicht, sein Erbarmen ist groß;
> die Menge meiner Sünden wird er vergeben (5,6).

Unter dieser Formel hätte sich vielleicht mancher mit der verführerischen Welt des Hellenismus angefreundet. Aber für Jesus Sirach gibt es in dieser Frage keinen Kompromiß. Mit Recht hat man sein Werk eine »Kriegserklärung des Judentums gegen den Hellenismus« genannt [16].

Überblickt man das Alte Testament von seinen ältesten bis zu seinen jüngsten Schriften, fällt bei allen Unterschieden im Detail und in der Akzentuierung eine Übereinstimmung in den Aussagen über das Böse auf: Der Mensch, nicht eine Macht außerhalb von ihm schafft das Böse, und selbst da, wo Jahwe als Urheber des Unheils erscheint, ist der Mensch aus seiner Eigenverantwortung nicht entlassen.

Im Neuen Testament bietet sich grundsätzlich kein anderes Bild [17]. Nach den synoptischen Evangelien läßt Jesus keinen Zweifel darüber aufkommen, daß er alle Menschen als Sünder betrachtet. An alle ohne Unterschied ergeht sein Ruf zur Umkehr und zum Glauben an die verzeihende Liebe Gottes:

> Bekehrt euch und glaubt an die frohe Botschaft (Mk 1,15).

Zwar rechnet Jesus bei Mattäus neben den »Bösen« auch mit »Guten« (5,45), neben den »Sündern« auch mit »Gerechten« (9,13), neben »Kranken« auch mit »Gesunden« (9,12)[18]. Dennoch legt er seinen Jüngern, die in der Verborgenheit der Kammer zum Vater beten, die Bitte um Vergebung auf die Lippen:

> Erlaß uns unsere Schulden, wie auch wir sie unseren Schuldnern erlassen haben (6,6.12).

Jesus setzt demnach voraus, daß auch die »Guten« und »Gerechten« immer wieder schuldig werden.

Der böse Trieb

Zum besseren Verständnis dieser neutestamentlichen Anschauung kann die Lehre von den zwei »Gebilden« oder Neigungen (»Trieben«) dienen, die dem Judentum zur Zeit Jesu vertraut war. Im Rückgriff auf Gen 6,5, wonach jedes »Gebilde« *(jēṣer)* der Gedanken des menschlichen Herzens böse ist – und das bedeutet nichts anderes, als daß der Mensch für radikal böse erklärt wird –, unterschied man jetzt zwischen dem »guten Gebilde« oder »guten Trieb« und dem »bösen Gebilde« oder »bösen Trieb«[19]. Damit ist nicht etwa der Leib–Seele–Dualismus gemeint, wie er von der hellenistischen Welt und auch vom hellenistischen Judentum vertreten wurde: die Zurechnung des bösen Triebs zum Leib und des guten Triebs zur Seele. Eine solche Vorstellung war dem hebräischen Denken, das den Menschen als Ganzheit betrachtete, fremd. Die Begriffe »Mensch«, »Leib«, »Geist«, »Seele« bedeuten im Hebräischen im Grunde dasselbe. So hat denn auch das drängende Verlangen, sei es nach etwas Gutem, sei es nach etwas Bösem, seinen Sitz am gleichen Ort: im menschlichen Herzen[20].

Beide Triebe, der böse wie der gute, sind von Gott geschaffen. Dabei schenken allerdings die jüdischen Weisen dem bösen Trieb mehr Beachtung als dem guten, so daß sie nur die böse Gesinnung meinen, wenn sie allgemein von »Trieb« *(jēṣer)* sprechen. Aber selbst der ist nicht absolut böse. Er hat auch positive Seiten. Das Gebot »Du sollst den Herrn, deinen Gott, lieben aus deinem ganzen Herzen« (Dtn 6,5) bedeutet nach rabbinischem Verständnis »mit all deinen Trieben, auch mit dem bösen Trieb«[21]. Ohne den bösen Trieb würde kein Mensch ein Haus bauen, Handel treiben oder heiraten. Vor allem ist er notwendige

Voraussetzung für die Erfüllung des göttlichen Gebots, das Menschengeschlecht fortzupflanzen (Gen 1,28: »Seid fruchtbar und mehrt euch und erfüllt die Erde«). Auf sexuellem Gebiet liegt aber auch in erster Linie die Gefährlichkeit des bösen Triebs[22], eine Auffassung, die sich in der Folgezeit auch im frühen Christentum durchgesetzt hat und in Augustinus' Concupiscentia-Theorie ihren vorläufigen Höhepunkt finden sollte[23].

Schon von Anfang an habe Gott in Adams Herz ein Körnchen bösen Samen gesät, heißt es in dem gegen Ende des 1. Jahrhunderts n. Chr. entstandenen 4. Esrabuch (4,30–32), und dieses Körnchen habe unermeßliche Sündenfrucht über die Menschheit gebracht[24]. So haben wir denn mit drei Arten von Menschen zu rechnen: Die Gerechten werden vom guten Trieb beherrscht, die Frevler vom bösen, die Durchschnittsmenschen von beiden Trieben[25]. Aufgabe des Menschen ist es – und Gott gab ihm die Fähigkeit dazu –, durch den guten Trieb über den bösen Trieb Herr zu werden. Hilfe wird ihm dabei zuteil durch den Beistand Gottes, aber auch durch die Tora. Der gute Trieb wird deshalb gelegentlich auch einfach mit der Tora, dem mosaischen Gesetz, in eins gesetzt. Weil allerdings der junge Israelit erst vom vollendeten 13. Lebensjahr zur Erfüllung des Gesetzes verpflichtet war, herrschte die Vorstellung, der gute Trieb beginne erst 13 Jahre später als der böse Trieb zu wirken[26]. Den Beistand Gottes soll sich der Mensch durch Gebet erbitten. In den »Segenssprüchen« des täglichen Morgengebets finden wir die Bitte:

> Laß nicht den bösen Trieb über uns herrschen, und halte uns fern von einem bösen Menschen und einem bösen Genossen. Und laß uns festhalten am guten Trieb und an guten Werken, und beuge unseren (bösen) Trieb, sich dir zu unterwerfen.

Nur durch den Verweis auf den Beistand Gottes kann die jüdische Theologie den Widerspruch bewältigen, daß Gott den Menschen zum Guten verpflichtet und trotzdem den bösen Trieb in ihm geschaffen hat. Damit ist der Dualismus im Herzen des Menschen zumindest gemildert.

Mit der Lehre von den zwei Trieben konnte das Judentum an der biblischen Überzeugung festhalten, daß Gott den Menschen gut erschaffen hat, und zugleich dessen fatale Anfälligkeit für das Böse erklären, ohne ihn dem Zwang zur Sünde auszusetzen. Gottes Wille ist für den Menschen erfüllbar. Demnach ist er fortwährend in die Situation der Entscheidung gestellt.

»Aus dem Herzen des Menschen kommen die bösen Gedanken« (Markus)

Wir dürfen annehmen, daß die Evangelisten mit der rabbinischen Zwei-Triebe-Lehre wohlvertraut waren. Besonders Markus scheint das zu verstehen zu geben, wenn er mit Nachdruck betont, das Böse komme aus dem menschlichen Herzen. Als die Gegner Jesus zur Rede stellen, weil sich seine Jünger vor dem Essen die Hände nicht gewaschen hatten (7,1–23; vgl. Mt 15,1–20), erklärt Jesus die äußere Unreinheit für bedeutungslos, weil sie das Herz des Menschen nicht berühre:

> Seht ihr nicht ein, daß das, was von außen in den Menschen hineinkommt, ihn nicht unrein machen kann? Denn es geht ja nicht in sein Herz hinein (V. 18),

und weiter:

> Was aus dem Menschen herauskommt, das macht ihn unrein. Denn von innen, aus dem Herzen des Menschen, kommen die bösen Gedanken: Unzucht, Diebstahl, Mord, Ehebruch, Habgier, Bosheit, Betrug, Ausschweifung, Neid, Verleumdung, Hochmut und Unvernunft. All dieses Böse kommt von innen und macht den Menschen unrein (V. 21 f.).

Wenn Jesus hier die »bösen Gedanken« des Herzens als die Ursache alles Bösen in der Welt bezeichnet, so spielt er damit zweifellos auf die bekannten Genesis-Stellen über die Verderbtheit des menschlichen Herzens an (6,5; 8,21). Entscheidend ist jedoch die polemische Tendenz, die Markus dem Gespräch gibt. Der Gegensatz innen – außen, auf dem die Argumentation basiert, läßt die Zielrichtung der Worte Jesu eindeutig erkennen: gegen ein bloß rituelles Verständnis der jüdischen Reinheitsgebote, also gegen das, was bei Paulus als Gesetzlichkeit des Menschen erscheint, und für das Einhalten der sittlichen Gebote, die die jüdische Reinheitsforderung ursprünglich mit umfaßte, die dann aber immer mehr zugunsten des richtigen, durch strenge Vorschriften geregelten kultischen Verhaltens in den Hintergrund traten. Wichtig für Markus ist die Gewichtsverlagerung vom äußeren Tun des Menschen ins Innere, oder anders ausgedrückt: die Befreiung des Menschen von seinen Werken. Rein oder unrein, diese Frage wird allein im menschlichen Herzen entschieden, nicht durch Gesetzespraktiken, sondern durch das sittliche Tun, das den Menschen »rein« macht.

Allerdings hat sich nach Markus die Neigung zum Bösen derart im Herzen des Menschen verfestigt, daß dieser für den Willen Gottes unansprechbar und für sein Heil unempfänglich geworden ist, ein Zustand, der von Jesus als »Härte des Herzens« (σκληροκαρδία) bezeichnet wird (Mk 10,5; vgl. Mt 19,8). Vor allem in den Kapiteln 3–6 (3,13–6,6) macht der Evangelist deutlich, wie der Einbruch der Königsherrschaft Gottes am Unverständnis der Menschen scheitert. Den Anfang machen Jesu eigene Angehörige, die ihn für geistesgestört halten und ihn deshalb in Gewahrsam nehmen wollen (3,20f. 31–35), während die geistigen Führer des Volkes ihn bezichtigen, mit dem »Herrscher der Dämonen« im Bund zu stehen (3,22). Nicht nur der Unglaube seiner Landsleute in Nazaret macht Jesus zu schaffen (6,1–6), auch gegen das Unverständnis seiner eigenen Jünger hat er zu kämpfen (4,13; 7,18; 8,17–21; 9,32), so daß er sie vorwurfsvoll fragt:

> Begreift und versteht ihr noch immer nicht?
> Ist denn euer Herz verhärtet?
> Habt ihr Augen und seht nicht
> und Ohren und hört nicht? (8,17f.)

Bei diesem desolaten Zustand der Jünger ist von ihren Hörern noch weniger zu erwarten. Das Gleichnis vom Sämann spricht denn auch vom Samen, der auf harten Stein fällt und obendrein durch »die Sorgen der Welt, den Trug des Reichtums und die Begierden nach anderen Dingen« erstickt wird (4,1–9. 13–20). Auch sonst bei Markus hindert der Reichtum den Menschen daran, den Weg des Guten einzuschlagen (10,17–27). Deshalb erwartet die ehrsüchtigen und geldgierigen, von der Großherzigkeit der Witwe beschämten Schriftgelehrten ein strenges Gericht (12,38–44). Durch seine Verhärtung – in der Ablehnung und Tötung des Sohnes durch die Weinbergpächter dargestellt – zieht Israel Gottes Verwerfung und Gericht auf sich (12,1–9). Nur das ungeteilte Herz führt in die Nähe des Reiches Gottes (12,28–34).

»Ein böser Mensch bringt Böses hervor« (Mattäus)

Auch nach dem Mattäusevangelium entscheidet allein das Herz, die innere Gesinnung des Menschen, über sein äußeres Tun.

> Entweder macht den Baum gut, dann ist auch seine Frucht gut,
> oder macht den Baum faul, dann ist seine Frucht faul . . .
> Ein guter Mensch bringt Gutes hervor,
> weil er Gutes in sich hat,
> und ein böser Mensch bringt Böses hervor,
> weil er Böses in sich hat (12,33.35).

Wieder ist das Herz der Sitz der bösen Gedanken. »Warum denkt ihr Böses in euren Herzen?« fragt Jesus die Schriftgelehrten, die ihn der Gotteslästerung bezichtigen (9,4). Die Ehe wird nicht erst durch die Tat, sondern schon vorher »im Herzen« gebrochen (5,27f.). Ein zorniges Herz schafft Tod innerhalb der menschlichen Gemeinschaft (5,22). »Aus dem Herzen« kommen Mord, falsche Zeugenaussagen und Verleumdungen (15,19), »denn wovon das Herz voll ist, davon redet der Mund« (12,34). Deshalb werden nur die Gott schauen, die »reinen Herzens« sind (5,8).

Das Mattäusevangelium steht sehr stark unter der Erfahrung der menschlichen Sündhaftigkeit. Schon das Kommen Jesu in diese Welt vollzieht sich im Schatten des Bösen, das sich verkörpert in der Person des Herodes. Seine Herrschsucht und Grausamkeit machen ihn nicht nur zum widerlichen Heuchler (2,8), sondern auch zum skrupellosen Mörder (2,16). Durch das ganze Evangelium hindurch wird sichtbar, daß die Kirche des Mattäus sich in vielfältiger Weise mit dem Bösen konfrontiert sah [27]. Da ist einmal die Selbstsicherheit und Sattheit, die den Menschen daran hindert, »gute Frucht« zu bringen, und ihn in den Augen Gottes verwerflich macht (3,7–10). Sie verdirbt den Menschen so total, daß er zum Heuchler wird – ein Wort, das Mattäus auffällig oft gebraucht. Vor den Menschen will der Heuchler besser erscheinen, als er in Wirklichkeit ist, und dadurch geht er des Lohnes für das wahrhaft Gute verlustig (6,1–6). Die Selbstgefälligkeit, das Pochen auf die eigene Leistung – die Frömmigkeit nicht ausgenommen – (6,7f.), das Aufrechnen des eigenen Tuns, verbunden mit moralischer Überheblichkeit über den Nächsten bei rein äußerlicher Gesetzeserfüllung (7,1–5; 9,9–13; 12,1–7; 23,2–36) werden bei Mattäus zur wichtigsten Ursache des Bösen. Immer aber sind es auch die irdischen Schätze, die das Auge des Menschen »böse«, das heißt blind machen und sein Leben in Finsternis fallen lassen (6,19–23; vgl. auch 10,9f.; 26,14–16).

Wenn Jesus verbietet, dem Bösen zu widerstehen (5,39), bedeutet das nur scheinbar einen Widerspruch. In Wirklichkeit geht es dabei um die tausendfach bestätigte Erfahrung, daß sich der Mensch durch das erlittene Böse selbst zum Bösen provozieren läßt, durch das Geschlagenwerden zum Zurückschlagen (5,39–41), und daß Verfolgung Haß erzeugen kann, der im Verfolger zu noch größerer Erbitterung führt (5,43f.). Unbegreiflich aber ist, daß auch Gutes Anlaß zum Bösen werden kann. Die Güte des Hausherrn, die den Arbeitern der letzten Stunde den vollen Taglohn zuteilt, macht das Auge der ersten »böse« (20,1–16). Selbst das Heilsangebot Gottes kann in den Menschen Verhärtung und Absage zur Folge haben (11,4–6.20–24; 12,22–24.38–42; 13,54–58; 21,28–32; 22,2–7) und sie wie jene, die bei ihrer Bekehrung auf halbem Weg stehenbleiben (12,43–45), zum »bösen und ehebrecherischen Geschlecht« werden lassen (16,1–4).

»Wehe euch, ihr Reichen!« (Lukas)

Als Retter aus jeglicher Not steht Jesus im Lukasevangelium vor uns. So wäre es verwunderlich, wenn die Aufmerksamkeit des Evangelisten nicht besonders der Not des Bösen gälte. Auch Lukas überliefert das Jesuswort, daß ein guter Mensch deshalb Gutes hervorbringt, weil in seinem Herzen Gutes ist, und der böse Mensch Böses, weil in seinem Herzen Böses ist. Denn der Mund fließt notwendig von dem über, wessen das Herz voll ist (6,45). Der eifersüchtige Ehrgeiz der Jünger hat seinen Sitz in der »Überlegung ihres Herzens« (9,47). Das »Innere« der Pharisäer ist voll von Raub und Bosheit (11,39).

Mit auffälligem Nachdruck bezeichnet Lukas den irdischen Besitz als die Ursache des Bösen. Die Polemik gegen den Mammon ist ein Charakteristikum des lukanischen Sondergutes gegenüber Markus und Mattäus. Das »Wehe euch, ihr Reichen« (6,24), die Heilsgefährdung durch Reichtum und Besitz ist ein Leitmotiv des dritten Evangeliums[28]. Arme und verachtete Hirten sind es, die als erste zu dem in Armut geborenen Messias gerufen werden und ihm huldigen (2,8–20). »Umkehr« besteht im Ablegen des Geizes (3,11) und im Verzicht auf unehrlichen und ungerechten Besitz (3,13f.). Die Geldgier (16,14), ja

Raubgier der Pharisäer ist ihre eigentliche Bosheit (11,39), an deren Stelle sie »Almosen«, das heißt Besitzverzicht und Wohltätigkeit setzen sollten (V. 41). Der »verlorene« Sohn gerät ins Elend, weil ihm der Besitz des väterlichen Vermögens mehr gilt als die Gemeinschaft mit dem Vater (15,11–16); und die Geschichte vom armen Lazarus (16, 19–31) malt das Schicksal des Reichen in drastischen Farben aus. Der begüterte junge Mann ist von seinem Reichtum derartig gefangen, daß er es trotz seiner moralischen Integrität nicht über sich bringt, sich vorbehaltlos auf die Seite Jesu zu schlagen (18,18–25). Denn der Dienst am Mammon schließt den Dienst an Gott aus (16,13). Deshalb warnt Jesus die Jünger eindringlich vor der Habsucht (12,15), vor dem Sich-Verlieren an die Welt (14,15–24) und an den irdischen Besitz (12,16–21), weil dieser die Menschen der Freiheit für Gott und dessen Herrschaft beraubt (12,33).

Zwar ist nicht der Reichtum als solcher böse, aber er wird dem Menschen dadurch zum Verhängnis, daß er eine verwerfliche Gesinnung erzeugt. Reichtum macht hochmütig, und die hochmütigen Reichen gehen vor Gott leer aus (1,51–53). Reichtum ist gefährlich wegen der Macht, der Ehre, der falschen Selbstsicherheit, die er gewährt. Stärker als Mattäus betont Lukas, daß der Teufel Jesus durch das Angebot der Macht versucht (4,6), während umgekehrt Jesus durch seine niedrige Herkunft zum Glauben herausfordert (4,22ff.). Ehrsucht verträgt sich nicht mit der Gottesherrschaft (22,24–27; vgl. 14,7–11), und Selbstsicherheit, die die Gefahr mißachtet, führt zum Fall (22,31–34.39–46).

Nur wenn an die Stelle des Geistes der Welt der heilige Geist des Vaters tritt (11,13), ist der Mensch sicher vor dem Rückfall unter die Macht des Bösen (11,24–26).

Die Begierden des Fleisches (Paulus)

Für Paulus ist die Wurzel alles Bösen die Begierde (ἐπιθυμία), ein Wort, das im Neuen Testament nicht notwendig, aber meistens ein böses Verlangen bezeichnet[29]. Deshalb kann Paulus von »Begierde« ohne nähere Bestimmung sprechen; gelegentlich aber präzisiert er den Begriff als »Begierde nach dem Bösen« (1 Kor 10,6), »Begierde des Fleisches« (Gal 5,16; vgl. Röm 13,14; Eph 2,3), »Begierden des Leibes« (Röm 6,12), und wenn er von den »Begierden der Herzen« spricht

(Röm 1,24), dann macht er auch deutlich, wo im Menschen die Begierde ihren Sitz hat.

An dieser letzten Stelle handelt Paulus vom Gericht, das Gott über die Heiden ergehen ließ. Er gab sie der sexuellen Zügellosigkeit und Perversität preis, darüber hinaus aber auch, wie der Lasterkatalog V. 29–31 zeigt, dem Zerfall jeglichen sittlichen Urteilens und Handelns. Wenn Paulus die »Begierden ihrer Herzen zur Unreinheit« an den Anfang stellt, so sieht er darin zunächst die unmittelbare Ursache der Unkeuschheit, in einem weiteren Sinn aber den Ursprung jeder Sünde überhaupt. Dasselbe gilt von der Mahnung des Apostels an die Galater, sie sollten sich vom Geist leiten lassen, um nicht die »Begierden des Fleisches« zu vollbringen. Zwar werden unter den »Werken des Fleisches« auch hier zunächst Unzucht und Unkeuschheit genannt, im weiteren Verlauf des Lasterkatalogs aber auch Götzendienst, Feindschaft, Streit, Eifersucht, Zorn, Neid, Völlerei (Gal 5,16–21). Dieser umfassende Bereich der »Begierden des Leibes« wird noch deutlicher in Röm 6,12f. Der Getaufte darf diesen »Begierden« nicht mehr gehorchen, weil die Sünde nicht in ihm herrschen darf und seine Glieder nicht der Ungerechtigkeit, sondern der Gerechtigkeit dienen sollen.

Thematisch entwickelt der Apostel seinen Begierde-Begriff im 7. Kapitel des Römerbriefs, mit dem wir uns in der Mitte der paulinischen Theologie befinden. Christus hat uns von der Herrschaft der Sünde befreit. Das bedeutet aber, daß wir auch frei sind von der Herrschaft des mosaischen Gesetzes. Zwar ist das Gesetz selbst nicht sündhaft, aber es weckt im Menschen die Begierde und führt damit zur Sünde:

> Heißt das nun, daß das Gesetz Sünde ist? Keineswegs. Jedoch habe ich die Sünde nur durch das Gesetz kennengelernt. Ich wüßte ja nichts von der Begierde, wenn das Gesetz nicht gesagt hätte: Du sollst nicht begehren (7,7).

Wenn Paulus hier das ganze Gesetz auf das Verbot des Begehrens zusammendrängt, gibt er erneut zu verstehen, daß er das »Begehren« auf den gesamten sittlichen Bereich bezieht. Die Begierde ist schlechthin die Absage an den Willen Gottes.

Im Hintergrund dieser paulinischen Vorstellung von der Begierde, die zur Sünde führt, steht sicher die rabbinische Lehre vom bösen Trieb[30]. Aber auch die Anspielungen auf die Sündenfallerzählung sind unüberhörbar, in der sowohl die Lehre vom bösen Trieb als auch die

Argumentation des Paulus ihre Bestätigung finden. Das Gesetz – in diesem Fall das von Gott erlassene Verbot – weckt die Begierde (»die Frau sah, daß der Baum begehrenswert war«, Gen 3,6), und die Begierde führt zur Sünde.

Begierde und Sünde stehen für Paulus in solch unlösbarem Zusammenhang, daß er die beiden Begriffe praktisch in eins setzt. Die verhängnisvolle Sünde Israels in der Wüste war, daß sie »nach dem Bösen begehrten« (1 Kor 10,6). Die Frage, ob die Sünde aus der Begierde kommt oder die Begierde aus der Sünde, scheint für Paulus keine Rolle gespielt zu haben. Beide Aussagen finden sich nebeneinander im 7. Kapitel des Römerbriefs. Während nach dem oben ausgeschriebenen V. 7 die Erfahrung der Sünde nur durch die Erfahrung der Begierde möglich wurde, fährt Paulus fort:

> Durch das Gebot aber gewann die Sünde einen Anlaß und bewirkte in mir jegliche Begierde (V. 8),

was bedeutet, daß die Begierde aus der Sünde kommt. Die Begierde bewirkt Sünde und die Sünde neue Begierde. Ähnlich führt für Paulus die sündige Tat zum Zustand der Sünde und der Zustand der Sünde wieder zur sündigen Tat.

». . . so hätten sie keine Sünde« (Johannes)

Im Unterschied zu den Synoptikern spricht das Johannesevangelium in der Regel nicht von »Sünden«, sondern von »der Sünde« (ἁμαρτία) in der Einzahl[31]. Und diese Sünde ist der Unglaube. So bedeutet für Johannes die ungläubige Ablehnung Jesu die Sünde, in der die Juden sterben (8,21). Besonders deutlich wird der johanneische Sündenbegriff an jener Stelle, wo Jesus erklärt:

> Wäre ich nicht gekommen und hätte ich nicht zu ihnen geredet, so hätten sie keine Sünde . . . Hätte ich nicht die Werke unter ihnen getan, die kein anderer getan hat, so hätten sie keine Sünde (15,22.24).

Ähnlich wird 16,8f. vom Geist gesagt, er werde aufdecken, was Sünde ist, nämlich »daß sie nicht an mich glauben«. Diese Sünde begehen die Menschen gegen besseres Wissen, denn Jesus hat sich durch Wort und Tat ausgewiesen.

Wie aber kommen die Menschen dazu, Jesus wissentlich und willentlich abzulehnen? Die Erklärung, die Johannes gibt, muß überraschen:

> Das Licht kam in die Welt,
> doch die Menschen liebten die Finsternis mehr als das Licht;
> denn ihre Werke waren böse (3,19).

Demnach lehnen die Menschen Jesus, das Licht der Welt, ab und entscheiden sich für die Finsternis, den Unglauben, das Böse (17,15), weil ihre Werke böse sind. Statt von den bösen Werken der Menschen spricht der Evangelist auch von den Werken der Welt (7,7) oder von den Werken des Teufels (8,41). In keiner Schrift des Neuen Testaments kommt das Wort »Werk« (ἔργον) so häufig vor wie im vierten Evangelium. Für Johannes gibt es eigentlich nur *ein* Werk: auf seiten Jesu die Ausrichtung der ihm vom Vater aufgetragenen Offenbarung:

> Meine Speise ist es, den Willen dessen zu tun, der mich gesandt hat, und sein Werk zu vollenden (4,34),

und

> Ich habe das Werk vollendet, das du mir aufgetragen hast (17,4),

auf seiten des Menschen der Glaube an diese Offenbarung. Im Gegensatz zu den einzelnen »Werken« oder Taten ist dies das eine große Werk, das dem Menschen obliegt. Der Gegensatz zwischen »*den* Werken« und »*dem* Werk« findet seinen konkreten Ausdruck, wenn Jesus auf die Frage der Juden:

> Was müssen wir tun, um *die Werke* Gottes zu vollbringen?

antwortet:

> Dies ist *das Werk* Gottes, daß ihr an den glaubt, den er gesandt hat (6,28 f.).

Was die Menschen daran hindert, dieses Werk zu vollbringen, sind ihre »bösen Werke« (3,19). Somit kommt das Böse, der Unglaube, aus dem Bösen. Mit den »bösen Werken« sind nicht so sehr unmoralische Taten gemeint als vielmehr die Gleichgültigkeit, die Halbheit, das unentschlossene Zaudern des Menschen gegenüber dem Angebot Gottes. Darin sieht Johannes das Böse, das zur Sünde führt, zum Unglauben.

Wir haben dieses Denkschema schon bei Paulus angetroffen: Die Sünde kommt aus der Sünde, nämlich der Zustand der Sünde aus der sündigen Tat. Was den Menschen dazu bringt, die »bösen Werke« zu tun, die zum Unglauben führen, ist bei Johannes nicht reflektiert.

3. Satan und das Böse

Die Frage nach dem Ursprung des Bösen und nach der Ursache des menschlichen Versagens in der Geschichte ist letztlich identisch mit dem philosophischen Problem der Theodizee, das heißt mit der Frage, wie das Böse, das Gott selbst zugelassen hat, mit dessen Gerechtigkeit und Vollkommenheit vereinbar ist. Die unterschiedlichen Versuche, dieses Problem zu bewältigen, haben auch den israelitisch-jüdischen Glauben in einer bestimmten Phase seiner Geschichte stark geprägt.

»Satan trat auf gegen Israel«

Standhaft hatte die israelitische Religion alle Gefahren, die sie im Lauf der Geschichte durch Götter anderer Völker und durch den Dämonenglauben der Umwelt bedrohten, abgewehrt. Das schloß jedoch nicht aus, daß die Schriftsteller des Alten Testaments keine Hemmungen hatten, in ihrem Gott Jahwe auch den Urheber des Bösen zu sehen. Als ursprünglichem Wüstengott hafteten ihm ohnehin dämonische Züge an, zu denen man auch Eigenschaften anderer altsemitischer Gottheiten wie Zorn, Rache und Reue hinzunehmen konnte. Jahwe vereinigte in der alten Zeit alle Kräfte und Fähigkeiten, die der Mensch an sich selbst als lebensbestimmend erfuhr.

Auch aus dem Babylonischen Exil (586–538 v. Chr.) war der jahwistische Monotheismus geläutert und gefestigt hervorgegangen. Bald danach aber begann ein Prozeß, den man auch in anderen Religionen beobachten kann. Je mehr sich der Mensch seiner selbst bewußt wird, je mehr er über sich selbst und seine Erfahrungen reflektiert, um so schwieriger wird es für ihn, sich seine Unmittelbarkeit zu Gott zu bewahren. So rückt Jahwe seit dem 5. Jahrhundert in merkliche Distanz zum Menschen. Seine Transzendenz, seine Jenseitigkeit, wird immer mehr betont. Gott, der Himmel und Erde erfüllt (Jer 23,24), gehört nun viel mehr dem Himmel als der Erde an. Allzu menschliche Vorstellungen und Sprechweisen über Jahwe werden vergeistigt, ja man wagt nicht einmal mehr, seinen Namen auszusprechen. Die natürliche Folge dieser zunehmenden Transzendenz ist die Bevölkerung des Himmels mit Zwischenwesen, die zwischen Gott und Mensch vermitteln. Gott spricht nicht mehr direkt mit den Menschen, sondern sendet einen »Boten«, der seinen Auftrag überbringen soll. Oft (etwa Sach 3) verfügt der Bote seinerseits wieder über »Diener«, so daß der Eindruck eines ausgebauten hierarchischen Systems entsteht.

In diesem Zusammenhang erscheint als Kontrastfigur zum »Boten« Jahwes auch der Satan. Mit der Erhabenheit und Heiligkeit Jahwes war ohnehin eine Urheberschaft des Bösen unvereinbar geworden. So entgeht dem aufmerksamen Leser nicht, wie der »Chronist« (um 300 v. Chr.) wiederholt seine Geschichtsquelle[1] ändert, um den Anschein einer Beteiligung Jahwes an der Sünde gar nicht erst aufkommen zu lassen. Daß Jerobeam nicht auf die Alten hörte und dadurch das Schisma verursachte, war nach dem Königsbuch »so von *Jahwe* gefügt« (1 Kön 12,15). Der Chronist dagegen schreibt:

So war es von *Gott* (Elohim) gefügt (2 Chr 10,15).

Offenbar hatte der Chronist weniger Bedenken, eine böse Tat mit der allgemeinen Bezeichnung Gott als mit dem spezifischen Namen Jahwe in Verbindung zu bringen.

Noch typischer ist die Bearbeitung des Berichts über die Volkszählung und Bestrafung Davids 2 Sam 24 durch den Chronisten, wie wir sie in 1 Chr 21 finden. Mehrfach wird das Bestreben des Chronisten deutlich, auf jeden Fall die Transzendenz Jahwes zu wahren. Der Engel Jahwes, der das Strafgericht über Jerusalem vollstreckt, erhält nun eine viel größere Rolle: Er steht zwischen Himmel und Erde, geht mit einem Schwert gegen die Menschen vor (V. 16) und steckt es erst auf Befehl Jahwes wieder in die Scheide (V. 27). Zusätzlich aber tritt noch eine neue mythologische Figur auf: Satan. Während das Königsbuch die Tat Davids auf eine unberechnete Emotion Jahwes zurückführt:

Der Zorn Jahwes entbrannte abermals gegen Israel (2 Sam 24,1),

schreibt der Chronist:

Satan trat auf gegen Israel (1 Chr 21,1).

Der Chronist sondert das vom Menschen als feindselig empfundene Verhalten aus Jahwe aus und betraut damit eine eigene Gestalt. Zwar tritt Satan hier (noch) nicht als Gottes- oder Menschenfeind auf; er ist ganz konkret der Widersacher Israels. Jedoch sind die negativen Funktionen, die bis dahin Gott selbst erfüllte, eindeutig auf ihn übertragen. Während man früher keine Bedenken trug, die Anstiftung zur Sünde Jahwe zuzuschreiben, wird diese Rolle jetzt Satan aufgebürdet. Durch eine gewaltsame Operation eingeführt, ist Satan allerdings im Chroniktext ein Fremdkörper geblieben; im weiteren Verlauf der Erzählung tritt er nicht mehr in Erscheinung.

Satan der Ankläger

Auch an den beiden anderen Stellen, an denen im Alten Testament vom Satan die Rede ist, hat dieser keine eigene Machtbefugnis, sondern handelt in Abhängigkeit von Gott. In nachexilischer Zeit begegnet die Vorstellung, daß Gott nach Art eines irdischen Königs von einem Hofstaat umgeben ist. Unter seinen Dienern übt einer das Amt des Anklägers, des *śāṭān*, aus. Er hat die Aufgabe, in der Welt für Ordnung zu sorgen und die Störer der Ordnung vor Gottes Gericht zu ziehen[2]. In dieser Rolle des Anklägers erscheint der Satan in einer Sacharja-Vision (Sach 3) und im Ijob-Prolog (Ijob 1 f.).

Sacharja sieht, wie der erste Hohepriester Israels, Jeschua, in schmutzigen Kleidern vor dem »Boten Jahwes« steht. Rechts neben diesem steht der Satan und klagt ihn an. Der »Bote Jahwes« aber weist die Beschuldigungen Satans zurück und befiehlt seinen Dienern, Jeschua reine Kleider anzuziehen – ein Zeichen dafür, daß alle Schuld von ihm genommen ist. Der Sinn der Vision besteht offenbar darin, das Hohepriestertum für die Familie des Jeschua zu legitimieren.

Daß der Ankläger »*der* Satan« genannt wird, läßt darauf schließen, daß es sich um eine bekannte, festumrissene Größe mit genau definierten Funktionen handelt. Der Bote Jahwes droht dem Satan:

Jahwe schelte dich, Satan, Jahwe schelte dich (V. 2).

Mit seinem rein menschlichen, irdisch-politischen Denken steht der Satan im Gegensatz zum Heilsplan Gottes und wird aus diesem Grund getadelt. Deswegen von einem dämonischen Gegenspieler Gottes zu sprechen, geht jedoch zu weit. Der Satan hat lediglich seine Kompetenzen überschritten und wird deshalb in seine Schranken verwiesen.

Die gleiche Funktion, wenn auch mit einer größeren Machtbefugnis, hat der Satan der Ijoblegende. Mit den Göttersöhnen kommt auch er zur Ratsversammlung vor Gottes Thron. Offenbar hat er das Amt eines Staatsanwalts inne, denn er hat die Aufgabe, jedes unrechte Tun der Menschen aufzuspüren und vor Gottes Gericht zu bringen. Der geistesgeschichtliche Hintergrund dieser Vorstellung vom »Ankläger« bei Ijob läßt sich heute einwandfrei ermitteln. In der Satansfigur spiegeln sich inner- und außerjüdische Einflüsse wider: einerseits die in nachexilischer Zeit aufkommende Vorstellung eines durch seine Allwissenheit auf der ganzen Erde gegenwärtigen Gottes, andererseits eine persische Verwaltungseinrichtung, wonach der höchste Beamte als »Auge Gottes« die Provinzen bereiste, um das Land zu inspizieren.

Allerdings begnügt sich der Satan nicht damit, das Tun der Menschen zu beobachten und Gott darüber zu berichten. Er macht sich einen Spaß daraus, jemanden auf böser Tat zu ertappen, und es ist ihm sichtlich unangenehm, Ijob nicht überführen zu können. Gefährlich wird der Satan erst, als Gott ihm auch die Verfügungsgewalt über den Menschen zugesteht. Aber noch immer handelt der Satan nicht in eigener Machtvollkommenheit, sondern weil Gott sich seiner bedient, um über einen Menschen eine der unbegreiflichsten und grausamsten Prüfungen zu verhängen, von denen die Bibel zu berichten weiß. Für Ijob bleibt deshalb auch bis zum Schluß Gott der Urheber seines Leides. Ihm, nicht Satan gilt seine Anklage, gegen ihn richten sich sein Zweifel und seine Verzweiflung. Und weil der Satan nur ein ausführendes Organ ist, fällt wiederum wie in allen bisher besprochenen Fällen das Unerklärliche, Unberechenbare, Schicksalhafte, das den Menschen trifft, auf Gott zurück. Der Satan ist nur eine Spielfigur im Drama zwischen Gott und Mensch. Seine Bedeutung erschöpft sich im Alten Testament in der einer mythologischen Gestalt, der grundsätzlich kein größerer Stellenwert zukommt als anderen mythologischen Vorstellungen wie dem Thronsaal Gottes, dem Engel mit gezücktem Schwert oder der Paradiesschlange.

Satan der Versucher und Inbegriff des Bösen

Anders sieht es im Neuen Testament aus. Nicht nur nimmt Satan in der Vorstellungswelt der neutestamentlichen Schriftsteller einen weit größeren Raum ein, seine Funktion erschöpft sich auch keineswegs in der des Anklägers oder göttlichen Beauftragten[3]. So erscheint er in den Evangelien vor allem als der Versucher, der Jesus von seinem göttlichen Auftrag abzubringen trachtet (Mt 4,1–11; Lk 4,1–13; vgl. Mk 1,12f.). Als später Petrus mit dem gleichen Ansinnen an Jesus herantritt, schilt ihn der Herr einen »Satan« (Mk 8,32f.; Mt 16,22f.). Die schlimmste Sünde, von der das Neue Testament weiß, der Verrat des Judas, geschieht unter dem Einfluß des Satans:

> Es fuhr aber der Satan in Judas, der Iskariot heißt und der aus der Zahl der Zwölf war. Dieser ging hin und besprach sich mit den Hohenpriestern und Hauptleuten, wie er ihn an sie verraten könnte (Lk 22,3f.).

Nach der Darstellung des Johannes geschieht das Schreckliche mitten in der heiligen Gemeinschaft des Abendmahls:

> Er tauchte den Bissen ein, nahm ihn und gab ihn dem Judas Iskariot, dem Sohn Simons. Und nach dem Bissen, da fuhr der Satan in ihn (Joh 13,26f.).

Vom bösen Menschen wird gesagt, er sei ein Kind des Teufels (1 Joh 3,8.10), ein Sohn des Teufels (Apg 13,10); böse Werke werden Werke des Teufels genannt (1 Joh 3,8), ja im Johannesevangelium werden die der jungen Kirche feindlichen Juden samt und sonders »Teufelskinder« gescholten (8,44). Der Teufel sät das Unkraut auf den Acker des Himmelreiches (Mt 13,39) und nimmt den Samen des Wortes Gottes aus den Herzen wieder fort (Lk 8,12). Er geht umher wie ein brüllender Löwe und sucht, wen er verschlinge (1 Petr 5,8). Deshalb die Warnung des Apostels:

> Gebt dem Teufel keinen Raum (Eph 4,27).

Das mag als vorläufige Bestandsaufnahme genügen. Auf eine Formel gebracht: Satan als Inbegriff des Bösen und als Versucher zum Bösen ist eine den Schriften des Neuen Testaments vertraute Gestalt. Dieser auffällige Umschwung gegenüber dem Alten Testament verlangt nach einer Erklärung, und dafür wiederum bedarf es einer ausgreifenden geschichtlichen Rückbesinnung.

Die Apokalypsen

Jahrhundertelang waren die Schriften, die für uns das »alte« Testament darstellen, die einzige Literatur des israelitisch-jüdischen Volks gewesen. Immer deutlicher hatten sich dabei zwei Gruppen oder Sammlungen herausgebildet: das Gesetz und die Propheten. Das Gesetz (hebr. Tora) war im 5. Jahrhundert v. Chr. zu der Gestalt gelangt, in der es uns heute in den fünf Büchern Mose (Pentateuch) vorliegt. Die Schriftensammlung, die die Juden »Propheten« nennen, enthält sowohl die Überlieferungen der Geschichte Israels von der Landnahme bis zum Babylonischen Exil (die Bücher Josua, Richter, Samuel und Könige) wie auch die gesammelten Reden der Gottesboten (Propheten), die über Jahrhunderte hinweg als Künder und Mahner in Israel aufgetreten waren: die »großen« Propheten Jesaja, Jeremia und Ezechiel sowie die zwölf »kleinen« Propheten (Hosea bis Maleachi).

Zwar kamen später noch weitere Schriften hinzu. Sie erlangten aber nicht mehr das gleiche Ansehen; daß sie nicht, wie »das Gesetz« und »die Propheten«, als abgeschlossene Größe betrachtet wurden, erhellt schon daraus, daß sie nur den allgemeinen Namen »Schriften« erhielten. So ist auch mit der in den Evangelien öfters bezeugten Redeweise »Gesetz und Propheten« (Mt 5,17; 7,12; 11,13; 22,40; Lk 16,16) oder »Mose und die Propheten« (Lk 16,29; 24,27; Joh 1,45) das ganze Alte Testament gemeint.

Während nun das »Gesetz« als unveränderliche Größe akzeptiert wurde, konnte man sich nicht damit zufriedengeben, daß das Wort der Propheten mit der vorliegenden Sammlung abgeschlossen sein sollte. Der letzte von ihnen, Maleachi, war um 450 v. Chr. aufgetreten. Seither war ihre Stimme verstummt. Zwar waren ihre Reden von Jüngern aufgezeichnet worden; aber sie gaben auf die drängenden Fragen der in vielem veränderten Gegenwart oft keine befriedigende Antwort. Und unter den neu hinzugekommenen Schriften gab es bestimmt manches Lesenswerte, aber es fehlte darin die Stimme eines Propheten.

So kann es nicht überraschen, daß hier und da ein Frommer sich gedrängt fühlte, diesem Mangel abzuhelfen, und unter Berufung auf eine ihm zuteil gewordene »Offenbarung« oder »Enthüllung« die

Neugier seiner Zeitgenossen über das, »was in Bälde geschehen soll« (vgl. Offb 1,1), zu befriedigen suchte. »Apokalypsen« wurden geschrieben, Schriften, die den Weltablauf im Hinblick auf das nahe bevorstehende Weltende deuteten. Die Zeiten waren ja voller Drangsale. Seit der Eingliederung Palästinas in das Reich Alexanders des Großen (331 v. Chr.) sah sich das jüdische Volk direkt mit jener Weltanschauung konfrontiert, die man »Hellenismus« nennt und deren Inbegriff griechische Sprache, griechische Bildung, griechische Religion, griechische Kunst, griechische Sitte war. Wurde die Auseinandersetzung mit dem jüdischen Monotheismus und der Ethik des mosaischen Gesetzes zunächst mit geistigen Waffen geführt, so trat an deren Stelle die brutale Gewalt, als der Seleukidenkönig Antiochos IV. Epiphanes (175–164 v. Chr.) eine blutige Religionsverfolgung eröffnete. Zahlreiche Juden sagten sich vom Glauben der Väter los und machten mit den Verfolgern gemeinsame Sache. »Sie taten viel Böses«, heißt es nicht nur von den Diadochenkönigen, die das Reich Alexanders unter sich geteilt hatten (1 Makk 1,9), sondern auch von den Juden, die »vom Gesetz abfielen« und sich dem Befehl des Epiphanes beugten (1,52).

Gerechte und Ungerechte

Gegen diese Zerfallserscheinungen des jüdischen Glaubens formierte sich eine Abwehrbewegung, die sich »Gemeinde der Frommen« (hebr. Chasidim) nannte (1 Makk 2,42)[4]. Ihre vornehmste Aufgabe sah sie in der rigorosen Beobachtung des mosaischen Gesetzes. Der Gesetzesfanatismus ging sogar so weit, daß sich die Anhänger dieser Gruppe am Sabbat lieber wehrlos abschlachten ließen, als sich zu verteidigen (1 Makk 2,29–38). Einziger Gesichtspunkt der sittlichen Bewertung war eben die Treue zum Gesetz. Zwar neigte israelitisch-jüdisches Denken auch früher schon dazu, die Menschen schematisch in zwei Lager zu teilen: in »Gerechte« und »Frevler«, das heißt Gesetzestreue und Gesetzesverächter. Wir begegnen dieser Beurteilung an zahllosen Stellen des Alten Testaments, sehr anschaulich zum Beispiel im 1. Psalm, der Heil dem Mann zusagt,

> der nicht wandelt im Kreis der Frevler
> und auf den Weg der Sünder nicht tritt
> und an der Wohnstatt der Frechen nicht wohnt,

vielmehr Gefallen hat am Gesetz Jahwes
und über sein Gesetz sinnt Tag und Nacht (V. 1 f.).

Je näher wir aber der Zeitenwende kommen, um so mehr steigert sich diese Polarisierung. Für pharisäisches Denken gab es nur zwei Kategorien von Menschen: Gute und Böse, »Gerechte« und »Ungerechte« oder »Sünder« (vgl. Mt 5,45). So kam in die zeitgenössische Theologie ein starker dualistischer Zug, der sich vor allem in neuartigen Jenseitsvorstellungen ausprägte.

Spekulationen griffen um sich, wie lange Gott noch untätig zuschauen, wann diese Zeit der Drangsal ein Ende nehmen werde. In den Apokalypsen dieser Epoche finden sich sehr konkrete Daten, wann das Eingreifen Gottes und damit die ersehnte Wende zu erwarten sei. Dabei hatte man keine Bedenken, neue Zahlen zu nennen, wenn die früher genannten sich nicht bewahrheitet hatten. So wird im Danielbuch die Wende zunächst nach 1150 Tagen erwartet (8,14), dann nach 1290 (12,11), schließlich nach 1335 Tagen (12,12).

Man stellte sich vor, durch das göttliche Eingreifen werde eine neue Weltzeit heraufgeführt. Die ganze Weltgeschichte zerfällt nach dieser Lehre in zwei große Phasen: in diese irdische Welt und in die kommende Welt, die in Himmel und Hölle aufgeteilt war. Die Überzeugung, daß in der kommenden Welt die Guten ihre Belohnung und die Bösen ihre gerechte Strafe finden würden, entsprang dem Verlangen nach einer ausgleichenden Gerechtigkeit. Unmöglich konnte Gott zulassen, daß seine Getreuen auf der Erde nur Drangsal und Not erleiden müssen. Zu ertragen war das nur im Hinblick auf ein besseres Jenseits.

Von denen, die im Erdenstaub schlafen,
werden viele erwachen, die einen zum ewigen Leben,
die anderen zur Schmach, zu ewiger Abscheu,

verkündete der Apokalyptiker (Dan 12,2).

In der kommenden Welt wird es kein Miteinander von Guten und Bösen mehr geben wie in dieser Welt, sondern nur noch strenge Trennung. Die bekannteste Illustration dieser Vorstellung im Neuen Testament ist das Gleichnis vom Weltgericht und der Scheidung der Schafe von den Böcken:

Und diese werden in die ewige Strafe gehen,
die Gerechten aber in das ewige Leben (Mt 25,46).

Eine ähnliche Aussage treffen die Gleichnisse vom Unkraut unter dem Weizen (Mt 13,24–30) und vom Fischnetz (13,47–50).

In das Feuer der Hölle geworfen

Die bedrückenden Verhältnisse der Gegenwart machen verständlich, warum in den Schriften der Spätzeit die Hölle als ewiger Strafort der Bösen eine so große Bedeutung gewinnen konnte. Schon an einer späten Stelle des Jesaja-Buches (4./3. Jahrhundert?) finden wir die Drohung, daß die Leichen der Abtrünnigen vor den Toren Jerusalems ewig von Würmern zerfressen und vom Feuer verzehrt werden:

Ihr Wurm stirbt nicht,
und ihr Feuer erlischt nicht,
sie sind ein Abscheu für alles Fleisch (66,24),

eine Vorstellung, die im Markusevangelium wiederkehrt, wo Jesus vor der Verführung warnt:

Wenn dich dein Auge zur Sünde verführt, so reiß es aus! Es ist besser, daß du einäugig in das Reich Gottes eingehst, als daß du mit zwei Augen in das Feuer der Hölle geworfen wirst, wo ihr Wurm nicht stirbt und das Feuer nicht erlischt (9,47f.).

Dieser endzeitliche Folterplatz für die Bösen beschäftigte die jüdischen Apokalyptiker mächtig und verleitete sie zu fast sadistisch anmutenden Beschreibungen der ewigen Qualen. So werden nach Dan 12,2 zwar nicht nur die Guten, sondern auch die Bösen an der Auferstehung teilhaben, diese aber nur, um in ihrem Auferstehungsleib ewig gefoltert zu werden. Am Tag des Gerichts spricht der Richter zu den Bösen:

Schaut jetzt hinüber und herüber!
Hier Seligkeit und Ruhe,
dort Pein und Feuer (4 Esr 7,38).

Als drittes Motiv neben Würmern und Feuer wird die Finsternis aufgeboten, um die Schrecknisse der Hölle zu illustrieren:

Finsternis wird ihre Wohnung
und Gewürm ihre Lagerstatt sein (1 Hen 46,6).

Auch im Neuen Testament hören wir mehrmals, daß die Bösen in die
(tiefste) Finternis geworfen werden, wo sie heulen und mit den Zähnen
knirschen (Mt 8,12; 22,13; 25,30). Da aber Feuer (Mt 18,8; 25,41 u. a.)
und Finsternis sich schlecht miteinander vertragen, dachte man an ein
Feuer, das wohl brennt, aber kein Licht gibt. In einer Beschreibung der
Hölle heißt es:

> Dort ist Finsternis und Nebel, keinerlei Licht.
> Dort gibt es nur Frost, Eis und Kerker,
> und grausame, mitleidlose Engel tragen Waffen
> und peinigen unbarmherzig (2 Hen 10,2).

»O Adam, was hast du getan!«

Die Scheidung zwischen Guten und Bösen wurde jedoch nicht erst für
die Endzeit angenommen. Israelitisch-jüdischem Denken war von
jeher die Vorstellung vertraut, daß die Endzeit der Urzeit entsprechen
werde. Weil man für die Endzeit einen paradiesischen Zustand erwartete (vgl. etwa Jes 11,6–9), stellte man sich den Urzustand des Menschen ebenfalls paradiesisch vor (Gen 2f.)[5]. Dasselbe gilt natürlich
auch von der Sünde und von der Scheidung zwischen Guten und
Bösen. Schon im Paradies ist die Sünde da (Gen 3), und schon bei den
ersten Kindern der Stammeltern, Kain und Abel, steht dem Guten der
Böse feindselig gegenüber (Gen 4,1–16). Um die Zeitenwende nun
wurde der Sünde Adams als Ursache des Bösen in der Welt besondere
Beachtung geschenkt. Wir finden diese Linie vor allem im 4. Esrabuch,
in der syrischen Baruchapokalypse[6] und bei Paulus ausgezogen.

> O Adam, was hast du getan!
> Denn obwohl du allein gesündigt,
> kam der Schaden nicht auf dich allein,
> nein, auch auf uns, auf deine Kinder,

klagt der Seher im 4. Esrabuch (7,118)[7]. Und Paulus argumentiert:

Durch einen einzigen Menschen kam die Sünde in die Welt und durch die Sünde der Tod, und so gelangte der Tod zu allen Menschen, weil alle sündigten (Röm 5,12).

Engelsünde

Neben diesem Strang, der den Einbruch des Bösen in die Schöpfung erst mit Adam ansetzt, läuft im jüdischen Schrifttum ein anderer, der den Ursprung der Sünde in die himmlische Welt verlegt und das Böse mit den Engeln beginnen läßt.

Schon in alter Zeit hatte man mit einem himmlischen Hof und Palast gerechnet, in dem Gott als Herrscher und König thront (Ps 29 u. ö.). In der biblischen Spätzeit jedoch wird dem Hofstaat Gottes immer größere Beachtung geschenkt. Vor allem bevölkert er sich üppig mit Engeln. Die Frühzeit war in der Annahme solcher Zwischenwesen äußerst zurückhaltend gewesen. Man bedurfte ihrer nicht, weil man ein sehr unmittelbares Verhältnis zu Gott hatte, und sah darin zudem eine Gefährdung des Glaubens an die Einzigkeit Jahwes. In der Spätzeit dagegen war der Monotheismus im jüdischen Volk so fest verwurzelt, daß diese Gefahr nicht mehr bestand. Gott verfügt nun über Legionen dienender Geister (vgl. Mt 26,53). Besonders in den außerbiblischen jüdischen Schriften dieser Zeit greift Gott nicht mehr selber in das Weltgeschehen ein, er tut es durch seine Engel. Engel sind es auch, die die Gebete der Menschen vor Gottes Thron tragen (Tob 12,15).

Es liegt nahe, daß für die Vorstellung vom Hofstaat Gottes der persische Hof als Vorbild gedient hat. Schließlich war Palästina zweihundert Jahre lang, von 539 bis 331 v. Chr., Provinz des persischen Reiches gewesen. Natürlich mußte der himmlische Königshof jeden irdischen an Glanz übertreffen. So finden wir im Buch Daniel den Thron der göttlichen Majestät von hundert Millionen Dienern umgeben (7,10), ein phantastisches Aufgebot.

Daß es bei diesen himmlischen Wesen auch peinliche Menschlichkeiten gab, darüber finden wir im Alten Testament höchstens Andeutungen. Dem Satan im Ijob-Prolog wird man Gefühle des Neides, der Böswilligkeit und der Schadenfreude nicht absprechen können. Ebenso erweckt der Satan in Sach 3 durchaus den Eindruck eines verleumderischen Intriganten. Unvergleichlich beschämendere

Schwächen von Engeln aber wissen die außerbiblischen Apokalypsen der letzten zweihundert Jahre vor der Zeitenwende zu enthüllen. Am redseligsten ist in dieser Hinsicht das 1. Henochbuch[8], eine Schrift, die auf das christliche Denken einen gewaltigen Einfluß ausgeübt hat. Sie genoß im gebildeten Judentum der Zeitenwende höchstes Ansehen, war den Verfassern der neutestamentlichen Schriften vertraut und wurde von zahlreichen Kirchenvätern für ein biblisches Buch gehalten.

Schon alte Mythen wußten von sündigen Verbindungen von himmlischen Männern mit irdischen Frauen zu erzählen. Einen Niederschlag davon finden wir in der Notiz Gen 6,1 f., mit der die allgemeine Verderbtheit der Schöpfung illustriert und das Strafgericht der Flut begründet werden soll:

> Als sich die Menschen auf der Erde zu vermehren begannen und ihnen Töchter geboren wurden, da sahen die Gottessöhne, wie schön die Menschentöchter waren, und sie nahmen sich zu Frauen, welche sie nur wollten.

Dieser Mythus wird im 1. Henochbuch fleißig ausgebaut. Durch Eid verpflichten sich zweihundert Engel, sich Frauen zu nehmen und Kinder zu zeugen[9]. Doch damit nicht genug, lehren die Engel ihre Frauen und die Menschen auch noch die Herstellung von Waffen und Kosmetika, Zauberei und Astrologie (6,1–7,1; 8,1–3).

Daß Kinder, die von Engeln gezeugt sind, keine gewöhnlichen Menschen sein können, sondern übermenschliche Ausmaße haben müssen, liegt nahe.

> Sie wurden nun schwanger
> und gebaren Riesen,
> dreitausend Ellen groß,

erzählt das Henochbuch (7,2). Auch hierin lehnt es sich an die biblische Vorlage an, wo es heißt:

> In jenen Tagen gab es auf der Erde Riesen, und auch später noch, nachdem sich die Gottessöhne mit den Menschentöchtern eingelassen und diese ihnen Kinder geboren hatten (Gen 6,4).

Allerdings können die Engel ihrer Riesenkinder nicht froh werden. Denn nachdem diese alle Vorräte der Menschen verzehrt haben, beginnen sie, die Menschen und schließlich sich selber gegenseitig aufzufressen (1 Hen 7,2–6; 10,9). Indes bleibt dieses Gemetzel nicht ohne Folgen für die Menschheit: Die gigantischen »Hurenkinder« sterben nur dem Leib nach. Ihre Geister fahren aus und treiben seither als »böse Geister« ihr Unwesen auf der Erde:

> Böse Geister gingen aus ihrem Leib hervor,
>
> . . .
>
> böse Geister werden sie auf Erden sein
> und böse Geister heißen.
>
> . . .
>
> Die Geister der Riesen schaffen Unheil,
> begehen Gewalttaten, zerstören,
> greifen an, kämpfen, wirken verheerend auf der Erde
> und bringen Verwirrung (15,9.11).

Die Engel, die durch ihre Lüsternheit dieses Unheil auf der Welt angerichtet haben, trifft zweierlei Strafe: eine vorläufige und eine ewige. Sie werden zunächst in einem dunklen unterirdischen Verlies eingekerkert, beim Endgericht aber für ewig in den Feuerpfuhl geworfen (10,4–6 u. ö.). Diese Vorstellung findet im Neuen Testament ihr Echo im 2. Petrusbrief:

> Gott hat die Engel, die gesündigt haben, nicht verschont, sondern sie in die finsteren Höhlen der Unterwelt verstoßen und hält sie dort eingeschlossen bis zum Gericht (2,4).

Ähnlich im Judasbrief:

> Die Engel, die ihre Würde mißachtet und ihren Wohnsitz verlassen haben, hat er mit ewigen Fesseln in der Finsternis eingeschlossen, um sie am großen Tag zu richten (V. 6).

Das Interesse, das außerbiblische jüdische Schriften der Spätzeit dem Thema der Engelsünde entgegenbringen, erklärt sich aus dem Bedürfnis, eine Antwort auf die Frage nach dem Ursprung des Bösen zu finden. In einer durch die geistige und politische Auseinandersetzung mit dem Hellenismus unsicher gewordenen Zeit stellte sich diese Frage drängender als je zuvor. Überall hören wir denn auch in diesen Schriften deutlich die Polemik gegen den Hellenismus heraus, nicht nur in der sexuellen Zügellosigkeit, die den Engeln angelastet wird, sondern auch in den verderblichen Künsten, in die die Menschen von den Engeln eingeführt wurden: Astronomie, Alchemie und Magie, Metallverarbeitung (= Herstellung von Waffen) und Kosmetik (1 Hen 7; 8; 69). Vor allem aber konnte der in der Spätzeit allenthalben wuchernde Dämonenglaube, ein Konglomerat aus kanaanäischen, babylonischen, iranischen und griechischen Einflüssen, durch den Mythos vom Engelsturz sozusagen biographisch abgesichert werden. Die Legende von den Geistern, die aus den entleibten Riesenkindern der Engel ausfuhren und nun ruhelos den Menschen Böses antun, ist nichts anderes als der Versuch, die Neugier nach der Herkunft der Dämonen zu befriedigen.

Dämonen als Krankheits- und Schadensgeister

Aber nicht nur in außerbiblischen Schriften, auch im Neuen Testament sind die Dämonen eine bekannte Erscheinung. Dabei macht es keinen wesentlichen Unterschied, ob diese Wesen als »Dämonen« im strengen Sinn (δαιμόνια) oder als »Geister« (πνεύματα) bezeichnet werden. Beide Begriffe werden in den Parallelberichten der Synoptiker alternativ verwendet (zum Beispiel Mk 1,34: δαιμόνια, Mt 8,16:πνεύματα). Der durch diese Begriffe erfaßte Bereich ist weder in sich einheitlich, noch läßt er sich klar abgrenzen. In den Evangelien treten die Dämonen vor allem als Krankheitsgeister auf, das heißt als Mächte, die die Krankheit im Menschen verursachen und ihm primär im physischen Bereich schaden. Dabei bedienen sich die Evangelisten einer auffallend stereotypen Redeweise. Der Dämon »geht in den Menschen hinein« (Lk 8,30), der Kranke »hat« einen Dämon (Mt 11,18; Lk 7,33 u. a.), bei der Heilung »geht der Dämon hinaus« (Mt 17,18 u. ö.) oder wird »hinausgeworfen« (Mt 8,31 u. a.). An vielen Stellen wird der Dämon auch »unrein« genannt, nicht etwa, um ihn von »reinen« Geistern zu trennen, sondern weil er im kultischen Sinn Unreinheit schafft: Der Kranke ist zugleich der Befleckte. Deshalb können auch die heidnischen Götter als δαιμόνια bezeichnet werden (1 Kor 10,20), denn auch der Götzendienst verunreinigt den Menschen. Ebenso wird der Dämon häufig »böse«(πονηρός) genannt und damit eindeutig als ein dem Menschen Schaden zufügender Geist definiert (Lk 7,21; 8,2; Apg 19,12f. u. ö.).

Jedoch bleibt festzuhalten, daß sich dieser Schaden nach dem Verständnis der neutestamentlichen Schriftsteller auf den physischen oder

– etwa bei Geisteskrankheiten – auf den medizinisch-psychischen Bereich erstreckt. Keinesfalls erscheinen die Dämonen im Neuen Testament als Anstifter zur Sünde. Diese Vorstellung begegnet nur im außerbiblischen jüdischen Schrifttum, und auch da nur vereinzelt, etwa wenn in einem Passus des Jubiläenbuches [10] (Kap. 12) die Dämonen als Helfershelfer Satans auftreten und die Menschen zum Bösen verführen. Davon, daß die Dämonen das Verhältnis zwischen Gott und Mensch stören, ist im Neuen Testament nirgends etwas zu lesen.

Wenn man sich die Krankheit als von bösen Geistern verursacht vorstellte [11] und nach den Evangelienberichten Jesus Kranke geheilt hat, bedeutet dies, daß Jesus sich als eine Art Exorzist betätigt hat, der den Dämon aus dem Kranken austrieb. Deshalb ist es verständlich, daß die Krankenheilungen Jesu als Kampf gegen die Dämonen aufgefaßt wurden. Jedoch lassen die Heilungsberichte keinen Zweifel daran aufkommen, daß die Heilungen nicht Selbstzweck waren, sondern eine theologische Aussage bekräftigen sollten, die der Evangelist machen wollte [12]. So dient die Heilung des Mondsüchtigen (Mt 17,14–18) dazu, die Kleingläubigkeit der Jünger, die ihnen eine Heilung versagte, zu geißeln. Der ganz ähnlich angelegte Bericht des Lukas über die Heilung des Epileptikers (9,37–42) soll die »Majestät Gottes« illustrieren, und nur der Glaube der Syrophönizierin veranlaßt Jesus, deren Tochter gesund zu machen (Mk 7,24–30; Mt 15,21–28). Ein ähnliches missionstheologisches Interesse verrät auch die Geschichte der Heilung des Besessenen von Gerasa (Mk 5,1–20 par.), der wie die Syrophönizierin ebenfalls Heide ist. Die Vielzahl der in die Schweine fahrenden Geister bestätigt darüber hinaus in drastischer Anschaulichkeit die Herrschaft Jesu über die Dämonen und über die gesamte heidnische Götterwelt.

Der Teufel

Anders als mit den Dämonen verhält es sich jedoch mit jener Gestalt, die im Neuen Testament als Satan oder Teufel auftritt und schon in den Apokalypsen unter verschiedenen Namen eine wichtige Rolle spielt. Im 1. Henochbuch erscheint sie als der oberste der zweihundert sündigen Engel und heißt bald Semjasa (6,7), bald Asasel [13] (8,1 f. u. a.). Andere Namen überliefert das Jubiläenbuch. Der Anführer der bösen Geister erscheint dort als Fürst Mastema [14]. Dabei wird das biblische

Motiv der Prüfung Ijobs auf die Abraham-Geschichte übertragen. In der Erzählung des Jubiläenbuches prüft Gott Abraham nicht wie in der biblischen Erzählung (Gen 22) aus freiem Entschluß, vielmehr stachelt Mastema Jahwe dazu auf, Abraham zu prüfen und von ihm die Opferung seines Sohnes zu fordern (17,16). Auch beim nächtlichen Überfall auf Mose (Ex 4,24) ändert das Jubiläenbuch den biblischen Bericht: Nicht Jahwe überfällt Mose und versucht ihn zu töten, sondern Mastema (48,3). Ganz offensichtlich dient die Gestalt des Mastema dazu, Gott von den Taten zu entlasten, die man in der Spätzeit für seiner unwürdig erachtete.

Vereinzelt erscheint im Jubiläenbuch der Verführer zur Sünde und Ankläger vor Gott unter dem Namen Beliar. Beliar ist die auch im Neuen Testament (2 Kor 6,15) vorkommende griechische Form des hebräischen Wortes Belial, das so etwas wie »Nichtsnutz«, »Verworfenheit« bedeutet. Zu seiner vollen Geltung kommt Belial in den Texten von Qumran. Das Wort Belial wird hier zwar öfters sächlich gebraucht für das Törichte, das ein Mensch sagt, und das Schlechte, das einer tut. Wenn aber von »Belial und allen Männern seines Loses« (1 QM 4,2), »Belial und allen Geistern seines Loses« (13,2.4.11 f.), »Belial und dem gesamten Heer seiner Herrschaft« (18,1) die Rede ist, dann handelt es sich eindeutig um eine satanische Gestalt. Das verderbliche Treiben Belials und seiner Engel scheidet die Menschheit in zwei Lager:

> In der Hand des Fürsten des Lichtes (gemeint ist Michael) liegt die Herrschaft über alle Söhne der Gerechtigkeit, auf den Wegen des Lichtes wandeln sie. Aber in der Hand des Engels der Finsternis (= Belial) liegt alle Herrschaft über die Söhne des Frevels, und auf den Wegen der Finsternis wandeln sie (1 QS 3,20f.).

Deutlich läßt sich in den Apokalypsen ein Gestaltwandel der Satansfigur erkennen. Gegenüber dem Alten Testament hat Satan an Machtfülle zugenommen – er erscheint jetzt als Herr der Geister –, und sein Ziel ist einhellig die Verführung des Menschen zur Sünde. Diese neue Konzeption mußte zwangsläufig zu einem kaum lösbaren theologischen Problem führen. Hat Gott Satan nicht erschaffen, dann ist er ewig, und es gibt ein zweites ewiges Prinzip neben Gott, einen Gegengott, den der monotheistische Glaube der Juden nicht zulassen konnte. Hat Gott ihn aber erschaffen, dann hat er Böses erschaffen, und das widerspricht seinem Wesen. Angesichts dieses Dilemmas wird die Frage nach dem Ursprung des Bösen in einzelnen jüdischen Schriften sorgfältig umgangen. So im Jubiläenbuch, wo Mastema weder formell als Geschöpf Gottes bezeichnet noch als ewiges böses Prinzip hingestellt wird. Die Texte von Qumran hingegen bekennen sich ausdrücklich zur Geschöpflichkeit Belials.

> Du hast Belial gemacht zum Verderben, zum Engel der Feindschaft,

heißt es dort (1 QM 13,11). Für die Gemeinde vom Toten Meer gab es also keinen Zweifel, daß Gott das Böse von Anfang an in seine Schöpfungsordnung einbezogen hat.

Solch nüchternes Denken hinderte jedoch andere jüdische Erzähler nicht, für die Herkunft Satans eine phantasiereiche Erklärung zu finden: Er ist ein gefallener und gestürzter Engel. Im 1. Henochbuch trifft den Rädelsführer der lüsternen Engel die Strafe an erster Stelle:

> Und zu Rafael sprach der Herr:
> Binde den Asasel an Händen und Füßen
> und wirf ihn in die Finsternis!
> Am Tag des großen Gerichts
> soll er in den Feuerpfuhl geworfen werden (10,4.6).

Am ausführlichsten weiß darüber das »Leben Adams und Evas« zu berichten[15]. Die Erzählung nimmt ihren Ausgang von der Aussage des Alten Testaments, Gott habe den Menschen als sein Abbild erschaffen (Gen 1,26f.). Als Abbild Gottes aber – so überlegt die Legende – mußte Adam wohl herrlicher sein als alle Engel. Ja, Gott verlangte von diesen sogar, sie sollten Adam Verehrung erweisen. Michael und die auf seiner Seite stehenden Engel gehorchen. Satan aber und die ihm unterstehenden Engel weigern sich und werden zur Strafe aus dem Himmel auf die Erde verstoßen. Adam, nichtsahnend, darf weiter das Glück des Paradieses genießen. Satan aber, der um des Menschen willen seine Herrlichkeit einbüßte, kann das Glück Adams nicht mit ansehen. Voll Neid und Wut versucht er, auch Adam zum Ungehorsam gegen Gott zu verleiten, um ihm das gleiche Schicksal zu bereiten, das ihn getroffen hat. Besonderen Erfolg verspricht er sich von der Vermittlung Evas.

In der Legende schildert Satan diese Vorgänge selbst:

Und Michael kam herauf
und rief allen Engeln zu:
Verehrt Gottes Ebenbild,
wie Gott, der Herr, befiehlt!

Und Michael verehrte ihn zuerst.
Dann rief er mich und sprach:
Verehre Gottes Ebenbild!
Ich sprach: Ich brauche nicht Adam zu verehren.

Als Michael mich zum Verehren drängte,
sprach ich zu ihm:
Weswegen drängst du mich?
Ich werde den doch nicht verehren,
der jünger und geringer ist als ich.
Ich ward vor ihm erschaffen.
Ehe er erschaffen ward, ward ich erschaffen.
Er sollte mich verehren.

Als dies die anderen Engel, die mir unterstanden, hörten,
da wollten sie ihn nicht verehren.
Da sagte Michael: Verehre Gottes Ebenbild!
Tust du es nicht,
wird Gott, der Herr, in Zorn geraten über dich.

Ich sprach:
Gerät er über mich in Zorn,
erhebe ich meinen Thron über die Sterne des Himmels
und bin dem Höchsten gleich.

Und Gott, der Herr, geriet über mich in Zorn
und verbannte mich von unserer Herrlichkeit
samt meinen Engeln.
So wurden wir um deinetwillen aus unseren Wohnungen
in diese Welt vertrieben
und verstoßen auf die Erde.

Und alsbald wurden wir betrübt,
weil wir so großer Herrlichkeit entkleidet waren.
Und dich in solcher Freude und Wonne sehen zu müssen,
betrübte uns.

Mit List umgarnte ich dein Weib
und brachte es dahin,
daß du aus deiner Freude und Wonne
vertrieben wurdest ihretwegen,
wie ich aus meiner Herrlichkeit vertrieben wurde (14–16).

Als Hauptbeweggrund für das Handeln Satans erscheint in der Legende der Neid des Teufels (vgl. auch Weish 2,24), gepaart mit dem stolzen Anspruch auf Gottgleichheit. Daß darin die eigentliche Engelsünde zu sehen sei, galt bald als geoffenbarte Wahrheit. Und da in der Paradieserzählung dem Menschen für die Übertretung des göttlichen Gebots der Tod angedroht wird (Gen 2,17; 3,3), im Weisheitsbuch aber der Tod auf die Machenschaft des Teufels zurückgeführt wird (2,24), gewöhnte man sich daran, in der Schlange, die in der Paradieserzählung die Stammeltern verführt, den Teufel zu sehen – eine Fehldeutung, wie sich unschwer nachweisen läßt[16].

Welche Überlegungen auch immer über die Herkunft Satans angestellt wurden, sicher ist, daß er in der Spätzeit Israels eine fest etablierte Gestalt war. Wie sehr sich alles auf diese konzentrierte, zeigt schon die Tatsache, daß sich von den verschiedenen Namen für den Menschenfeind die Bezeichnungen »Satan« und »Teufel« immer stärker durchsetzten[17]. Gleichzeitig wuchs Satan immer mehr in die Rolle eines Herrschers hinein, der über ein mächtiges Reich gebietet. In den »Testamenten der Zwölf Patriarchen«[18] führt er den Namen »Herrscher der Täuschung« (TestSim 2,7; TestJud 19,4) oder einfach »Herrscher« (TestDan 5,6). Er verfügt über dienende »Geister« oder »Engel«, die die Menschen zur Sünde verführen und sie nach ihrem Tod quälen[19]. Ähnlich hat Satan im 1. Henochbuch und im Jubiläenbuch eine Dienerschaft[20]. Am stärksten jedoch ist die Vorstellung von einem widergöttlichen Reich Satans in den Schriften von Qumran ausgebildet. Beide, Gott und Belial, haben ihre Engel, die sich in zwei Heeren gegenüberstehen: Die Engel Gottes oder Michaels und das Heer Belials kämpfen unsichtbar hinter den Söhnen des Lichts und den Söhnen der Finsternis[21]. Obwohl Gott und sein Engel Michael den Seinen beisteht, ist diese Weltzeit doch so sehr durch das Wirken Belials gekennzeichnet, daß sie kurzweg die »Zeit der Herrschaft Belials« genannt wird[22].

Chaoskampf

Diese Vorstellung von einem Widersacher, gegen den Gott unablässig zu kämpfen hat, scheint zunächst in der israelitisch-jüdischen Religionsgeschichte ein Novum zu sein. In Wirklichkeit handelt es sich um ein uraltes Motiv, das in neuer Form wiederauflebt und auch dem Alten Testament nicht unbekannt ist.

Wie die Schöpfungsmythen vieler anderer Völker haben auch die Kosmogonien der semitischen Völker des mesopotamischen, syrischen und phönikisch-kanaanäischen Raums kriegerisches Gepräge. Ein Schöpfergott muß zunächst den Kampf gegen die Chaosmächte aufnehmen und sie besiegen, um den Kosmos gestalten zu können[23]. So berichtet das zwischen dem 19. und 17. Jahrhundert v. Chr. entstandene babylonische Schöpfungsepos Enuma Elisch[24] von den beiden als Götterpaar vorgestellten Urgewässern, Apsu, dem Süßwasserozean, und Tiamat, dem Salzwasserozean, aus denen die übrigen Götter hervorgehen. Unter diesen reißt Marduk, der Stadtgott von Babel, die Führung an sich. Nachdem er Apsu vernichtet hat, tritt er zum Kampf gegen Tiamat an. Er läßt Winde in ihren Rachen fahren, tötet sie mit einem Pfeil und spaltet ihren Leichnam in zwei Hälften. Aus der einen bildet er den Himmel, aus der anderen die Erde. Nach der Vollendung der Schöpfung – Himmelskörper, Pflanzen, Tiere und Menschen – bauen die übrigen Götter Marduk einen prunkvollen Tempel und feiern ihn als König.

Von einem ähnlichen Kampf hören wir in den ugaritischen Mythen, die phönikisch-kanaanäisches Denken in der zweiten Hälfte des 2. Jahrtausends v. Chr. widerspiegeln. Hier wird Baal, der Gott des Lebens und der Fruchtbarkeit, in einen erbitterten Kampf um die Herrschaft mit dem Meergott Jamm verwickelt, der damit endet, daß Baal den Jamm mit einer Keule erschlägt[25]. Schon vorher hatte Baal mehrere zum Bereich des Jamm gehörende Drachen getötet, vor allem »Lotan, die flüchtige Schlange«, und »die gewundene Schlange« sowie den »Tyrannen mit den sieben Häuptern«. Nach der Überwältigung Jamms beschließt die Götterversammlung, daß für Baal ein Palast gebaut und damit seine Königsherrschaft anerkannt werde.

Auch in dieser mythischen Dichtung geht es, wie im Enuma Elisch, um die Überwindung der verderbenbringenden (im Meergott Jamm dargestellten) chaotischen Mächte durch die das Gute schaffende Himmelsmacht. Im Unterschied zum Enuma Elisch ist das Ergebnis des Kampfes allerdings nicht die Weltschöpfung, sondern die Gewährleistung der kosmischen Ordnung durch den Gott der Fruchtbarkeit. Doch sind Weltschöpfung und Welterhaltung zwei voneinander nicht zu trennende Vorstellungen. Auch das Alte Testament erzählt, im gleichen logischen und literarischen Zusammenhang, Gott habe die Welt erschaffen (Gen 1–3) und die kosmische Ordnung garantiert (Gen 8,21 f.).

Von einem Kampf Jahwes gegen die Chaosmächte im Stil der mesopotamischen Schöpfungsmythen weiß der Schöpfungsbericht der Genesis (1,1–2,4a) allerdings nichts zu berichten. Zwar besteht auch für die Bibel die Schöpfung darin, daß Gott das Chaos überwindet:

> Als Gott anfing,
> den Himmel und die Erde zu erschaffen,
> da war die Erde wüst und wirr,
> Finsternis lag auf der Flut,
> und mächtiger Wind wehte über den Wassern (Gen 1,1 f.).

Die vier Elemente repräsentieren das Chaos. Die Erde ist in einem Zustand völliger Öde, eingehüllt in Finsternis und umgeben von den ungebändigten Wassern des Ozeans, dessen Fluten durch einen mächtigen Wind aufgepeitscht werden. Aber die geläuterte und durchgeistigte Theologie Israels, für die eine Weltschöpfung allein durch die Kraft des Wortes Gottes kein Ding der Unmöglichkeit ist, bedarf nicht mehr der Chaosgötter und Chaosungeheuer. Charakteristisch für den Stil des biblischen Schöpfungsberichts ist ja eben seine »physikalische«, nicht mythologische Ausdrucksweise, wenn auch mythologische Vorstellungen hier und da noch durchschimmern. Die Teilung der chaotischen Wasser durch das Firmament in untere und obere Wasser – das salzige Meer und das Süßwasser, das als Regen zur Erde fällt – erinnert an den Süßwasserozean Apsu und den Salzwasserozean Tiamat, und in der Spaltung der Urflut durch Gott klingt die Spaltung der Tiamat in zwei Hälften an. Aber mehr als Reminiszenzen sind das nicht.

Leviatan

Anders verhält es sich mit entsprechenden Aussagen in den poetischen Texten des Alten Testaments. Diese zeigen sehr viel deutlicher, daß die

Vorstellung vom Urkampf im Denken Israels durchaus lebendig geblieben ist. Danach hat Jahwe die Erde der Urflut abgerungen und sie durch Pfeiler, die auf Sockeln stehen, auf den abgrundtiefen Wassermassen befestigt. Aber noch immer sind sie unheimlich und unheilträchtig und bedrohen den Menschen. Deshalb hat Gott sie hinter zweiflügeligen Toren eingesperrt und ihr Ungestüm mit Schloß und Riegel bezwungen.

> Wer hat das Meer mit Toren abgeriegelt,
> als es brausend aus dem Mutterschoß brach?

ist eine der Fragen, die Ijob sich von Jahwe gefallen lassen muß (Ijob 38,8; vgl. Spr 8,29).

Im Bund mit den Wassermassen kämpft der böse Drache, Rahab oder Leviatan genannt, samt seinen Helfershelfern gegen Jahwe (Ijob 7,12; 9,13). In diesem Seeungeheuer, das ganz ähnlich auch in den mythologischen Texten von Ugarit beschrieben wird, verdichten sich alle Kräfte des Unheils zu einer eindrücklichen mythischen Gestalt. Selbst Jahwe kann Leviatan erst besiegen, nachdem er ihm mehrere Köpfe abgeschlagen hat:

> Du hast das Meer zerspalten mit deiner Kraft,
> die Häupter der Drachen über den Wassern zerschmettert.

> Du hast die Köpfe des Leviatan zerschlagen,
> ihn zum Fraß gegeben den Haien des Meeres
> (Ps 74,13 f.; vgl. Ps 89,10 f.).

Und erst nachdem der göttliche Kämpfer, mächtig und klug, mit seinem Wind den Himmel klargefegt hat, ist die Schöpfung vollendet[26]:

> Durch seine Kraft stillte er das Meer,
> durch seine Einsicht zerschlug er den Rahab.

> Sein Wind fegte den Himmel klar,
> seine Hand durchbohrte die flüchtige Schlange (Ijob 26,12 f.).

Viel stärker als im Schöpfungsbericht der Genesis leben in den zitierten Versen mythologische Vorstellungen Mesopotamiens und Kanaans wieder auf. Das Zerspalten des Meeres, das Zerhauen des Rahab, das Durchbohren des Drachen (Jes 51,9) entsprechen der Durchbohrung und Zweiteilung der Tiamat im Enuma Elisch, der Tötung des Drachen durch Baal in Ugarit. Wie jener Drache ist der biblische Leviatan eine »flüchtige Schlange«, eine »gewundene Schlange« (Ijob 26,13; Jes 27,1), und die zerschlagenen Köpfe des Drachen (Ps 74,13 f.) haben ihr Pendant in der Überwindung des »Tyrannen mit den sieben Häuptern« in Ugarit. Die weitreichenden Entsprechungen dürfen allerdings über einen grundsätzlichen Unterschied nicht hinwegtäuschen. Die Rolle, die diese mythischen Vorstellungen im Alten Testament spielen, ist sehr viel kleiner als im Fall der Umwelt Israels. Dort machen sie ein wesentliches Element des Weltbildes aus, aus dem sie nicht wegzudenken sind. In den Liedern und Schriften Israels hingegen sind sie nie das eigentliche Thema. Sie dienen eher als Hintergrund, vor dem sich die Hoheit und Souveränität Jahwes um so leuchtender abheben. Fast alle in Frage kommenden Texte stammen aus der Spätzeit, in der der Monotheismus im jüdischen Volk unerschütterlich begründet war und keine Gefahr des Mißverständnisses mehr bestand. Nun konnte man aus ihnen Hoffnung und Zuversicht für die konkreten Nöte der Gegenwart schöpfen. Aus der kriegerischen Urtat Jahwes wurden immer wieder Zukunftshoffnungen genährt. Der Zweite Jesaja etwa bestürmt Jahwe, die Weltmacht Babel niederzuwerfen und sein Volk zu erlösen, wie er ehedem das Chaos besiegt habe:

Wach auf, wach auf!
Wappne dich mit Kraft, Arm Jahwes!

Wach auf wie in den Tagen der Vorzeit,
der Urgeschlechter!

Warst du es nicht, der Rahab zerhieb
und den Drachen durchbohrte? (Jes 51,9)

Und in der Endzeit, so hofft der Prophet, wird Gott die neue Schöpfung (vgl. Jes 65,17; 66,22) dadurch heraufführen, daß er erneut den Drachen Leviatan besiegt:

An jenem Tag wird Jahwe heimsuchen
mit seinem schweren, großen und starken Schwert

den Leviatan, die flüchtige Schlange,
und den Leviatan, die gewundene Schlange,

und er wird den Drachen töten,
der im Meer haust (Jes 27,1).

Diesem wohl um 300 v. Chr. entstandenen Text können wir zweierlei entnehmen. Zum einen war der Drache zum Symbol jeder feindlichen politischen Macht geworden[27]. So wird Ägypten mit dem Namen des Chaosdrachen Rahab bezeichnet (Ps 87,4), Nebukadnezzar, der Eroberer und Zerstörer Jerusalems, mit einem Drachen verglichen (Jer 51,34), und auch im obigen Text (Jes 27,1) denkt der Prophet zweifellos an die zu seiner Zeit herrschende (makedonische?) Weltmacht. Darüber hinaus aber steht die unter dem Bild des Drachen vorgestellte Weltmacht stellvertretend für alle gottfeindlichen Mächte, so daß der Drache zur Symbolfigur wird für alles, was sich dem Heilsplan Gottes entgegenstellt. Und da nach israelitischer Vorstellung Endzeit und Urzeit einander entsprechen, erwartete man für die Endzeit einen neuen Ansturm des Chaosdrachen gegen Gott und einen neuen Sieg Gottes über ihn.

»Der Drache, der Teufel und Satan heißt«

Diese Vorstellung ist im Neuen Testament in der Johannes-Offenbarung breit ausgeführt. Mit einer Fülle von mythologischen Bildern wird im 12. Kapitel geschildert, wie am Himmel eine mit der Sonne umkleidete Frau, den Mond zu Füßen und einen Kranz von zwölf Sternen auf dem Haupt, im Begriff ist, ein Kind zu gebären, wie sich aber auch schon der feuerrote Drache, mit sieben Köpfen und zehn Hörnern, vor ihr aufrichtet, um das Kind zu verschlingen. Doch das gelingt ihm nicht, denn das Kind wird sofort zu Gott entrückt. Auch im Himmel ist es jedoch vor dem Drachen nicht sicher. Da aber kommen ihm »Michael und seine Engel« zu Hilfe. Sie kämpfen gegen »den Drachen und seine Engel« und werfen alle aus dem Himmel auf die Erde:

> Und geworfen wurde der große Drache,
> die alte Schlange,
> der Teufel und Satan heißt,
> der die ganze Erde verführt.
> Geworfen wurde er auf die Erde,
> und seine Engel wurden mit ihm geworfen (Offb 12,9).

Der Drache allerdings gibt nicht auf, er setzt auf der Erde seine Angriffe gegen die Frau fort. Als sich aber zeigt, daß er gegen sie machtlos ist, wendet er sich gegen ihre Kinder (12,15–17).

Die geballte Häufung von Bezeichnungen für die widergöttliche Macht in dem ausgeschriebenen Vers soll nicht nur deren Gefährlichkeit und Stärke illustrieren, sie weist zugleich auf die Vielgestaltigkeit hin, in der sich diese Macht präsentiert. Zu Drache, Schlange, Teufel und Satan tritt im folgenden Vers noch der Ankläger der Menschen »vor unserem Gott bei Tag und Nacht«, der nach Anbruch des Heils seine Rolle ausgespielt hat. Um so gefährlicher ist die Tätigkeit, die er nun auf der Erde entfaltet. »Er hat eine große Wut«, heißt es in psychologisierender Redeweise, weil er weiß, daß ihm nur noch wenig Zeit bleibt (V. 12). Jetzt erscheint Satan als »Verführer der ganzen Welt«, wie in V. 9 lapidar festgestellt wird, ohne daß eine Aussage darüber getroffen würde, wozu er die Welt verführt. Einen Hinweis gibt eine spätere Stelle der Offenbarung, die Satan – nun am Ende des Tausendjährigen Reiches Christi auf Erden – als den Verführer schlechthin bezeichnet (20,8; vgl. auch 20,10: »der Teufel, der Verführer«). Er ist es, der an den vier Enden der Welt zum Kampf gegen Gott aufruft und Heere sammelt »so zahlreich wie der Sand am Meer« (20,8). Nicht dem einzelnen, der zur Sünde verführt werden soll, gilt also nach der Vorstellung des Sehers das Interesse Satans, sondern der Mobilisierung aller Kräfte für den endzeitlichen Kampf.

In der konkreten historischen Situation [28] stellt sich für den Seher der römische Staat als der erbittertste Gegner der Kirche dar. Unter dem Bild des aus dem Meer aufsteigenden Tieres wird er in grellen Farben aufs Korn genommen (13,1 ff.), und die Hure, die auf dem Tier sitzt (17,1 ff.), symbolisiert nichts anderes als die Weltmacht Rom, unter der die christlichen Gemeinden Kleinasiens zu leiden hatten. Es ist bemerkenswert, daß in diesem Zusammenhang nicht, was an sich nahegelegen hätte, die Figur Satans bemüht wird. Diese dient vielmehr dazu, eine spezielle Gefahr für die junge Kirche in aller Schärfe zu brandmarken. Zweimal werden die Juden wegen ihrer Verlästerung der Christen »Synagoge Satans« genannt, und zwar bezeichnenderweise in zwei Sendschreiben. Das erste ist an die Judenchristen in Smyrna gerichtet (2,9), das zweite an die Gemeinde von Philadelphia (3,9): in Briefform gefaßte Mahnungen, in die sich unterschiedlich Lob und Tadel mischen. Berücksichtigt man, daß der Teufel in den Sendschreiben, die insgesamt nur die Kapitel 2 und 3 der Offenbarung umfassen, noch zwei weitere Male genannt wird, drängt sich der Schluß auf, daß die relativ zahlreichen Erwähnungen des Teufels in den beiden Kapiteln mit dem pastoralen Anliegen dieses Teils der Apokalypse in Zusammenhang stehen. Dazu paßt auch der Inhalt der beiden Aussagen. Offb 2,10 ist der Teufel mit beschränkter richterlicher Gewalt ausgestattet: Er kann Menschen ins Gefängnis werfen, um sie auf die Probe zu stellen. Und im Sendschreiben an Pergamon ist sogar vom »Thron Satans« die Rede (2,13), wohl eine Anspielung auf den dortigen Zeusaltar oder auch den Asklepiostempel, jedenfalls auf ein heidnisches Heiligtum der Stadt.

Gleich also, ob Juden- oder Heidentum, der Seher sieht in beiden eine Gefahr für die Gemeinden und signalisiert sie mit dem Stichwort »Satan«.

Satan der Schlingenleger

Eine ähnliche Beobachtung läßt sich an den sogenannten Pastoralbriefen machen, jenen drei an zwei Mitarbeiter des Paulus, Timotheus und Titus, gerichteten Briefen, die nach Art von Dienstschreiben Anordnungen und Mahnungen für das Hirtenamt in den Gemeinden und für die kirchliche Disziplin zum Thema haben. Im Unterschied zur Apokalypse ist hier keine spezielle Gruppe als Gegner apostrophiert. Trotzdem wittert man überall den Feind, der seine Schlingen auslegt – ein Bild, das in den Timotheusbriefen zweimal begegnet (I 3,7; II 2,26). Der Leiter der Gemeinde sollte kein Neugetaufter sein, damit er dem Gericht des Teufels nicht verfällt (1 Tim 3,6). Jüngeren Witwen wird die Wiederheirat empfohlen, damit sie dem »Widersacher« keinen Ansatz bieten, und einige sind schon auf die Seite Satans getreten (1 Tim 5,14 f.). An einer anderen Stelle ist davon die Rede, daß zwei Ungläubige an Satan zur Züchtigung übergeben worden sind (1 Tim 1,20; vgl. 1 Kor 5,5). Auch hier also die Vorstellung, daß der Bestrafung durch den Satan verfällt, wer ihm eine Angriffsfläche bietet. Äußerste Wachsamkeit ist vonnöten, und dieser Forderung tragen die Pastoralbriefe Rechnung mit der wiederholten Mahnung zur »Nüchternheit«, das heißt zum klar überlegten Verhalten in allen sittlichen Fragen des Lebens.

Ganz besonders ernst mit dieser Mahnung nimmt es der 1. Petrusbrief, der in seiner paränetischen Grundhaltung den Pastoralbriefen sehr nahesteht. Hier verbindet sich die Aufforderung zur Nüchternheit mit dem Vergleich Satans, der wie ein brüllender Löwe umhergeht und sein Opfer sucht (5,8). Satan als der Gegner der Menschen schlechthin ist der den genannten Stellen gemeinsame Grundgedanke, und darauf weisen auch die Bezeichnungen Satans als »Widersacher« hin (ἀντικείμενος: 1 Tim 5,14; ἀντίδικος: 1 Petr 5,8, wo vielleicht auch an die alte Funktion Satans als Kläger vor Gericht zu denken ist). Entscheidend ist dabei nicht so sehr die Gefahr für den einzelnen, von Satan verführt zu werden, als die Bedrohung der gesamten Gemeinde, wobei sicher auch die Erfahrung der Verfolgung um des Glaubens willen mitgewirkt hat.

Satan der Antichrist

Von einer solchen Sicht der Dinge ist es nur noch ein kleiner Schritt zu einer Konzeption, für die sich in Satan das widergöttliche Element schlechthin verkörpert. Und diesen Schritt haben alle jene Verfasser des Neuen Testaments vollzogen, für die die Menschheit in »Kinder Gottes« und »Kinder des Teufels« zerfällt (1 Joh 3,10). Zu einem ähnlichen Gegensatz kommt der Schreiber des Jakobusbriefs, wenn er dazu auffordert, dem Teufel zu widerstehen und sich Gott zu unterwerfen (4,7). In der Konsequenz eines solchen dualistisch geprägten Denkens liegt es, Welt und Machtsphäre Satans in eins zu setzen. So heißt es im 1. Johannesbrief, die ganze Welt liege in der Macht des Bösen (5,19), eine Aussage, die dadurch noch besonderes »satanisches« Gewicht bekommt, daß im vorhergehenden Vers versichert wird, »der Böse« werde den von Gott Gezeugten nicht anrühren. Noch deutlicher als Gegenspieler Christi stilisiert erscheint Satan an einer Stelle des 2. Thessalonicherbriefs. Satan ist hier nicht mehr der Widersacher des Menschen, sondern der »Gesetzlose«, der Antichrist, der Repräsentant des Bösen schlechthin, der mit Machttaten, Zeichen und Wundern auftreten wird (2,9). Trotzdem ist seine Besiegung durch Jesus Christus jetzt schon beschlossene Sache; eine Chance hat Satan im endzeitlichen Kampf nicht.

Satan der Versucher

Das Bild, das die Synoptiker von Satan zeichnen, hat mit der ans Visionäre grenzenden antigöttlichen Macht in den späten Schriften des Neuen Testaments so gut wie nichts zu tun. Zunächst gilt es festzuhalten, daß Satan bei den drei Synoptikern gemeinsam lediglich an drei Stellen erscheint: in der Erzählung über die Versuchung Jesu, in der Deutung des Sämannsgleichnisses und im Streitgespräch über Beelzebul. Dazu kommen vereinzelte Aussagen vor allem bei Lukas und dann im 4. Evangelium, die sich aber keinesfalls in ein auch nur locker gefügtes System bringen lassen [29].

Satan der Versucher ist sicher die ausgeprägteste satanologische Vorstellung der Evangelien, nicht nur, weil die Erzählung von der Versuchung Jesu zumindest bei Mattäus (4,1–11) und Lukas (4,1–13) in beachtlicher Breite ausgeführt wird, sondern darüber hinaus bei Markus und Mattäus eine sinnvolle Ergänzung findet in dem an Petrus gerichteten Jesuswort:

> Weiche hinter mich, Satan (Mk 8,33; Mt 16,23).

Dieses Wort bedeutet sicher nicht, daß Jesus in Petrus die Verkörperung Satans gesehen hätte; das würde jüdischem Denken grob widersprechen. Das richtige Verständnis ergibt sich aus der zweiten Hälfte des Jesuswortes:

> Nicht Gottes Gedanken, sondern der Menschen Gedanken hast du im Sinn.

Das heißt, der Versuch des Petrus, Jesus von seinem Leidensweg und damit von der Erfüllung des Willens Gottes abzuhalten, begründet in dieser Gesprächsszene bei Cäsarea Philippi die Satanschelte. Und damit liegen die Dinge ganz ähnlich wie in der Versuchungsgeschichte, denn auch hier geht es letztlich um den Versuch, Jesus zu einem Nein zu dem ihm vorgeschriebenen Weg zu bringen. Die unterschiedliche Ausgestaltung der Erzählung durch die drei Synoptiker – im Gegensatz zu Markus berichten Mattäus und Lukas von einer dreifachen Versuchung (Brot-, Reichs- und Tempelversuchung) – beweist, daß hier eine bestimmte Form der Darstellung gewählt wurde, »um einen messianisch-christologischen Sachverhalt auszudrücken« [30]. Sowenig sich »alle Reiche der Welt« von einem hohen Berg aus zeigen lassen, sowenig ist die Gestalt Satans in der Erzählung als historisch-reale Macht oder Person zu werten.

Weil in der Perikope drei Texte aus dem Alten Testament angeführt werden, die sich alle auf den Aufenthalt Israels in der Wüste beziehen (Dtn 8,3; 6,16 und 6,13), deutet die neuere Forschung[31] die Versuchungsgeschichte mit Vorliebe dahin, daß sie an die Erzählung von Israels Zug durch die Wüste erinnern soll. Den vierzig Jahren, die Israel durch die Wüste zog, entsprechen die vierzig Tage, die Jesus in der Wüste fastete; und die Treue Jesu, des »geliebten Sohnes des Vaters« (Mk 1,11 par.), wird der Untreue Israels, des »Sohnes Gottes«, in der Wüste gegenübergestellt. Die Erzählung will also Jesus als den wahren Sohn Gottes verkünden. Darüber hinaus spielt der Hinweis, Jesus habe mit den Tieren gelebt, auf die Paradieserzählung und die dort berichtete Versuchungsgeschichte an. Dadurch wird Jesus als der zweite Adam dem ersten Adam gegenübergestellt.

Die ganze Aufmerksamkeit des Erzählers gilt also Jesus und seinem Ja zum Willen des Vaters. In Satan ist nur die andere Möglichkeit, das Nein, personifiziert. Wie die Versuchungsgeschichte am Anfang des Alten Testaments den bösen Ausgang durch die Entscheidung des ersten Adam zur Sünde zeigt, so zeigt die Versuchungsgeschichte am Anfang des Neuen Testaments den guten Ausgang in der Bewährung des zweiten und neuen Adam, der Christus ist.

Die in der Gestalt Satans plastisch dargestellte Möglichkeit des Nein mag man theologisch als das Böse verstehen, ähnlich wie im Alten Testament das Sichverweigern gegenüber dem Anspruch Jahwes immer als *die* Sünde Israels verstanden wird. Keinesfalls jedoch hat Satan etwas zu tun mit der Verführung zum moralisch Bösen, wie überhaupt auffallen muß, daß Satan in der Rolle des Versuchers ausschließlich an Jesus herantritt. Nirgends[32] ist im Neuen Testament davon die Rede, daß Satan einen Menschen zur Sünde oder auch nur zu bösem Tun verleitete. Und wenn bei Lukas und Johannes Judas der Teufel ist (Joh 6,70) oder vom Teufel ergriffen wird (Lk 22,3 f.; Joh 13,2.27), so ist darin offenbar der Versuch der beiden Evangelisten zu sehen, das Unbegreifliche im Verhalten des Jüngers doch noch irgendwie zu erklären. Denn bezeichnenderweise verzichten beide auf eine menschliche Motivierung der Tat, etwa die Aussicht auf Belohnung (der Judaslohn wird erst nach der Inbesitznahme des Judas durch Satan erwähnt). Zwischen Satan und dem Bösen (im moralischen Sinn) besteht also nach dem Zeugnis der Evangelisten und auch nach dem der übrigen Autoren des Neuen Testaments kein unmittelbarer Zusammenhang.

Satan kommt und nimmt das Wort weg

Die zweite allen Synoptikern gemeinsame Erwähnung des Satans findet sich in der Deutung des Gleichnisses vom Sämann (Mk 4,13–20 par.). Der Same, der an den Weg fällt, ist das Wort Gottes, das vom menschlichen Herzen aufgenommen, bald aber vom Satan wieder weggenommen wird. Auch hier ist vom Bösen direkt nicht die Rede. Während die Verkündigung Jesu in den Evangelien sonst eher mit dem Einfahren der Ernte verglichen wird, ist im Sämannsgleichnis die Möglichkeit eines Mißerfolgs mit einkalkuliert, und dieser Mißerfolg wird in der urkirchlichen Deutung des Gleichnisses auf Satan zurückgeführt. Das Gleichnis leistet einen wichtigen Beitrag zu dem Verständnis, das Jesus in den Augen der Synoptiker von seiner Sendung hatte: daß ihr auch Mißerfolg beschieden sein kann und sie wie der Same im Ackerboden Palästinas bedroht ist. Und dieses Bewußtsein konkretisiert sich bei den Evangelisten in der Gestalt Satans, ähnlich wie in den späteren Schriften des Neuen Testaments die Bedrohung der Gemeinden auf Satan zurückgeführt wird[33]. Eine Verbindung zwischen Satan und dem Bösen im ethischen Sinn stellt das Sämannsgleichnis nicht her.

Jesus als Exorzist

Bleibt das Streitgespräch über die Dämonenaustreibungen Jesu (Mk 3,22–30 par.) als letzte gemeinsame Satansaussage der Synoptiker. Es kann hier nicht darum gehen, die voraussetzungsreiche und schwer verständliche Perikope umfassend zu interpretieren[34]. Wichtig in unserem Zusammenhang ist lediglich die Feststellung, daß auch im Beelzebulstreit keine Beziehung zwischen Satan und dem Bösen besteht, geschweige denn das Böse in der Welt auf das Wirken Satans zurückgeführt würde. Denn in dem Streitgespräch geht es letztlich um das Verhältnis Jesu zur Welt der Dämonen, genauer: um eine Auseinandersetzung der Juden mit Jesu exorzistischer Tätigkeit. Daß diese Tätigkeit für Jesus nicht nur Heilung und Befreiung, sondern zugleich auch siegreiche Auseinandersetzung mit der Macht des Bösen bedeute-

te, braucht nicht bestritten zu werden. Jedoch sollte man sich davor
hüten, die im Streitgespräch gebrauchten Begriffe und Namen (Dämonen, Dämonenfürst, Beelzebul, Satan), die je ihre eigene Geschichte
haben, in eins zu setzen und Satan zum Herrscher der Dämonen
emporzustilisieren. Ausgangspunkt des Gesprächs sind die Krankenheilungen Jesu und seiner Jünger, und die Geister, die dabei ausgetrieben werden, sind Krankheits- und Schadensdämonen, nicht aber Geister, die den Menschen zum Bösen verführen wollen. So ist auch
nirgends davon die Rede, daß Jesus den Satan oder den Teufel ausgetrieben hätte. Immer sind es Dämonen oder Geister, die aus den
Kranken ausfahren.

Auch sonst ist das Neue Testament in der Zuordnung der Dämonen
zu Satan äußerst zurückhaltend. So erscheint zwar Beelzebul im Streitgespräch als »Herrscher der Dämonen« (Mt 12,24; Mk 3,22; Lk 11,15),
und die Bezeichnungen Beelzebul und Satan sind nicht streng geschie-
den, so daß der Eindruck der Identität beider Größen entstehen kann.
Jedoch ist die Vorstellung von Satan als dem Herrn der Geister weder
Voraussetzung der Argumentation noch Zielpunkt des Gesprächs.
Dieses hat seinen ersten Höhepunkt vielmehr in dem Bild vom gespal-
tenen Reich oder Haus, das die Widersinnigkeit des gegen Jesus erhobenen Vorwurfs illustrieren soll: Satan erhebt sich nicht gegen sich
selbst, denn dann hätte sein Reich keinen Bestand. Und gegen dieses
Reich Satans erscheint das Reich Gottes als Gegengröße. Nicht in
Beelzebul treibt Jesus die Dämonen aus, sondern »durch Gottes Geist«
(Mt 12,28) oder »durch den Finger Gottes« (Lk 11,20). Und insofern
ist auch in dieser Perikope Satan der Widersacher, aber nicht wie in der
Versuchungsgeschichte in der Rolle des Verführers gegen den göttlichen Heilsplan, sondern als direkter Gegenspieler Jesu.

»Ich sah den Satan wie einen Blitz vom Himmel fallen«

Für die Verbindung Satans mit den Dämonen lassen sich sonst nur
noch zwei Stellen anführen, und zwar beide aus Lukas. Wie der Evangelist erzählt, heilte Jesus am Sabbat eine Frau mit einem krummen
Rücken, die schon seit achtzehn Jahren einen »Geist der Krankheit«
hatte. Gegen die Vorwürfe des Synagogenvorstehers rechtfertigte er
sich damit, daß man sie von ihrer Fessel, mit der »Satan« sie achtzehn
Jahre lang gefesselt hielt, habe befreien müssen (Lk 13,10–17). Auch

diese Stelle beweist höchstens, daß Jesus seine Heilungen unter anderem auch als Kampf gegen das Böse verstanden hat. Wahrscheinlicher jedoch sind »Geist« (πνεῦμα) und »Satan« für Lukas in diesem Fall austauschbare Größen, wie die Wiederholung der Zahlenangabe (»achtzehn Jahre«) vermuten läßt.

Ein ähnlicher Wechsel ist auch im Wort vom Satanssturz Lk 10,17f. zu konstatieren. Bei der Rückkehr von ihrer Aussendung bekennen die siebzig Jünger, offensichtlich im Hinblick auf den ihnen zuteil gewordenen Auftrag der Krankenheilung (V. 9), voll Freude:

Auch die *Dämonen* sind uns untertan in deinem Namen.

Jesus reagiert mit dem bekannten Wort:

Ich sah den *Satan* wie einen Blitz vom Himmel fallen,

auf den ersten Blick überraschend, aber verständlich vor dem alttestamentlich-jüdischen Hintergrund, daß Satan den Menschen vor Gott verklagt und Gewalt auch über den Gerechten erbittet. Mit dieser Möglichkeit ist es nach dem Sturz Satans aus dem Himmel vorbei. Zugleich wird die Distanzierung Jesu gegenüber den Dämonen deutlich, wenn Jesus den Jubel der Jünger zurückweist. Grund zum Jubel liefert nicht die Macht über die Dämonen, sondern die Teilhabe am Reich Gottes (V. 20).

Der Überblick über die wichtigsten Erwähnungen Satans im Neuen Testament hat die Vielfältigkeit der Funktionen und Bereiche aufgezeigt, die durch den Begriff Teufel oder Satan abgedeckt werden. Daß Satan aus der alten Rolle des Anklägers herausgewachsen ist und eine neue Mächtigkeit erlangt hat, läßt sich nicht bestreiten, ob er nun, wie in den Evangelien, als Versucher und Widerpart Jesu auftritt; ob er, wie vorwiegend in den Briefen pastoralen Charakters, zur Symbolfigur für die Bedrohung der jungen Gemeinden wird, oder, wie vor allem in den johanneischen Schriften, in einem stark dualistischen Weltbild zur widergöttlichen Macht schlechthin aufrückt. Mit Sicherheit hat an diesen unterschiedlichen Ausprägungen die spätjüdische Dämonologie mitgewirkt. Jedoch ist für die Schriften des Neuen Testaments entscheidend, daß weder das ethisch Böse noch das materiell Böse, das Unheil, auf Satan zurückgeführt wird. Wenn dieser mit dem Bösen in Zusammenhang steht, dann nur in dem theologischen Sinn, daß alles, was Gott und seinem Willen in irgendeiner Weise zuwiderläuft, böse ist. Aber weder läßt sich aus den recht unterschiedlichen Aussagen des Neuen Testaments so etwas wie eine Theorie des Bösen erheben, noch steht Satan in einem ursächlichen Zusammenhang mit dem Bösen und allen seinen Dimensionen.

4. Wie reagiert Gott auf das Böse?

Das Böse, das der Mensch tut, trifft immer auch den Mitmenschen, der dadurch unmittelbar herausgefordert wird. Für die Bibel ist indes, wie wir sahen, das Böse nie eine rein innermenschliche Angelegenheit. Mit dem Bösen fordert der Mensch letztlich Gott heraus. Wie reagiert nun Gott auf diese Herausforderung? Sind seine Reaktionen anders als die eines betroffenen Menschen? Und kann sich der Mensch überhaupt ein anderes als menschliches Verhalten Gottes vorstellen?

»Da reute es Jahwe«

Auch hier ist unser erster Gewährsmann der älteste Erzähler der Bibel, der Jahwist. Denn er ist nicht nur der erste, der vom »bösen Tun« der Menschen redet, sondern auch der erste, der eine Antwort auf die heikle Frage wagt, was angesichts des bösen Tuns der Menschen in Gott vorgeht:

> Und Jahwe sah, daß die Bosheit der Menschen auf Erden groß war und daß jedes Gebilde der Gedanken ihres Herzens allezeit nur noch böse war.
>
> Da reute es Jahwe, daß er den Menschen auf Erden gemacht hatte, und er grämte sich in seinem Herzen (Gen 6,5 f.).

Die zweimalige Erwähnung des »Herzens« in diesem Schriftwort ist sicher nicht zufällig: Dem menschlichen Herzen, das nur noch Böses fertigbringt, steht das Herz Gottes gegenüber, das sich grämt. Während das Alte Testament überaus häufig (mehr als 800mal) vom menschlichen Herzen redet, spricht es – aus verständlichen Gründen –

nur recht selten vom Herzen Gottes. Dann aber geht es nie bloß um eine Stimmung oder Empfindung. Gottes Herz ist nicht nur Sitz des Gefühls, hier werden auch die Entschlüsse und Entscheidungen gefaßt. Das gilt gerade für unsere Stelle. Das hebräische Wort *(ͨāṣab)*, das wir hier mit »sich grämen« übersetzen, bezeichnet allgemein die Empfindung von Schmerz, sei es physischer Schmerz (Eva wird »in Schmerz« ihre Kinder gebären, Gen 3,16), sei es seelischer Schmerz, wie ihn beispielsweise eine »wehtuende« Rede bereitet (Spr 15,1). Von der »Kränkung« Gottes spricht auch Tritojesaja, wenn er Israel wegen seiner Unbotmäßigkeit auf der Wüstenwanderung vorhält:

> Sie empörten sich und betrübten
> seinen heiligen Geist (Jes 63,10).

Dasselbe Wort kann aber auch den Gram der Söhne Jakobs über ihre Untat bezeichnen (Gen 45,5), Jonatans Kummer um das bedrohte Leben seines Freundes David (1 Sam 20,3.34), Davids Trauer um seinen toten Sohn Abschalom (2 Sam 19,3).

In ähnlicher Weise bereitet das böse Tun der Menschen auch Jahwe Schmerz. Denn er sieht das Leben der ganzen Menschheit, für die er keine Zukunft mehr weiß, in Frage gestellt. Das gibt der Textzusammenhang deutlich zu verstehen:

> Da reute es Jahwe, daß er den Menschen gemacht hatte,

und er faßt seinen Entschluß:

> Ich will die Menschen, die ich erschaffen habe, vom Erdboden auslöschen . . ., denn es reut mich, daß ich sie gemacht habe (Gen 6,6 f.).

Mag sich auch unser Empfinden gegen solche Rede sträuben – es handelt sich hier gewiß um mehr als lediglich um eine menschliche Vorstellung, die sich ein naiver Erzähler von Gott gemacht hat. In der von ihm gewählten Ausdrucksweise bricht eine Tiefendimension auf, deren die moderne Theologie kaum noch fähig ist. Gottes Enttäuschung und Trauer gilt der dem Tod geweihten Menschheit. Es betrübt Gott, hinnehmen zu müssen, daß die Menschheit sich selbst den Untergang bereitet. Wir können nicht umhin, an das Weinen Jesu über die Stadt Jerusalem zu denken, deren Untergang nicht aufzuhalten ist, weil sie es nicht anders gewollt hat (Lk 19,41–44; vgl. Mt 23,37–39 par.).

Auch in der Genesis-Erzählung ist es letztlich nicht das Strafgericht der Sintflut, das der Menschheit das Ende bereitet. Wenn Gott sein Urteil spricht, ist das die unvermeidliche Antwort auf das böse Tun des Menschen. Dadurch, daß der Mensch ihm freien Lauf ließ, hat er die ganze Schöpfung Gottes in Frage gestellt, denn das Böse wirkt zerstörerisch. Der Mensch hat sich das Ende selbst bereitet. Wir begegnen schon hier jener menschlichen Urerfahrung, die das biblische Verständnis der Sünde und ihrer Folgen charakterisiert: Nicht Gott bestraft die Sünde, sondern die Sünde bestraft sich selbst. Sie bestraft sich dadurch, daß sie jene Ordnung, in der allein der Mensch gedeihen und glücken kann, zerstört und eine Unordnung schafft, in der das Leben ersticken und verderben muß.

»Jahwe vergelte dir dein Tun«

Mit dieser Feststellung sollen die biblischen Texte, die von einem Strafgericht sprechen, keineswegs relativiert werden. Aber der historische Kontext, in dem sie stehen, darf nicht außer Betracht bleiben. Das alte Israel lebte in einer Umwelt, deren Rechtsempfinden stark vom Prinzip persönlicher Verantwortung und Haftung geprägt war. Schon in der ältesten Gesetzessammlung des Alten Testaments, dem »Bundesbuch«[1], spielt das Prinzip des Schadenersatzes und der Wiedergutmachung eine entscheidende Rolle.

> Wenn jemand eine Zisterne offen läßt oder wenn jemand eine Zisterne gräbt und sie nicht zudeckt, und es fällt ein Rind oder ein Esel hinein, soll der Eigentümer der Zisterne das Tier ersetzen (Ex 21,33 f.).

»Ersetzen«, »entgelten«, »bezahlen«: Das hebräische Wort für diese Begriffe ist ein wichtiges Stichwort für eine ganze Reihe von Rechtssätzen des »Bundesbuches« (21,33–22,14).

In der prophetischen Verkündigung wird nun das Prinzip des Ersatzes oder der Vergeltung vom zwischenmenschlichen Bereich auf das Verhalten Gottes zum Menschen übertragen. Gott »vergilt« (wörtlich: »ersetzt«, »bezahlt«) dem Menschen das Gute oder das Böse.

> Jahwe vergelte dir dein Tun,

wünscht der reiche Bauer Boaz der tapferen Rut, die in der Folge seine

Frau werden soll (Rut 2,12), während David den Mörder des Abner der Strafe Gottes überliefert:

> Jahwe vergelte dem, der das Böse tat, gemäß seiner Bosheit (2 Sam 3,39).

Und das Vertrauen des israelitischen Beters stützt sich auf das Bekenntnis:

> Du vergiltst jedem nach seinem Tun (Ps 62,13).

Aber gerade der Blick auf den profanen Bereich zeigt, daß für biblisches Denken die göttliche Vergeltung kein Akt der Rache ist, sondern die Wiederherstellung einer durch die Tat des Menschen gestörten Ordnung. Ohne diese Restitution ist für den biblischen Menschen ein ersprießliches Zusammenleben der Menschen und Völker nicht denkbar.

Zwar ist dem Alten wie dem Neuen Testament die Rache Gottes eine vertraute Vorstellung. Psalm 94 spricht von einem »Gott der Rache« (V. 1), und Röm 12,19 sowie Hebr 10,30 wird der alte Satz zitiert:

> Mein ist die Rache, spricht der Herr.

Auch kann nicht bestritten werden, daß einzelne biblische Aussagen in menschlicher Denk- und Sprechweise die Rache Gottes durchaus als affektgeladenes Handeln darstellen. Aber sowohl das hebräische (*nāḵām, neḵāmāh*) wie das griechische Wort (ἐκδίκησις) bedeuten eigentlich die Wiederherstellung des Rechts; die übliche Übersetzung »Rache« ist nicht ganz zutreffend, wie eine Stelle im Gleichnis vom ungerechten Richter bei Lukas zeigt: Wenn schon der ungerechte Richter der Witwe, die ihm keine Ruhe läßt, zu ihrem Recht verhilft, sollte dann Gott »seinen Auserwählten, die Tag und Nacht zu ihm rufen, ihr Recht (ἐκδίκησις) nicht schaffen?« (18,7).

»Auge um Auge, Zahn um Zahn«

Ein zweites Rechtsprinzip – neben dem des Ersatzes –, das das israelitische Denken mit seiner Umwelt gemein hatte, war das Prinzip der Talion, der Vergeltung von Gleichem mit Gleichem[2]. Wir begegnen ihm schon im Gesetz des altbabylonischen Königs Hammurapi (um 1700 v. Chr.). Hier wird zum Beispiel bestimmt:

Wenn jemand einem Freigeborenen ein Auge ausgeschlagen hat, soll man ihm ein Auge ausschlagen.

Wenn jemand einem Freigeborenen einen Knochen zerbrochen hat, soll man ihm einen Knochen zerbrechen.

Wenn jemand einem ihm gleichgestellten Freigeborenen einen Zahn ausgebrochen hat, soll man ihm einen Zahn ausbrechen (Paragr. 196f.200).

Das gleiche Prinzip kennt auch das israelitische Recht:

Du sollst geben Leben um Leben, Auge um Auge, Zahn um Zahn, Hand um Hand, Fuß um Fuß, Brandmal um Brandmal, Wunde um Wunde, Strieme um Strieme (Ex 21,23–25).

Mag uns heute ein solches Gesetz auch brutal vorkommen, so stellt es gegenüber einem hemmungslosen Racherecht doch einen gewaltigen Fortschritt dar. Man vergleiche etwa den Nachhall eines solchen primitiven Racherechts in der Drohung des Lamech, für eine empfangene Wunde einen Mann zu erschlagen, für eine Strieme einen Knaben;

wird Kain siebenfach gerächt,
dann Lamech siebenundsiebzigfach (Gen 4,23 f.).

Wenn das Zahlenspiel auch nicht wörtlich zu nehmen ist, so spricht aus den Versen doch deutlich die der Rache innewohnende Tendenz, den erlittenen Schaden mehrfach zu vergelten. Die Talion entzieht das Recht der Willkür eines einzelnen und überträgt es dem Sippenverband. Wie anders hätte eine staatlich noch nicht organisierte Gesellschaft – das Gesetz stammt aus der Wüstenzeit Israels – Leib und Leben des einzelnen schützen können als nach dem Prinzip der Talion? Trotz seiner augenscheinlichen Härte manifestiert sich darin ein ausgeprägter Sinn für eine totale, wenn auch in unseren Augen vordergründige Gerechtigkeit.

Da von Jahwe absolute Gerechtigkeit erwartet wurde, ist es nicht verwunderlich, daß man in Israel auch in der göttlichen Vergeltung das Prinzip der Talion erkennen wollte. Wir begegnen diesem Denken schon auf den ersten Seiten des Alten Testaments. Die Frau lenkt in der Sünde das Tun des Mannes nach ihrem Willen (Gen 3,6): Sie soll in Zukunft seinem Willen unterworfen sein (3,16). Dieselbe Vorstellung finden wir in der Erzählung vom Turmbau zu Babel (Gen 11,1–9): »Das Denkmal der Einheit und Größe des Menschengeschlechts ... wird zum Denkmal seiner Zersplitterung und Ohnmacht.«[3] Jakob, der seinen Bruder betrogen hat (Gen 27), wird von seinem Schwiegervater betrogen (Gen 29). Israel will nicht nach dem Willen Jahwes ins Land Kanaan ziehen, es will in der Wüste bleiben; deshalb soll die Wüste seine Strafe sein (Num 14).

Diese Wechselwirkung geht bis zur gegenseitigen Verwerfung von Gott und Mensch: Wer Jahwe verwirft, wird von ihm verworfen. Dem ungehorsamen Saul verkündet Samuel:

> Weil du das Wort Jahwes verworfen hast,
> hat er dich als König verworfen (1 Sam 15,23),

und den gewissenlosen Priestern spricht Jahwe das Urteil:

> Du hast die Erkenntnis verworfen,
> so verwerfe ich dich als meinen Priester;
> du hast die Weisung deines Gottes vergessen,
> so vergesse auch ich deine Kinder (Hos 4,6).

In die gleiche Richtung zielt die öfters wiederkehrende Aussage, daß Jahwe eine Tat »zurückkehren läßt« oder auf das Haupt des Täters »zurückbringt«. Nach dem Bericht über den gewaltsamen Tod des Abenteurers Abimelech vermerkt der Redaktor des Richterbuches:

> So brachte Gott das Böse auf Abimelech zurück, das er seinem Vater angetan hatte, als er seine siebzig Brüder erschlug, und auch alles Böse der Männer von Sichem brachte Gott auf ihr Haupt zurück (Ri 9,56f.).

Für Hosea ist das Schicksal des schuldreichen Volkes von Samaria eine beschlossene Sache:

> Der Herr wird ihm seine Blutschuld belassen
> und seine Schandtat auf es zurückbringen (Hos 12,15).

»Das Netz ist ausgespannt«

Die Übertragung des Talion-Schemas auf das Verhalten Jahwes dem Menschen gegenüber schließt jedoch jene andere Überzeugung nicht aus, daß die sittliche Ordnung ihre Eigengesetzlichkeit entwickelt und den Täter selbst zur Rechenschaft zieht.

Daß das Böse sich selbst bestraft und zugleich von Jahwe bestraft wird, ist für biblisches Denken kein Widerspruch; Jahwe ist ja der Urheber der sittlichen Ordnung, die sich gegen ihre Zerstörung zur Wehr setzt. So finden wir im 2. Königsbuch anschließend an den Bericht über die Einnahme Samarias durch die Assyrer und die Exilierung seiner Bevölkerung eine lange theologische Meditation über die Frage, warum das so kommen mußte (Kap. 17). Es wird ein düsteres Bild vom Glaubenszerfall des Nordreichs entworfen, als dessen verdiente Strafe nur der Untergang bleibt:

> Israel wandelte in all der Sünde, die Jerobeam begangen hatte. Sie ließen nicht davon, bis Jahwe Israel von seinem Angesicht verstieß (V. 22f.).

Zuvor jedoch hat der Annalist ganz unverblümt zu verstehen gegeben, daß die Strafexpedition der Assyrer nichts anderes war als eine Reaktion auf die charakterlose Politik des israelitischen Königs Hosea:

> Als aber der König von Assyrien erfuhr, daß Hosea eine Verschwörung angezettelt hatte, rückte er vor Samaria, . . . nahm Samaria ein und führte Israel nach Assyrien in die Verbannung (V. 4–6).

Der Untergang des Nordreichs war die zwangsläufige Folge davon, daß der König die Vasallentreue gebrochen hatte.

Diese Überzeugung von der Selbsterhaltung der sittlichen Ordnung wurde in Israel entscheidend genährt durch das altorientalische Weisheitsdenken. Dieses sah den Zusammenhang zwischen einer menschlichen Tat und deren Folgen durch ein der Welt innewohnendes Ordnungsgefüge geregelt[4]. Danach zieht die gute Tat unweigerlich Gutes, die böse Tat Böses nach sich. Wir begegnen dieser Anschauung im Alten Testament vor allem im Buch der »Sprüche«, im Buch Ijob (in den Reden der drei Freunde) und in mehreren Psalmen. So in Psalm 37:

> Errege dich nicht über die Bösen,
> und über die Missetäter ereifere dich nicht!

> Denn sie verwelken schnell wie das Gras,
> wie grünes Kraut verdorren sie (V. 1f.).

Im Buch der »Sprüche« erscheint das innerweltliche Ordnungsgefüge unter dem Begriff der »Weisheit«. An den Schüler ergeht deshalb die Mahnung des Lehrers:

> Mein Sohn, befolge meine Worte,
> meine Gebote verwahre bei dir!
>
> Befolge meine Gebote, dann wirst du leben,
> meine Weisung hüte wie deinen Augapfel! (Spr 7,1 f.)

Für die Aneignung und Befolgung der Weisheit, also der sittlichen Ordnung, wird dem Schüler »Leben« versprochen, womit ein langes, glückliches irdisches Leben gemeint ist[5]. Entsprechend gilt das Gegenteil vom bösen Tun:

> Mein Sohn, geh nicht den Weg mit ihnen (den Bösen),
> halte fern deinen Fuß von ihrem Pfad!
>
> Denn ihre Füße laufen dem Bösen nach,
> sie eilen, Blut zu vergießen.
>
> Denn heimlich ist das Netz ausgespannt,
> unsichtbar für jeden Vogel.
>
> Sie stellen ihrem eigenen Blut nach,
> trachten nach ihrem eigenen Leben (Spr 1,15–18).

Eindrucksvoller könnte die dem Blick zunächst verborgene, aber doch unaufhaltsame Wirkkraft des Bösen nicht dargestellt werden. Sie gleicht einem unsichtbaren Vogelnetz. Die Bösen »laufen blindlings und ahnungslos in das Netz, wie Vögel in das Fangnetz fliegen, das sie nicht sehen«. Die Tat selber ist das unsichtbare Netz, in dem sich die Verbrecher verstricken[6].

Bei einer vordergründigen Betrachtung konnte diese »Tun-Ergehen-Lehre« leicht mißverstanden werden. Denn ein Vergeltungsdogma, wonach es dem Guten im Leben gut und dem Bösen schlecht geht, wurde ja durch die Erfahrung hundertmal Lügen gestraft. So mußte die weisheitliche Lehre früher oder später in die Krise geraten. Das zeigt das Ijob-Buch, wo die Freunde die herkömmliche weisheitliche Vergeltungslehre vertreten, Ijob sie jedoch aufgrund seines eigenen grausamen Erlebens in Frage stellt. Trotzdem ist die Erfahrung, die hinter der alten Lehre steht, daß nämlich das Böse in irgendeiner Weise auf den Täter zurückfällt, dadurch nicht außer Kraft gesetzt.

»Gott ließ sich beschwichtigen«

Wie aber kann der Mensch die böse Tat, wenn sie einmal geschehen ist, vor Gott wieder in Ordnung bringen? Kann er Gott »Ersatz« leisten, wie es von ihm dem Mitmenschen gegenüber erwartet wird?

Israel kennt in Sprache und Kultpraxis die Institution der »Sühne«: Durch die Darbringung eines »Sühnopfers« wird das gestörte Verhältnis zwischen Gott und Mensch bereinigt[7]. Die früheste Erwähnung einer derartigen Übung in der Bibel ist jener Bericht über die Sühnung der Blutschuld, die Saul gegenüber den Gibeoniten auf sich geladen hatte (2 Sam 21). Entgegen dem Versprechen, das dieser nichtisraelitischen und somit nicht jahwegläubigen Sippe gegeben worden war, nämlich ihr Leben zu respektieren (Jos 9,15.19), ging Saul gewaltsam gegen sie vor (V. 2). Aber erst unter Sauls Nachfolger David brachte eine dreijährige Hungersnot die Schwere dieser Schuld an den Tag (V. 1). Zu ihrer Sühnung sollten auf Verlangen der Gibeoniten sieben Söhne Sauls den Tod erleiden. Nachdem diese grausame Prozedur vollzogen war, »ließ sich Gott für das Land beschwichtigen« (V. 14). Der gleichen Vorstellung begegnen wir, wenn Mose, um dem Volk nach der Anbetung des goldenen Kalbes für die schwere Sünde »Sühne zu schaffen«, Gott sein Leben anbietet, falls sich dieser dadurch zum Verzeihen bewegen läßt (Ex 32,30–32)[8].

Einen festen Platz hat die Sühnehandlung, sei es für wissentlich oder für unwissentlich begangene Sünden, in den Opfervorschriften des Buches Leviticus (Kap. 4 f.) und des Ezechiel (Kap. 43 und 45) sowie besonders im Ritual des großen Versöhnungstags (Lev 16). Als Opfermaterie dienten vor allem Tiere, aber auch Speise. Das Ziel der Sühnehandlung gibt die Formel, mit der Lev 4 f. in der Regel die Anweisungen für das Opferritual beschlossen werden, wie folgt an:

> So schafft der Priester ihm Sühne für die Sünde, die er begangen hat, und es wird ihm vergeben.

»Doch bei dir ist Vergebung«

Daß der Mensch nie durch eigene Leistung seine Schuld vor Gott in Ordnung bringen kann, sondern nur aufgrund der vergebenden Barmherzigkeit Gottes, ist ein Kernstück des Glaubens Israels. Dieser Glaube findet seinen Ausdruck nicht nur in den Kultvorschriften, sondern ebenso in der erzählenden Literatur, in den Reden der Propheten und in vielen Gebeten[9]. Im 130. Psalm (*»De profundis«*), der auch im christlichen Gebetsschatz einen bevorzugten Platz einnimmt, bekennt der Beter:

> Wenn du der Sünden gedächtest, Jahwe,
> wer könnte dann bestehen?
> Doch bei dir ist Vergebung (V. 3 f.).

Vergebung ist für das Wesen Jahwes so bezeichnend, daß er schlicht »Vergebergott« genannt werden kann (Ps 99,8). Das biblische Hebräisch verfügt daher auch über ein reiches Vokabular für »vergeben«, das dem für »Sünde« nicht nachsteht, aber weniger begrifflich als bildhaft geprägt ist. Neben dem Grundwort »vergeben« (*sālaḥ*) gibt es noch eine ganze Reihe von metaphorischen Wendungen: Gott deckt die Sünde zu, er nimmt sie weg, er läßt sie vorbeigehen, er wischt sie ab (wie die Schrift von einer Tafel), er wäscht sie heraus, er entfernt sie, er wirft sie hinter seinen Rücken (Jes 38,17) oder in die Tiefe des Meeres (Mi 7,19), er reinigt (das Herz), er heilt (den Menschen). Allein in Psalm 51, in dem wir die ganze Vielfalt der Begriffe für Sünde antrafen[10], finden sich nicht weniger als sechs verschiedene Wendungen für die Vergebung der Sünden:

> *Sei* mir *gnädig*, Gott, in deiner Treue,
> in deinem großen Erbarmen *lösche* meine Frevel.

> *Wasch* ganz aus mir *heraus* mein Vergehen,
> von meiner Sünde *mache* mich *rein*.

> *Entsündige* mich mit Ysop, und ich werde rein,
> *wasche* mich, und ich bin weißer als der Schnee.

> *Verbirg dein Angesicht* vor meinen Sünden
> und *lösche* alle meine Vergehen (V. 3 f. 9.11).

Aber auch schon die alten Erzähler berichten von der Bereitschaft Gottes zur Vergebung. So etwa der Jahwist, der Abraham bei dessen Fürsprache für das sündige Sodom Jahwe gegenüber geltend machen läßt:

> Vielleicht sind fünfzig Gerechte in der Stadt. Willst du nicht lieber dem Ort vergeben wegen der fünfzig Gerechten?

Und Jahwe gibt Abraham die Zusage:

> Finde ich zu Sodom fünfzig Gerechte in der Stadt, so will ich um ihretwillen dem ganzen Ort vergeben (Gen 18,24.26).

Und die Mahnung:

> Der Frevler verlasse seinen Weg
> und der Böse seine Pläne,
> und er kehre um zu Jahwe,

unterstreicht der Prophet mit der Begründung:

> Denn er ist reich an Vergebung (Jes 55,7).

Schließlich bekennt sich Israel in seinem Credo zu einem Gott, »der Schuld, Verbrechen und Verfehlung vergibt« (Ex 34,7).

»Durch Umkehr werdet ihr gerettet«

Diese göttliche Vergebung setzt allerdings nach dem einmütigen Zeugnis der Schrift eine menschliche Leistung voraus. Das Sühnopfer, an dessen Ende die Vergebung steht, hat keine magische Wirkung. Es muß vom sündigen Menschen in Gang gesetzt und begleitet werden, und dazu würde sich dieser nicht aufraffen, wenn ihn nicht die Einsicht in seine Schuld und das Verlangen nach Versöhnung mit Gott dazu trieben. Eingeständnis der Sünde und Bitte um Vergebung mit der darin beschlossenen Reue sind Voraussetzung dafür, daß Gott verzeiht. David empfängt die Zusage »Jahwe hat dir deine Sünde vergeben«, nachdem er bekannt hat: »Ich habe gesündigt gegen Jahwe« (2 Sam 12,13).

> Meine Verbrechen – ich weiß um sie,
> und meine Sünde steht ständig vor mir,

so begründet der Beter des Psalms Miserere seine Bitte um Gnade (Ps 51,5). Und in der Bußliturgie bekennt das ganze Volk:

> Zahlreich sind unsere Verbrechen vor dir,
> und unsere Sünden zeugen wider uns.
>
> Unsere Verbrechen sind uns bewußt,
> und wir kennen unsere Schuld (Jes 59,12).

Die Reue muß aber nach biblischem Verständnis eine tätige Reue sein. Das bedeutet, daß der Mensch den verfehlten Weg aufgibt und auf den richtigen Weg zurückkehrt. Die Sprache Israels verwendet dafür das Wort »umkehren« *(šūb)*, das eine bemerkenswerte Doppelbedeutung hat: »umkehren von«, das heißt: sich vom Bösen abwenden, und »umkehren zu«, das heißt: sich hinwenden zu Gott. Diese doppelte Richtung ist dem biblischen Begriff der Umkehr eigen: Sie ist Abkehr vom Bösen und Rückkehr zu Gott. Im großen Tempelweihegebet des Salomo finden wir das Wort *šūb* an zwei nahe aufeinanderfolgenden Stellen in diesem zweifachen Sinn. Salomo bittet dort:

> Wenn dein Volk Israel von einem Feind geschlagen wird, weil es gegen dich gesündigt hat, und dann wieder *zu dir umkehrt,* . . . so vergib die Sünde deines Volkes Israel . . . Wenn der Himmel verschlossen ist und kein Regen fällt, weil sie gegen dich gesündigt haben, und wenn sie dann . . . *von ihrer Sünde umkehren* . . ., so vergib deinen Knechten und deinem Volk Israel ihre Sünden (1 Kön 8,33–36).

Vom Zeitwort *šūb* leitet sich das Substantiv *tešūbāh* (Umkehr, Reue, Buße) ab, das im religiös-sittlichen Leben des Judentums eine große Rolle spielt. Das Neue Testament gibt es mit μετάνοια (wörtlich: Umdenken) wieder.

Die Umkehr ist ein zentrales Thema der prophetischen Predigt, wenn auch bei den einzelnen Propheten mit unterschiedlichem Schwergewicht. Eigentlich müßte die Umkehr die spontane Folge der Sünde sein. Bei Jeremia, der von allen Propheten am eindringlichsten die Umkehr predigt, spricht Gott sein Befremden darüber aus, daß dies nicht zutrifft:

Selbst der Storch am Himmel kennt seine Zeiten,
und Turteltaube, Schwalbe und Drossel
halten die Zeit ihrer Rückkehr ein.
Mein Volk aber kennt nicht die Ordnung Jahwes (Jer 8,7).

Deshalb deuten die Propheten Heimsuchungen durch Feindeshand
und Naturkatastrophen als Strafgerichte, durch die Gott sein Volk zur
Umkehr bringen will, ohne jedoch sein Ziel immer zu erreichen. Bei
Amos lautet *die* große Anklage, die Jahwe wider sein Volk vorzubrin-
gen hat:

Ihr seid nicht umgekehrt zu mir.

Ob er Hunger über sie brachte, ob Dürre und Mißernte, ob Pest, Krieg
oder Erdbeben, das Ergebnis war immer das gleiche:

Ihr aber seid nicht umgekehrt zu mir (Am 4,6–11).

Die Heiligen Schriften Israels überliefern uns aber auch erschütternde
Bußgebete, Bußlieder und Bußliturgien, die zeigen, daß die Sprache
des Gerichts verstanden wurde. So spricht aus dem Bußlied des Volkes
bei Hosea nichts als Reue, Zuversicht und grenzenloses Vertrauen:

Kommt, wir wollen umkehren zu Jahwe!
Denn er hat uns Wunden gerissen, er wird uns heilen,
er hat geschlagen, er wird verbinden.

Binnen zweier Tage wird er uns neu beleben,
am dritten Tag uns wieder aufrichten,
auf daß wir leben vor ihm (Hos 6,1 f.).

Die Theologie der Umkehr beruht wiederum auf dem Glauben, daß
Gott ein Gott des Lebens und nicht des Todes ist, daß er nicht den Tod
des Sünders will, sondern dessen Umkehr und Leben (Ez 18,23), und
daß er deshalb bereit ist zum Verzeihen, bereit ist, auf Ersatzleistung
und Vergeltung zu verzichten. Mehrmals begründen die Propheten
ihren Aufruf zur Umkehr mit dieser Bereitschaft Gottes.

Kehre zurück, Israel, du Abtrünnige . . .,
denn ich bin gütig,

läßt Jeremia Jahwe sprechen (3,12). Und Jesaja faßt die ganze Theologie der Umkehr in das Wort:

Durch Umkehr und Stille werdet ihr gerettet (30,15).

Umkehr ist Rettung.

»Dann wird er jedem vergelten nach seinem Tun«

Gericht, Strafe, Reue, Umkehr, Vergebung: das sind die Stichworte, mit denen alttestamentliches Denken die Reaktion Gottes auf die Sünde kennzeichnet. Wie steht es damit im Neuen Testament?

Im Sinne alttestamentlich-jüdischer Denk- und Sprechweise ist auch in den Evangelien vom »Vergelten« die Rede. Der Vater, der in das Verborgene sieht, wird das im Verborgenen gespendete Almosen, verrichtete Gebet, geübte Fasten vergelten (Mt 6,4.6.18). Wann diese Vergeltung erfolgt, wird zwar in der Bergpredigt nicht gesagt. Andere Jesusworte bei den Synoptikern machen jedoch deutlich, daß die Vergeltung für die Endzeit erwartet wird. Von der Entscheidung für oder gegen Jesus gilt:

> Der Menschensohn wird kommen in der Herrlichkeit seines Vaters mit seinen Engeln, und dann wird er jedem vergelten nach seinem Tun (Mt 16,27);

und wer Arme, Krüppel, Lahme und Blinde, die es nicht vergelten können, zum Gastmahl einlädt, ist »selig«, weil es ihm vergolten wird »bei der Auferstehung der Gerechten« (Lk 14,14).

Obwohl das Neue Testament stärker als das Alte die Vergeltung des Guten betont, läßt es doch keinen Zweifel darüber aufkommen, daß auch das Böse vergolten wird. Die Rede vom Weltgericht bei Mattäus (25,31–46) verweist die Gerechten in das ewige Leben, die Verfluchten in die ewige Strafe (V. 46). Dabei geben die Synoptiker immer wieder zu verstehen, daß die Entscheidung des Menschen zwar jetzt und hier im Diesseits fällt, daß aber ihre Belohnung und Bestrafung in der fernen, endzeitlichen Zukunft liegt, in einem letzten Gericht. Dort entscheidet sich das Schicksal des Menschen an der Haltung, die er in diesem Leben gegenüber Jesus eingenommen hat:

> Wer sich meiner und meiner Worte schämt vor diesem ehebrecherischen und sündigen Geschlecht, dessen wird sich auch der Menschensohn schämen, wenn er kommt mit den heiligen Engeln in der Herrlichkeit seines Vaters (Mk 8,38 par.).

Wer sich daran erinnert, wie eindeutig das Alte Testament die Strafe für das Böse bereits in dieser Welt erfolgen ließ, muß sich über diese – unter dem Einfluß der jüdischen Apokalypsen erfolgte – Verlagerung der Vergeltung ins Jenseits wundern. Im Unterschied zu den Synoptikern ist denn auch für Johannes das Gericht ein Gegenwartsereignis, das sich am Glauben oder Unglauben des Menschen entscheidet:

> Wer an ihn glaubt, wird nicht gerichtet,
> wer nicht glaubt, ist schon gerichtet (3,18).

Der Glaubende ist im Bereich des Lebens und damit jenseits des Gerichts. Der im Unglauben Verharrende – und darin sieht Johannes das Böse[11] – »ist gerichtet«, weil er freiwillig den Bereich des Todes gewählt hat. Andererseits kennt das Johannesevangelium auch ein endzeitliches Gericht: Am Jüngsten Tag werden die Toten aus ihren Gräbern kommen,

> die das Gute getan haben, zur Auferstehung für das Leben, die das Böse getan haben, zur Auferstehung für das Gericht (5,29)[12].

Im wichtigsten Punkt, daß nämlich der Mensch jetzt und hier über sein endgültiges Schicksal entscheidet, stimmt auch Johannes mit den Synoptikern überein.

Zentrale Bedeutung hat eine andere Aussage des Johannesevangeliums, die in ihrer antithetischen Form die Haltung Gottes gegenüber dem Bösen aus neutestamentlicher Sicht vielleicht am treffendsten wiedergibt:

> Gott hat seinen Sohn nicht in die Welt gesandt, damit er die Welt richte, sondern damit die Welt durch ihn gerettet werde (3,17).

Paulus versteht diese Rettung als ein universales Heilsgeschehen, das in Christus der gesamten unter dem Zorn Gottes stehenden Menschheit zuteil wird und diese mit Gott versöhnt:

> Er (Christus) gab sich für unsere Sünden hin, um uns aus der gegenwärtigen bösen Welt zu erretten, nach dem Willen Gottes, unseres Vaters (Gal 1,4),

und

> Gott versöhnte in Christus die Welt mit sich selbst (2 Kor 5,19).

Demgegenüber zeichnen die drei älteren Evangelien Jesus als den hilfreichen Arzt, der sich unermüdlich und hingebend der Kranken annimmt (Lk 5,31 par.), der sich gesandt weiß, »das Verlorene zu suchen und zu retten« (Lk 19,10), der deshalb keine Bedenken trägt, sich auf die Seite der Sünder zu stellen (Mt 3,13–17 par.) und bei Zöllnern und Sündern einzukehren, um mit ihnen Tischgemeinschaft zu halten (Mk 2,13–17 par.), ja der sich die Vollmacht herausnimmt, Sünden zu vergeben (Mk 2,1–12 par.). Der Einwand seiner Gegner:

Er lästert. Wer kann Sünden vergeben außer Gott allein? (V. 7)

zeugt einmal mehr vom tiefverwurzelten jüdischen Glauben an den »Vergebergott«. Jesus widerspricht seinen Gegnern nicht, aber er gibt zu verstehen, daß dieses göttliche Verzeihen in seiner Person der sündigen Menschheit in singulärer Weise geschenkt wird.

Wenn jedoch gelegentlich behauptet wird, die verzeihende Liebe Gottes sei ein oder gar das Charakteristikum der neutestamentlichen Botschaft, so macht der vielfältig bezeugte alttestamentliche Glaube an den »Vergebergott« diese These zunichte. Das Besondere im Verhalten des von Jesus verkündigten Gottes gegenüber dem Sünder ist nicht so sehr sein grenzenloses Verzeihen als vielmehr die in der Person Jesu verwirklichte Gemeinschaft mit dem Sünder. Auf ihn geht er zu, ihn sucht er beharrlich, und über seine Umkehr empfindet er große Freude. Gewiß kennen auch die Propheten Jahwe als den, der Israel sucht und auf es zugeht. Besonders anschaulich formuliert Hosea diesen suchenden Gott:

Ich zog sie mit menschlichen Banden,
mit Stricken der Liebe (11,4).

Und diese Liebe kennt keinen Anfang und kein Ende. Sie überdauert die Untreue des Volks und schenkt ihm neues Heil, wie Jahwe bei Jeremia verheißt:

Mit ewiger Liebe habe ich dich geliebt.
Darum habe ich dir so lange die Treue bewahrt.

Ich will dich noch einmal bauen . . .,
noch einmal sollst du Weinberge pflanzen
auf den Bergen Samarias (Jer 31,3–5).

Das Thema solcher Aussagen ist jedoch nicht das Verhalten Gottes zum einzelnen Sünder, sondern die Erwählung ganz Israels und die Treue Jahwes zu seinem auserwählten Volk.

»Bis er es findet«

Demgegenüber ist im Neuen Testament immer wieder vom Werben Gottes um den Sünder, von seinem rastlosen Suchen die Rede. So etwa in den beiden Gleichnissen vom verlorenen Schaf und von der verlorenen Drachme (Lk 15,3–10). Im ersten erscheint Gott unter dem Bild des Hirten, der das Schaf, das sich in der Wüste verirrt hat, so lange sucht, »bis er es findet«; im zweiten unter dem Bild der Hausfrau, die mit der gleichen Unermüdlichkeit die verlorene Drachme sucht, »bis sie sie findet«. Nicht in der Freude über das Gefundene, sondern in der Ruhelosigkeit des Suchens dürfte der Zielpunkt der beiden Gleichnisse liegen. Zu erinnern ist in diesem Zusammenhang an das ebenfalls bei Lukas überlieferte Jesuswort:

> Denn der Menschensohn ist gekommen, um zu suchen und zu retten, was verloren ist (19,10).

Ähnlich liegen die Dinge im Gleichnis vom verlorenen Sohn (Lk 15,11–32). Hier macht sich zwar der Vater nicht auf, um den Sohn in der Fremde zu suchen. Aber er läuft ihm entgegen, als er ihn von weitem kommen sieht (V. 20), was voraussetzt, daß er nach ihm Ausschau gehalten hat.

Das Gleichnis vom verlorenen Sohn ist zugleich die eindringlichste Illustration dafür, daß auch nach der Lehre Jesu Umkehr zur Vergebung führt. Umkehr (μετάνοια) ist ein zentrales Thema des Neuen wie des Alten Testaments. Mit einem Ruf zur Umkehr eröffnet Jesus die Verkündigung der Frohbotschaft, und er begründet die Forderung der Umkehr damit, daß die Gottesherrschaft nahe sei (Mk 1,15). Umkehr bedeutet für Jesus nicht anders als für die Propheten Israels die Abkehr vom Weg der Sünde und das Ergreifen des angebotenen Heils. Deshalb bezeichnet er es als seine Sendung, nicht die Gerechten zu rufen, sondern die Sünder zur Umkehr (Lk 5,32)[13]. Deshalb hat nach Lukas auch die Predigt der Kirche wesentlich eine Predigt der »Umkehr zur Vergebung der Sünden« zu sein (24,47).

»Euch Zukunft zu geben und Hoffnung«

Das Verzeihen Gottes besteht aber nach biblischem Verständnis niemals nur darin, daß er die Sünde nicht mehr anrechnet, daß er Gnade vor Recht ergehen läßt. Das Leben, das Gott statt des Todes gibt, bedeutet für den Sünder Neuanfang und damit Hoffnung. Mit der Sünde der Stammeltern ist die Menschheitsgeschichte nicht, kaum daß sie begonnen, schon zu Ende. Die Vertriebenen umgibt Gott mit liebevoller Fürsorge (Gen 3,21; 4,1 f.), den Brudermörder Kain nimmt er unter seinen Schutz und läßt seinen Stamm Geschichte machen (4,15 ff.). Das heißt, der Mensch hat noch eine Zukunft. Die Zusage Natans an David:

> So hat dir Jahwe deine Sünde verziehen, du wirst nicht sterben (2 Sam 12,13),

bedeutet, daß Gott in seiner Verzeihung das bereits verwirkte Leben zurückgibt. Ist Sünde ein Angriff auf das Leben[14], so Verzeihung Rettung des Lebens.

Das gilt nicht nur vom Leben des einzelnen oder vom Leben Israels, sondern vom Leben der ganzen Menschheit. Nach dem Strafgericht der Flut soll der Regenbogen am Himmel daran erinnern, daß Gott es mit den Menschen neu gewagt hat:

> Und nie mehr soll fortan zur Flut das Wasser werden,
> daß sie vernichte alles Fleisch (Gen 9,15).

Auch die Propheten kennen das »Prinzip Hoffnung« und haben es in eindrücklichen Bildern immer wieder gepredigt.

> Ihre Weinberge gebe ich ihr[15] dann wieder,
> und das Tal des Fluches mache ich für sie
> zum Tor der Hoffnung,

lesen wir bei Hosea (2,17), und in einem Brief an die Judäer in Babylonien tröstet Jeremia die Verbannten mit der Hoffnung auf eine neue Zukunft:

> Denn ich weiß, welche Gedanken ich über euch denke,
> spricht Jahwe,
> Gedanken zum Heil und nicht zum Unheil,
> euch Zukunft zu geben und Hoffnung (Jer 29,11).

Das ist Ziel und Ende der göttlichen Gerichte: Heil, Zukunft, Hoffnung. Jede monotheistische Religion hat ihre Schwierigkeiten mit dem Problem des Bösen, weil sie dafür nicht wie die polytheistischen Religionen eigene Götter für zuständig erklären kann. Das heißt, die unbestreitbare Erfahrung des Bösen in der Welt, gleich ob im Menschen oder in den Naturmächten, muß mit dem Glauben an den *einen* Gott in Einklang gebracht werden, und das wiederum führt zu Schwierigkeiten, von deren Bewältigung Entscheidendes für die Lebensfähigkeit der betreffenden Religion abhängt. Eine fertige Lösung, wie das Problem des Bösen theologisch und praktisch zu bewältigen ist, hat weder das Alte noch das Neue Testament anzubieten. Das dürfte in diesen Kapiteln klar geworden sein – freilich ebenso, daß weder Resignation noch Flucht in eine utopische, vom Bösen freie Welt als ernsthafter Lösungsversuch in Frage kommen kann.

»Sie werden ihre Schwerter zu Pflugscharen umschmieden«

Und doch kennt die Bibel auch solche »utopischen« Züge, wenn sie von der »nachsündlichen« Zeit spricht. Die Aufforderung, die Schwerter zu Pflugscharen umzuschmieden und die Spieße zu Rebmessern (Jes 2,4 und Mi 4,3; vgl. Joel 4,10), zielt ganz konkret auf diese Welt, ebenso der Unterschied, den Deuterojesaja sehr prononciert zwischen dem »Früheren« macht, das vergangen ist, und dem »Neuen«, das jetzt geschaffen wird (Jes 42,9; 43,18f.). Ein neutestamentliches Echo darauf ist die Ankündigung des Neuen Jerusalem in der Johannes-Apokalypse:

> Das Erste ist vergangen.
> Siehe, ich mache alles neu (21,4f.).

Diese nachsündliche Zeit der Zukunft ist ein fester Bestandteil der prophetischen Verkündigung.

> Nichts Böses und nichts Verderbliches wird man
> mehr tun auf meinem ganzen heiligen Berg,

verheißt schon Jesaja (11,9). Bei Amos steigert sich die Schau der zukünftigen Zeit ohne Sünde zur alle Realitäten sprengenden Vision:

Siehe, es kommen Tage, spricht Jahwe . . .,
da triefen die Berge von Wein,
und alle Hügel fließen über (9,13).

Die Jetztzeit ist die Zeit des Bösen, die Endzeit, auf die auch die letzte Vaterunserbitte anspielt, die Zeit ohne Böses. Alle Reaktionen Gottes auf das Böse münden schließlich in die eine ein, daß Gott das Böse aus der Welt schafft.

II. Die Antwort der Kirche

Wer in den einschlägigen theologischen Nachschlagwerken Auskunft über »das Böse« sucht, wird enttäuscht. Das katholische »Lexikon für Theologie und Kirche«[1] verweist auf andere Stichwörter wie Dualismus, Erbsünde, Freiheit, Sünde, Theodizee, Übel. Das protestantische Standardwerk »Die Religion in Geschichte und Gegenwart«[2] hat zwar ein eigenes Stichwort »das Böse«, aber der Artikel enthält nur Informationen zur Rolle des Bösen in der Religionsgeschichte und im Volksglauben. Die Kirche, im Unterschied zu den profanen Wissenschaften, hat bereits ihre Antwort auf das Böse: Ohne den Teufel glaubt sie das Böse in der Welt nicht erklären zu können. Ob damit für die konkrete Situation oder gar zur Bewältigung des Bösen etwas gewonnen ist, scheint mehr als fraglich. Die Frühkirche jedenfalls, für die zwar die Schrift schon normative Geltung erlangt hatte, eine verbindliche und dogmatisch fixierte Glaubenslehre jedoch erst langsam Gestalt annahm, war in dieser Frage äußerst zurückhaltend.

1. Das Ringen der Kirchenväter

Die ausgehende Antike war eine überaus unruhige Zeit. Altes lag mit Neuem im Streit. Staats- und Wirtschaftskrisen erschütterten die westliche Welt und führten zum Niedergang antiker Wertordnungen. Völker gerieten in Bewegung. Rom verlor ganze Teile seines Reichs und sank immer mehr in Provinzialismus ab. Die Führungsrolle übernahmen schließlich die »Barbaren«: Goten und andere germanische Stämme. Ein solch tiefgreifender Wandlungsprozeß konnte auf das Lebensgefühl nicht ohne Einfluß bleiben, und entsprechend hart verlief die Auseinandersetzung auch auf geistigem Gebiet. Daß die Spätantike in ganz besonderem Maß vom Phänomen des Bösen beunruhigt war, ist leicht erklärlich.

Heidnische Philosophie und christliche Theologie

In den Wirren dieser Zeit rangen auch die Kirchenväter um ihre eigene Position. Bei dem Versuch, auf die Frage nach dem Ursprung des Bösen eine Antwort zu finden, sahen sie sich vor eine doppelte Aufgabe gestellt. Einmal mußten sie sich mit den vorgegebenen philosophischen Systemen auseinandersetzen, zugleich aber waren sie an die Bibel und die bis dahin entwickelte Glaubenstradition der jungen Kirche gebunden. Diese doppelte Blickrichtung erweckt in den Schriften der frühen Kirchenväter zunächst den Eindruck, als habe ihre philosophische Argumentation mit der theologischen nichts zu tun, als handle es sich um zwei nebeneinanderher laufende Gedankenketten. So finden sich bei Lactanz (etwa 250–320) deutliche Spuren römischer Gottesvorstellungen, bei Tertullian (etwa 160–220) materialistische Gedanken der Stoiker, und schließlich ist auch die christliche Spielart der Gnosis ein Produkt jenes heidnischen Synkretismus, der die gesamte Spätantike beherrschte.

Ungeordnet und systemlos nehmen die christlichen Apologeten des 2. und beginnenden 3. Jahrhunderts zum Bösen Stellung. Nur verstreute Bemerkungen sind überliefert. Manche empfinden das Böse nicht einmal als Last. So zeigt sich Clemens von Alexandrien (gest. vor 215) von der Existenz des Bösen durchaus nicht beunruhigt, weil dieses ohnehin unter Gottes Leitung stehe. Und Irenäus (gest. um 200) macht erst gar keine Anstalten, den Ursprung des Bösen zu ergründen, weil man ein Geheimnis doch nie erforschen könne. Hier und da findet sich auch ein merkwürdiger anthropologischer Optimismus. Unwissenheit, Unverstand, Naivität und Schwachheit des Menschen verursachen das Böse, sagt Clemens[3]. Durch Lernen aber und Einsicht werde der Mensch über das Böse die Oberhand gewinnen wie über wilde Tiere. Das Böse sei die Notwendigkeit der noch unvollkommenen Beschaffenheit der menschlichen Natur und insofern Durchgangsstufe zu Gott. Hier ist der Einfluß der stoischen Tugendlehre unverkennbar.

Von ähnlichem Optimismus ist auch die Apokatastasislehre[4] des großen griechischen Kirchenlehrers Origenes (gest. 253/4) getragen, wenn er glaubt, daß die Seelen der Sünder (und sogar die Dämonen und Teufel) in späteren Welten zu immer höheren Stufen des Seins aufstiegen, bis Gott wieder alles in allem sei.

Die physischen Übel finden bei den Kirchenvätern relativ wenig Beachtung. In der Regel weist man ihnen eine erzieherische Wirkung zu. Sie dienen zur Bestrafung und Besserung der Sünder, sollen Irrende zur Besinnung bringen oder Gerechte auf die Probe stellen (wie Ijob). Im allgemeinen werden sie von Dämonen verursacht, aber von Gott zugelassen.

Bei aller Vielfalt im Detail herrscht unter den Kirchenvätern Einmütigkeit in zwei Punkten. Alle ohne Ausnahme betonen, Gott könne nicht der Urheber des Bösen sein, und alle vertreten den Standpunkt, die Möglichkeit zur Sünde beruhe auf dem freien Willen. Hatte sich die Frage nach der Willensfreiheit in der griechischen Philosophie hauptsächlich auf den Konflikt des Menschen mit seinen Affekten oder auf die Möglichkeit der Wahl zwischen zwei Dingen bezogen, so erhielt sie nun in der christlichen Theologie eine neue Dimension. Dafür, daß der Mensch schuldig und zum Sünder werden konnte, war Freiheit die unabdingbare Voraussetzung. Allerdings gelang es selbst Augustinus nicht, bis zu einer Lösung der letzten Frage, warum Gott den Freiheitsmißbrauch zugelassen habe, vorzustoßen.

Ohne das Böse kein Gutes

Lactanz ist der erste Kirchenvater, der die von den griechischen Philosophen gestellte Frage nach dem Woher des Bösen philosophisch beantwortet. In seiner Schrift »De ira Dei« (Über den Zorn Gottes) setzt er sich mit der Frage auseinander, ob Gott überhaupt irgendwelcher Emotionen fähig sei, speziell, ob er im Zorn strafen könne. Strafe empfindet der Mensch als Übel. Also erhebt sich die Frage, ob von Gott ein Übel ausgehen könne.

Um seine Meinung darzustellen, benutzt Lactanz einen Beweisgang Epikurs:

> Entweder will Gott die Übel beseitigen und kann es nicht,
> oder er kann es und will es nicht,
> oder er will es nicht und kann es nicht,
> oder er will es und kann es.

Wenn Gott es will und nicht kann, ist er schwach und nicht allmächtig; wenn er es kann und nicht will, widerspricht das seiner Güte; wenn er es nicht kann und nicht will, ist er kein Gott; wenn er es aber will und kann – warum beseitigt er dann die Übel nicht?

Mit diesen vier Möglichkeiten will Epikur beweisen, daß Gott sich um nichts und schon gar nicht um die Belange der Menschen kümmere. Demgegenüber tritt Lactanz den Beweis an, daß Gott weder schwach noch apathisch noch bösartig sei. Wohl könnte er das Böse beseitigen, wenn er wollte, aber er will nicht. Denn zugleich mit dem Bösen habe Gott dem Menschen die Weisheit verliehen, mit deren Hilfe er Gott erkennen könne. Gott erkennen und erfahren sei dem Menschen aber nur möglich, wenn er vorher das Böse erfahren habe. Ohne Kenntnis des Bösen wäre er zum Guten nicht fähig. Also hat Gott das Böse zum Besten des Menschen bestellt.

Die Antwort des Lactanz scheint eindeutig: Niemand weiß, was gut ist, wenn er nicht weiß, was böse ist. Nimmt man das Böse weg, ist auch das Gute hinfällig; das Böse ist also mit dem Guten antithetisch mit gesetzt. Und das bedeutet, daß Gott es gewollt hat.

Wenn auch Lactanz das Böse gelegentlich auf andere Weise, als

Feind des Guten oder als Mangel an Gutem, erklärt, ist sein ganzes Denken dualistisch geprägt. Das gilt nicht nur für den ethischen Bereich in dem Sinn, daß das Böse für die sittliche Entwicklung des Menschen notwendig und als Vorbedingung für die Tugend unerläßlich sei. Vielmehr ist für Lactanz die ganze Welt aus Gegensätzen aufgebaut: Licht und Finsternis, flüssige und feste Formen, Leib und Seele. Der eine Teil gehört jeweils den Ordnungen des Himmels an, der andere denen der Erde. Doch damit nicht genug. Die dualistische Wurzel reicht noch tiefer. Lactanz sagt nämlich, Gott habe vor der Welt ein ihm ähnliches Geistwesen geschaffen, den Sohn, danach einen zweiten Geist, der dem ersten entsprach, also auch gut war. Aber dieser beneidete den ersten und wurde dadurch böse. Diese beiden Geistwesen nun habe man sich als Ursprung von gut und böse zu denken.

Allein die Tatsache, daß Lactanz im guten Geistwesen den Sohn Gottes, im bösen den Teufel am Werk sieht, unterscheidet seine Lehre von heidnischen Philosophien und Kosmogonien. Als erster Kirchenvater, der mit philosophischen Argumenten das Böse zu erklären versuchte, mußte Lactanz fast notwendig einem dualistischen Denken, wie es zu seiner Zeit üblich, aber für die junge Kirche höchst gefährlich war, erliegen.

Licht und Finsternis

Die für die Kirche gefährlichste Spielart des Dualismus war der Manichäismus. Als Augustinus sich mit ihm auseinandersetzte, hatte er von China bis Spanien Verbreitung gefunden. Sein Stifter Mani (216–276/7), aus persischem Adelsgeschlecht, erfuhr in einer südbabylonischen Sekte die Berufung zur Verkündigung einer neuen, umfassenden Religion. Nachdem er vom persischen König Schapur I. die Erlaubnis zur Mission erhalten hatte, durchzog er das Sassanidenreich nach allen Richtungen und verkündete seine Lehre. Auch begleitete er Schapur auf einem seiner Feldzüge gegen die Römer[5]. Unter König Bahram I. (273–276) ließ jedoch die herrschende Kaste der Zarathustrapriester Mani einkerkern und steinigen. Aber Kaufleute trugen seine Ideen in alle Welt.

Der Manichäismus ist ein Musterbeispiel von Synkretismus. Er vereinigt in sich Gedanken aus verschiedenen, meist östlichen Religionen. Vor allem babylonische, iranische und jüdische, aber auch christliche Elemente sind hier zu einem Ganzen zusammengewachsen. Zarathustrisch ist sicher Manis Lehre vom unüberbrückbaren Gegensatz der beiden ewigen Urprinzipien Licht und Finsternis. Das Prinzip des Lichts fällt mit Gott zusammen, das der Finsternis mit Satan. Beide sind jedoch durchaus materiell zu denken. Beim Angriff des Gottes der Finsternis auf das Lichtreich wurden Lichtelemente entführt und mit den Elementen der Finsternis vermischt. Bei diesem kosmischen Kampf wurde das Böse auf die Erde übertragen. Adam, der erste Mensch, ist ein Sohn der Finsternis, aber es sind auch Partikeln des geraubten Lichts in ihm. So sind, wie im Kosmos, auch im Menschen beide Prinzipien vertreten: eine Leibseele und eine Lichtseele. Der Mensch ist demnach Schauplatz des Kampfes von Licht- und Finsternisteilchen, aber er selbst kann in diesen Kampf nicht eingreifen. Das Böse, das er tut, ist nicht persönliche Schuld, sondern das Ergebnis eines negativ ausgegangenen Kampfes in seiner Seele. Damit ist der Mensch jeder Verantwortung enthoben; denn der Ausgang des Kampfes hängt lediglich ab vom Anteil der bösen Elemente, die als wesensfremde, unpersönliche Substanz in ihm wohnen. Die »Erlösung« des Menschen besteht in der allmählichen Befreiung der Lichtpartikeln aus dem Elementengemisch; sie gelingt jedoch nur den »Erwählten«. Erst am Ende der Zeit werden Licht und Finsternis wieder in ihre ursprüngliche Trennung zurückfallen, nun aber für immer[6].

Der Grund für die schnelle und weite Verbreitung des Manichäismus liegt sicher darin, daß er dem (gnostischen) Pessimismus jener Epoche energisch auf den Leib rückte und dem Menschen eine Erklärung des Bösen anbot, die ihn von aller Schuld und Verantwortung entlastete.

Es gibt kein böses Sein (Augustinus)

Die Entlastung seines Gewissens suchte auch Augustinus, als er sich mit neunzehn Jahren dem Manichäismus zuwandte. Noch mehr aber versprach er sich von dieser Lehre eine Antwort auf die ihn umtreibende Frage nach dem Ursprung des Bösen[7]. Solange er lebte, hat er darum gerungen. Noch am Ende seines Lebens nannte Augustinus die Frage nach dem Bösen eine *difficillima quaestio*[8], eine »äußerst schwierige Frage«, und er bekannte, daß seine ganze innere Entwicklung von der Suche nach einer Antwort darauf abhing[9].

Neun Jahre lang hatte Augustinus sich mit großem Eifer den Manichäern verschrieben, weil diese ihm eine Lösung seines Problems versprachen. Da stieß er durch die Vermittlung des Ambrosius in Mailand auf platonische und neuplatonische Schriften. Wie eine Befreiung wirkte auf ihn die Erkenntnis, daß Geist nicht materiell verstanden werden könne und daß Gott der höchste Geist sei. Gott aber, so folgerte Augustinus durch biblische Aussagen geleitet, entließ bei der Schöpfung nicht einfach Teilchen aus sich in den Kosmos oder in den Menschen, sondern er schuf aus dem Nichts. Und weil das einzelne Ding aus dem Nichts erschaffen ist, ist es schwankend, veränderlich, ambivalent, zufällig und tendiert zum Untergang. Im Zusammenhang mit den anderen Dingen aber entsteht aus Gutem und Schlechtem eine Harmonie der Dinge, ein ausgewogenes Ganzes. Ein *malum physicum*, also das, was wir »Übel« nennen, gibt es für den jungen Augustinus im Hinblick auf das Universum und dessen Ordnung nicht. Die negativ erscheinende Seite der Schöpfung muß nur richtig eingeordnet werden. Die manichäische Erklärung des Bösen ist damit hinfällig. Der Mensch kann keine göttlichen und bösen Teile in sich bergen, denn das Böse ist substanzlos.

Und nun kreist Augustinus die Frage nach dem Bösen von verschiedenen Seiten ein. Einmal geht er philosophisch vor: Da der gute Gott die Welt erschaffen hat, muß sie gut sein. Es gibt keine böse Natur, es gibt überhaupt kein böses Sein. »Sofern etwas ist, ist es gut«, betont Augustinus immer wieder[10]. Das Böse, so lautet dann die Schlußfolgerung, ist Nichtsein oder – weil alles Seiende gut ist – Mangel an Gutem[11]. Diese Erkenntnis übernimmt Augustinus von Plotin. Indem er aber konsequent folgert, auch die Materie sei somit etwas Gutes, läßt er den metaphysischen Dualismus Plotins hinter sich. Dieser hatte nämlich gelehrt, daß sich das höchste Gut aus übergroßer Fülle in die einzelnen Seinsstufen ergießt. Diese sind zugleich Stufen abnehmender Vollkommenheit. Die letzte Ebene wird von der Materie eingenommen. Sie ist reiner Mangel, kann nur in anderem existieren, ist Fehlen an Maß, Einheit und Schönheit, obwohl sie etwas zu sein vorgibt. So ist sie trügerische Vergänglichkeit, ein »fliehendes Spiel«. Ihr ist also das Böse zugeordnet, allerdings nicht als »positives« Sein, sondern als Privation, als Mangel an Gutsein. Aber dieser Mangel ist nicht fehlende Substanz (wie bei Augustinus), sondern er haftet der Natur an als naturfremdes Prinzip, welches das Böse erst zum Bösen macht[12].

Für Plotin ist also das Böse eine Notwendigkeit, die bedingt ist durch die Entfernung vom Ursein. Für Augustinus ist das Böse nicht notwendig, denn der gute Gott hat die Welt gut geschaffen. Bei Plotin ist das Böse mit der Materie gegeben, bei Augustinus ist auch die Materie gut.

Das Böse um des Guten willen

Woher aber kommt dann das Böse, wenn Gott doch alles gut geschaffen hat? Hier setzt die anthropologische Argumentation Augustins ein. Läßt sich das, was für die geschaffene Welt und den Kosmos galt, auch auf den einzelnen Menschen übertragen?

Wie alles Geschaffene sind auch Geist und Seele des Menschen gut. Zugleich aber schließt der menschliche Geist beide Möglichkeiten in sich, nämlich sich für das Gute oder für das Böse (das in der anthropologischen Argumentation eine ethische, keine ontologische Kategorie ist) zu entscheiden. Dies kommt daher, daß die Welt und der Mensch nicht ewig sind, sondern wandelbar und unvollkommen. Der Mensch ist dauernd in Gefahr, sich an das Vergängliche zu klammern und so das Erreichte wieder zu verspielen, weil ihm anderes, weniger Wertvolles, wichtiger erscheint. So ist die Freiheit des Menschen ständig bedroht durch die Veränderlichkeit der Dinge, aber auch seiner eigenen Wünsche.

Jedoch hat auch das Böse für Augustinus noch etwas Gutes. Zwar besteht der böse Wille im Abfall von Gott, in der Abwendung vom Höheren zum Niederen oder darin, daß der Mensch ein an sich gutes Mittel – und alles Irdische darf nur Mittel sein – zum Zweck macht. Nie aber strebt der Mensch das Böse um des Bösen willen an. Wenn er Böses tut, dann um eines Guten willen, das dem Bösen anhaftet. Zur Erläuterung wählt Augustinus den Selbstmord als Beispiel. Ein Mensch würde sich niemals töten um des Selbstmords willen; er tötet sich, um einem unerträglichen Leben zu entfliehen, und das bedeutet für ihn in diesem Fall das Gute.

Daß der Mensch in seinem Tun grundsätzlich frei ist, daran hält Augustinus durchgängig fest. Da nun das Tun des Guten oder Bösen gleichbedeutend ist mit der Wahl höherer oder niederer Werte, ist menschliches Tun zugleich mit einer Anerkennung oder Ablehnung der von Gott geschaffenen Wertordnung verbunden. Insofern sich der

Mensch dieser Ordnung widersetzt, ist eine Mißachtung Gottes im bösen Tun mitenthalten.

Damit unterscheidet sich Augustinus auch in seinem anthropologischen Konzept von Plotin. Denn für Plotin findet sich die Seele, die die Erfahrung mit dem Bösen macht, im Körper vor. Da dieser aber der Materie angehört, empfindet sie ihren Aufenthalt im Körper als Übel, dem sie zu entfliehen trachtet. Die Frage für Plotin ist nur: Wie kommt die Seele überhaupt in den Körper? Und wie kommt sie zum Bösen? Zwar kann die Materie nicht die einzige Ursache für das Böse sein, denn dann würde eine höhere Seinsstufe, der Geist, einer niederen Seinsstufe, der Materie, unterworfen. Da jedoch Plotin auch eine persönliche Schuld ausschließt, muß das Schicksal der Seele, ihr Abstieg aus dem Reich des Geistes und ihre Verbindung mit der Materie, naturnotwendig sein. Damit kann der Mensch für seinen Zustand, den Plotin als übel empfindet, nicht verantwortlich gemacht werden. Die Frage nach dem Ursprung des Bösen ist für ihn also keine Frage der Ethik.

Natürlich hat Augustinus mit der postulierten Willensfreiheit das Problem des Bösen noch nicht gelöst. Er muß noch einen Schritt weitergehen. Was sich im einzelnen Menschen abspielt, hat sich zuvor schon für die gesamte Menschheit zugetragen. Als Gott Adam schuf, war dieser im Stand der Glückseligkeit. Er war nicht unfähig zu sündigen, sondern fähig, nicht zu sündigen[13]. Gott stattete ihn mit einer angeborenen Neigung zum Guten aus. Adams einzige Schwäche war seine Geschöpflichkeit, und deshalb war er den Veränderungen und Einflüssen seiner Umgebung ausgesetzt. Dennoch macht Augustinus ihn allein dafür verantwortlich, daß er sich in dem Verlangen, unabhängig und er selbst zu sein, von Gott abwandte. Diese Sünde hatte unübersehbare Folgen. Denn mit ihr verlor der Mensch die Freiheit, die Sünde zu meiden und Gutes zu tun. Von nun an wendet er sich spontan dem Bösen zu. Aus dem *posse non peccare* war ein *non posse non peccare* geworden[14].

Wir sehen, wie durch den (theologischen) Sündenbegriff auch die Anthropologie Augustins beeinflußt wird. In dieser Phase seines Denkens bilden die geschaffenen Dinge für den Menschen vor der Sünde eine Gefahrenquelle, nach der Sünde kommt ihnen eine Straffunktion zu. So erscheint das Übel, das Augustinus früher als Nichtsein verstand und philosophisch immer noch so versteht, nun theologisch als Folge der Sünde. Wo ein Mensch Widerwärtigkeiten erleidet, ist er auf die Sünde als Ursache verwiesen. Um der Gerechtigkeit Gottes willen muß der Mensch persönlich an allem Übel, das er erleidet, schuld sein. Der Mensch ist nun nicht mehr von Natur aus gut, sondern besitzt eine fatale Neigung zum Bösen.

Und auch für diese Neigung zum Bösen macht Augustinus den Menschen haftbar. Denn die Solidarität unter den Menschen in ihrer Neigung zum Bösen muß ja einen Anfang und Grund haben. Augustinus findet ihn in der Sünde Adams. So wird er der Vater der klassischen abendländischen Lehre von der »Erbsünde«[15].

> Durch *einen* Menschen ist die Sünde in die Welt gekommen und
> durch die Sünde der Tod, und so kam der Tod zu allen Menschen,
> weil (*in quo*) alle gesündigt haben.

In diesem Vers aus dem Römerbrief (5,12) findet Augustinus, wenn auch um den Preis einer nachweislich falschen Exegese, die Bestätigung dafür, daß alle Menschen *in* Adam gesündigt haben, weil in Adam die ganze menschliche Natur gesündigt hat. Jeder einzelne Mensch war gleichsam in Adam gegenwärtig. Deshalb trifft jeden Mitschuld an Adams Sünde, deshalb muß jeder auch mit Recht deren Folgen tragen. Die »gefallene Natur«, die sittliche Verderbtheit, die Gebrochenheit des Willens, Krankheit, Armut, Schmerzen und Not, das alles sind Folgen der Adamssünde. Vor allem aber gilt das von der Begierde der geschlechtlichen Lust. Indem Augustinus der Konkupiszenz bei der Übertragung der Sünde von einer Generation auf die andere die entscheidende Rolle zuweist, hat er die Sexualität mit einer schweren Hypothek belastet und eine Entwicklung der Leibfeindlichkeit eingeleitet, von der sich die Kirche bis heute nicht erholt hat.

Die Menschen als »Sündenmasse«

Augustins Pessimismus, der aus seinem Verständnis der Erbsünde spricht, steigerte sich in der Folgezeit noch beträchtlich, wozu die Vertiefung in die paulinischen Schriften, aber auch persönliche Enttäuschungen als Bischof von Hippo das Ihre beitrugen. »Alle Menschen sind eine Sündenmasse«[16], formuliert er in kaum zu überbietender Drastik, und er kann sich nicht genugtun in Übersteigerungen wie »Masse des Verderbens«, »Masse der Verdammnis«, »Masse des Todes und des Zornes«. Dabei nimmt er die unmündigen Kinder nicht aus. Die Sünde Adams pflanzt sich nicht nur in den Taten, richtiger: Untaten des Menschen fort, sondern auch in seinem Wesen. Der Mensch ist völlig hilflos und ohnmächtig, er erstickt in Schuld und Sünde, wenn Gottes Gnade ihn nicht rettet. Aber Gottes Gnade rettet nur den, den er retten will. Sein Beschluß ist unwiderruflich. Er berücksichtigt weder ein Verdienst des Menschen noch eine gute Absicht noch irgendeine Initiative. Unberechenbar und willkürlich greift er in die Menge der sündigen Menschen. Immer wieder betont Augustinus: Aus Gerechtigkeit sind alle verdammt, aus Barmherzigkeit einige erwählt; den Erwählten kommt Gott durch die Gnade zu Hilfe, die Nichterwählten beläßt er in ihrem Zustand[17].

Diese Lehre von einer absoluten Prädestination, die Augustinus während der letzten zwei Jahrzehnte immer strenger vertrat, wirkt niederschmetternd und hoffnungslos. Es zerbrechen alle anthropologischen Kategorien: Freiheit, Verantwortung, Kreativität, Freude und Hoffnung. Der Mensch ist total entwertet, und selbst die Gnade Gottes bekommt das Zufällige eines Spielautomaten. Mit Recht schreiben die Kritiker, daß die Gnaden- und Prädestinationslehre Augustins von einem »schaudererregenden Gottesbegriff«[18] geprägt sei und der Mensch sich von einem solchen Gott nur in Angst und Schrecken abwenden könne.

Wie kommt es, daß Augustinus am Ende seines Lebens den Menschen als unrettbar böse ansieht, dem Verderben preisgegeben, wenn Gottes willkürliche Gnade ihn nicht errettet? Zum einen war da ein immer stärkeres Bedürfnis, die Größe und Souveränität Gottes herauszustellen, und je höher Gott über dem Menschen steht, um so kleiner wird der Mensch. Diese Tendenz – und das ist das andere – beruhte aber auf der persönlichen Erfahrung, daß der Mensch, ganz und gar ohnmächtig und durch die Sünde unfrei, auf die Gnade Gottes angewiesen ist. (Eine ähnliche Erfahrung sollte später auch Martin Luther machen.) Was kann demgegenüber Augustins Versicherung wiegen, daß Gott denjenigen, den er aus der *massa damnata* zum Heil berufen hat, den Weg des Glaubens und der Liebe führt, da ja auch der Glaube allein Gottes Tat ist?

Civitas diaboli

Augustins Bestimmung, Erklärung und Begründung des Bösen machen durchaus den Eindruck einer folgerichtigen, rational begründbaren Entwicklung, wobei die Auseinandersetzung mit anderen philosophischen Systemen und persönliche Lebenserfahrungen eine wichtige Rolle gespielt haben. Aber wie bei allen Kirchenvätern gibt es auch bei Augustinus Teufel und Dämonen, die zur Erklärung des Bösen herhalten müssen. Wie verträgt sich diese theologische Erklärung mit jener philosophischen, das Böse sei Nichtsein? Laufen hier nicht zwei unvereinbare Denk- und Vorstellungsweisen nebeneinanderher?

Zunächst einmal gilt auch für Augustinus, was schon für die älteren Kirchenväter gegolten hatte: Die Aussagen über Teufel und Dämonen liegen an der Peripherie; nur punktuell kommt dem Teufel größere Bedeutung zu. Von Justinus stammt die Vorstellung, die Heiden seien das Werkzeug der Dämonen. Ihn quält die Frage: Wie kommt es, daß in einer Welt, die von Gott gelenkt wird, Christen, die doch diesen Gott verehren, verfolgt werden? Und er findet keine andere Antwort als den Hinweis, daß eine gottfeindliche Macht dahinterstecken müsse. Die Apologeten identifizieren deshalb die Dämonen mit den heidnischen Göttern, die die Christen vom wahren Gott abspenstig machen wollen, und Götzendienst halten sie für dämonischen Betrug[19]. Bezeichnenderweise bestand zum Beispiel für Pseudo-Ambrosius (2. Hälfte 4. Jh.) die Sünde Adams im Götzendienst, also in der Hinwendung zu fremden Göttern oder Dämonen. Wahrscheinlich geht sogar die bei den Kirchenvätern so intensiv diskutierte Erlösungstheologie von der Absicht aus, zu zeigen, daß die Macht der Dämonen durch Jesus gebrochen sei. Irenäus war der erste, der die Ansicht äußerte, Jesus habe die Menschen durch seinen Tod von der Macht des Teufels losgekauft. Man stellte sich vor, der Teufel habe durch die Sünde Adams Macht über die Menschen bekommen und sei erst durch Tod und Triumph Jesu wieder geknechtet worden. So bekommt der Teufel eine Schlüsselstellung bei der Erlösung. Das Motiv des Zweikampfes zwischen Teufel und Jesus wird zu einem festen Element der Erlösungslehre[20]. Da der Teufel über den Menschen gesiegt hatte, sollte er auch von einem Menschen besiegt werden.

Auch für Augustinus sind die Dämonen und der Teufel mit seinem Anhang identisch. Auch für ihn ist die Erlösung ein Rechtsproblem (*ius diaboli*). Gott will dem Teufel seine Beute nicht einfach entreißen, er bezwingt ihn im Rechtsverfahren, das heißt durch eine Art Auslösung: Als der Teufel Jesus tötete, verlor er gleichzeitig die Rechte über die Menschen, allerdings nur über die, die Jesus im Glauben anhängen. Er behielt die alte Macht über alle jene, die den Versuchungen der *concupiscentia* erliegen und schuldig werden. Daß das so ist, liegt an der Ursünde des Menschen, die eine Reproduktion der Satanssünde darstellt. Der Teufel ist also die Macht, die hinter dem Sündenprozeß steht. Er gibt den Anstoß zur Sünde, indem er die Menschen in Versuchung führt, so daß sie der Konkupiszenz, der allen Menschen angeborenen triebhaften Begierde, nachgeben. Von ihr leitet Augustinus alles ab, was sich an Untaten ausdenken läßt. Damit stellt er eine folgenschwere Verbindung her: den ursächlichen Zusammenhang zwischen Leiblichkeit und Teufel; der Teufel hat keinen Zugang zum Menschen außer über das Fleisch[21]. In paulinischer Terminologie konstruiert Augustinus hier eine unpaulinische Theorie. Vom Ende her gesehen, verläuft der Prozeß von der Sünde über die Konkupiszenz zur Ursünde und von ihr zum Urheber aller Schuld, zu Satan. Damit wurzelt jede private Sünde immer auch in der Satanssünde. Und deshalb kann Augustinus alle sündigen Wesen, ob gefallene Engel oder Menschen, zu einer Gemeinschaft zusammenschließen, die als *civitas diaboli* der *civitas Dei* gegenübersteht: eine unheimliche Solidarität in der Sünde.

Diese biblische Begründung des durch den Teufel verursachten Bösen wirkt ebenso schlüssig wie die ontologische, wonach das Böse Nichtsein ist. Die eine scheint auch ohne die andere plausibel. Lediglich an zwei Stellen weisen sie Berührungspunkte auf, von denen dem zweiten erhöhte Bedeutung zukommt. Wenn Augustinus betont, auch der Teufel sei gut geschaffen und erst nachträglich böse geworden, wendet er sich gegen die manichäische Lehre von der bösen Substanz. Und wenn er sagt, der Mensch habe die Möglichkeit zum Guten und zum Bösen in sich, der Teufel aber gebe den Anstoß zum Bösen, so verquickt er in diesem Punkt die anthropologische und die theologische Argumentation. Hatte er vorher die Begründung der Möglichkeit zur Sünde in der geschaffenen wandelbaren Natur gesehen, so geschieht Sünde jetzt faktisch infolge der vom Teufel kommenden Versuchung (wobei unklar bleibt, wie dann der Teufel hat sündigen können). Wenn nun einerseits die Sünde auch ohne den Teufel möglich ist[22], andererseits der Teufel als ihr Urheber erscheint[23], wenn das Böse einmal vom Teufel gewirkt ist, zum anderen aber keine Substanz hat, so daß selbst Satans Tun wie seine Existenz gottgeschenkt ist[24], ergibt sich daraus, daß der Teufel bei Augustinus kein notwendiges Glied in der Argumentationskette zur Erklärung des Bösen ist. Er ist vielmehr, wie die gedanklichen Nahtstellen zeigen, erst nachträglich auf das philosophische System aufgepfropft worden. Augustinus war zunächst Philosoph und erst später Christ.

Eine Auseinandersetzung mit dem Problem des Bösen kann von der Frühzeit der Kirche, vor allem von Augustinus, nicht absehen. Denn hier wurden die Weichen gestellt für das Denken des Mittelalters und darüber hinaus für das ganze christliche Glaubensbewußtsein. In diesen ersten vier Jahrhunderten hat die Kirche die Bedrohung durch dualistische Denksysteme erfolgreich überstanden. Einmütig haben die Kirchenväter den freien Willen als Ursache des Bösen angesehen, der Teufel konnte niemals zum Gegengott avancieren. Augustinus war wie ein Kristallisationspunkt, in dem sich alle Strömungen sammelten. Er machte den ersten großangelegten Versuch, für das Verständnis des Bösen griechische Philosophie, jüdisches Legendengut und biblisches Denken in einem System zu vereinigen.

2. Teufelsglaube

Hatte schon die Bibel das Böse in der Welt auf recht unterschiedliche Weise begründet, gilt das, wie wir gesehen haben, erst recht von den Kirchenvätern, vor allem von Augustinus. So hat für ihn das Böse eine Funktion in der Schöpfung, in der das Stärkere das Schwächere stützt, das Licht die Dunkelheit verlangt. Er begründet das Böse mit der Wandelbarkeit der Schöpfung, mit der Freiheit des Menschen, mit der durch die Sünde Adams verdorbenen Natur und entfesselten Konkupiszenz des Menschen, schließlich auch mit dem Teufel, der sich mit Hilfe des Leibes Macht über den Menschen verschafft. Daß die Erklärung des Bösen durch den Teufel, die bei Augustinus eine unter mehreren ist, schließlich zur einzigen wurde, muß als eine bedauerliche Verengung der christlichen Theologie angesehen werden.

Warum wollte der Engel, was er nicht sollte? (Anselm)

Bis es dahin kam, sollten allerdings noch rund tausend Jahre vergehen. Vom 5. bis zum 12. Jahrhundert ist in der Lehre über das Böse bei den Theologen kaum eine Entwicklung festzustellen. Die Spekulationen des Augustinus blieben die maßgebliche Grundlage. In Bewegung geriet die Diskussion um das Böse erst wieder durch den größten Schüler Augustins, Anselm von Canterbury (1033–1109). Er wird gerne der »Vater der Scholastik« genannt, denn obwohl er kein eigentliches System entwickelt hat, wurde er doch zum Vorläufer der großen mittelalterlichen Systematiker, vor allem Alberts des Großen und Thomas' von Aquin [1]. Methodisch stellt sich Anselm auf den Standpunkt des Ungläubigen, dem er seinen Glauben ohne Berufung auf Schrift und Autorität auf dem Weg des reinen Denkens einsichtig machen will.

Dabei ist Augustinus sein zwar nicht ausschließlicher, aber doch beherrschender Meister. Seinen Kritikern gegenüber beruft sich Anselm darauf, daß sich in seinen Ausführungen nichts finden lasse, »das nicht mit den Schriften der katholischen Väter und insbesondere mit denen des heiligen Augustinus in Einklang stünde«[2].

Um das Verhältnis des Menschen zu Gott und zur Welt zu bestimmen, bedient sich Anselm des Begriffs *rectitudo*, »Richtigkeit«. Dieser auch von Augustinus – wenigstens in seinen späteren Schriften – verwendete Terminus wird zum eigentlichen Schlüsselbegriff der anselmianischen Theologie[3]. Wie Augustinus (und die christliche Philosophie überhaupt) sieht Anselm die gesamte Wirklichkeit von einer umfassenden Ordnung durchwaltet. Dieser Ordnung und damit dem Willen Gottes zu entsprechen ist jedem Geschöpf als Aufgabe gestellt. Die vernunftlosen Geschöpfe entsprechen ihr ganz von selbst, da sie sich immer so verhalten, wie sie sollen. Eine Störung der Ordnung kann nur das vernünftige Geschöpf, also Engel und Mensch, kraft der ihm eigenen Freiheit bewirken. Die Respektierung und Einhaltung der Ordnung durch das vernünftige Geschöpf, eben das ist *rectitudo*, und in ihr erfüllt sich die gesamte Sittlichkeit. Nie ist eine menschliche Tat in sich gut oder böse, sie ist es allein aufgrund des menschlichen Willens. Die schlechte Handlung kommt aus dem schlechten Willen, und schlecht ist der Wille, wenn er etwas ihm nicht Zukommendes will[4].

Auch für Anselm hat das Böse wie für Augustinus keine Existenz in sich, da alles Seiende gut ist[5]. Das Böse ist somit nichts anderes als der Mangel an Gutem (*privatio boni*). Allerdings fügt Anselm dieser von Augustinus übernommenen Definition eine wichtige Ergänzung hinzu, die wir bei Thomas von Aquin wiederfinden werden: Das Böse ist Mangel an »geschuldetem« Gutem (*absentia debiti boni*)[6].

Der Wille des Menschen ist bestimmt durch eine zweifache Neigung: nach dem Richtigen und nach dem Angenehmen. Der Wille zum Richtigen ist immer gut, ja er ist identisch mit der Richtigkeit (*rectitudo*) selbst. »Niemand will ja die Richtigkeit, er hätte sie denn«, sagt Anselm[7]. Der Wille zum Angenehmen kann gut oder schlecht sein. Er ist dann schlecht, »wenn er in die Begehrlichkeit des Fleisches gegen den Geist einwilligt«[8]. Daß er dies aber so leicht tut, ist eine Folge der Ursünde. Durch diese verlor der Mensch nicht nur die Kraft, die Gerechtigkeit zu wollen, der Wille zum Angenehmen entzog sich zugleich auch der Herrschaft der Gerechtigkeit und wurde Sklave der Ungerechtigkeit.

Den Teufel bringt Anselm für die einzelne menschliche Sünde nicht ins Spiel, wohl aber für die Ursünde: Sie geschah auf Überredung des Teufels hin[9]. Für die Sünde des Teufels aber, der ein gefallener Engel ist, hat Anselm keine Erklärung. Er läßt über diese Frage Lehrer und Schüler folgendes Zwiegespräch führen:

> Schüler: Warum wollte er (der Engel), was er nicht sollte?
> Lehrer: Diesem Wollen ging keine andere Ursache voraus als die des bloßen Willensvermögens.
> Schüler: Warum also wollte er?
> Lehrer: Nun, weil er eben wollte[10].

Alles, was ist, ist gut (Thomas von Aquin)

Wie Anselm von Canterbury, so macht sich auch Thomas von Aquin (1225–1274) in seiner Lehre über das Böse die Denkart des Augustinus zu eigen[11]. Dies mag bei Thomas überraschen, der sich in erster Linie dem System des Aristoteles verpflichtet fühlte und seine Aufgabe darin sah, dieses für die Theologie fruchtbar zu machen. Das hinderte indes den aller Einseitigkeit abholden Thomas nicht, gleichzeitig alles Wertvolle von Augustinus zu übernehmen. Dies gilt besonders vom Problem des Bösen, zu dem Aristoteles weniger zu sagen wußte, während Augustinus zeit seines Lebens mit ihm gerungen hatte[12].

Thomas schrieb über das Böse eine eigene Schrift »De malo«. Sie ist eine der sieben »Quaestiones disputatae«, die während der drei Jahre seiner ersten Pariser Lehrtätigkeit (1256–1259) entstanden. Aber auch in anderen Schriften kommt Thomas auf das Thema zu sprechen, vor allem im ersten Teil seiner »Summa Theologica«, der von Gott und der Schöpfung handelt. Bevor Thomas jedoch auf die verschiedenen Bereiche der Schöpfung eingeht (Engel, materielle Welt, Mensch), stellt er grundsätzliche Überlegungen an über die Verschiedenheit der geschaffenen Dinge. Dazu gehört auch die Polarität von Gut und Böse. Und zwar handelt Thomas zunächst vom Begriff des Bösen (Quaestio 48), dann von dessen Ursache (Quaestio 49).

Auch für Thomas hat das Böse keine selbständige Existenz. Denn alles, was ist, ist gut (*omne ens est bonum*). Im Sinn des Augustinus ist auch für Thomas das Böse der Mangel an Gutem (*absentia, remotio, privatio boni*), wobei er jedoch von Anselm die Präzisierung übernimmt, daß nur der Mangel an »geschuldetem« Gutem (*privatio debiti boni*) böse genannt werden kann, also der Mangel an jenem Guten, das aufgrund der kosmischen Ordnung eigentlich dasein sollte[13]. Wenn zum Beispiel ein Vogel keine Flügel hat, so ist das ein Übel, eine *privatio debiti boni*, weil Flügel zum Vogel gehören. Daß der Mensch aber keine Flügel hat, ist kein Übel, denn sie sind von seinem Wesen her nicht gefordert. Weil das Übel keine selbständige Existenz hat, muß es notwendig etwas Gutem anhaften. So hat die Blindheit keine selbständige Existenz, sie haftet etwas Gutem, nämlich dem Menschen an. Das Übel hat das Gute zum Subjekt, zum Träger, so daß Thomas die scheinbar widersprüchliche Aussage wagt: Das Schlechte kann nur im Guten sein[14], insofern nämlich der Träger, dem es anhaftet, etwas Gutes ist.

Obwohl das lateinische *malum* gleichzeitig unsere deutschen Begriffe »Übel« und »Böses«, also das physische wie das moralische Übel umfaßt, gilt es doch, zwischen beiden zu unterscheiden. Thomas spricht vom »Übel der Natur« (*malum naturae*) und vom »Übel der Schuld« (*malum culpae*). Bei beiden geht es aber nicht um etwas in sich Schlechtes oder Böses. Im Gegenteil: Im Anschluß an Augustinus bewertet Thomas beide Formen des *malum* als etwas grundsätzlich Gutes.

Das, was in der Natur als Übel erscheint, hat in Wirklichkeit eine positive Funktion. Damit Neues entstehen kann, muß Altes untergehen, oder wie Thomas formuliert: »Die Zerstörung des einen ist die Erzeugung des anderen.«[15] Den gleichen Sinn hat das von Thomas aufgestellte Axiom: »Der Mangel des einen gereicht zum Guten des anderen.«[16] Die Ursache des Übels ist also das Gute[17], und da Gott der Urheber des Guten ist, hat auch das Übel in ihm seinen Grund. Es ist bedingt durch eine auf wirkenden und gegenwirkenden Kräften aufgebaute Gesamtordnung des Kosmos, in dem zum Beispiel ein Löwe nicht leben kann, ohne daß er ein Schaf frißt. Deshalb ist es nach Thomas ein Gut, daß es das Übel gibt, zwar nicht immer für das Einzelwesen, das vom Übel betroffen wird, aber doch im Hinblick auf das Ganze und dessen Ordnung[18].

Was Thomas vom physischen Übel darlegt, wendet er, wie Augustinus, analog auch auf das moralische Übel an. Eine böse Tat ist niemals total böse. Nie tut ein Mensch das Böse um des Bösen willen, vielmehr strebt er auch in der bösen Tat ein Gut an (zum Beispiel der Dieb das Eigentum). Dennoch ist die böse Tat eine defekte, des geschuldeten Gutseins ermangelnde Handlung.

Von der Sittlichkeit des menschlichen Tuns handelt Thomas im zweiten Teil der »Summa Theologica«, der der Moraltheologie im weitesten Sinn des Wortes gewidmet ist[19]. Stark vereinfacht kann die Lehre des Thomas so wiedergegeben werden: Die sittliche Güte oder Schlechtheit einer menschlichen Tat wird bestimmt durch ihren Gegenstand und durch die Absicht, mit der sie ausgeführt wird. Vom Gegenstand her ist eine Tat gut oder böse, je nachdem sie mit der von Gott gesetzten Ordnung übereinstimmt oder nicht. Diese Übereinstimmung festzustellen ist Sache der Vernunft. Damit aber eine Tat sittlich gut ist, muß zur Übereinstimmung mit der göttlichen Ordnung die richtige Absicht hinzukommen. Auch eine vom Gegenstand her gute Tat (zum Beispiel Almosen geben) kann schlecht werden durch die Absicht, mit der sie ausgeführt wird. Daraus folgt auch, daß jede bewußte und freiwillige Tat des Menschen immer entweder sittlich gut oder böse ist. Mag eine Tat auch, in sich gesehen, sittlich belanglos und indifferent sein (zum Beispiel ein Spaziergang), so kann sie doch in ihrem konkreten Vollzug, insofern sie bewußt und freiwillig geschieht, nur gut oder böse sein, je nach der Absicht, von der sich der Mensch leiten läßt[20].

Sehr nachdrücklich wird von Thomas dabei betont, daß für die sittlich böse Tat, die Sünde, einzig und allein der freie Wille des Menschen verantwortlich ist[21]. Zwar kann der Mensch nach seiner Abkehr von Gott nicht aus eigener Kraft zu ihm zurückkehren, aber er kann sich aus eigenem Vermögen von Gott abwenden. Deshalb kann niemals gesagt werden, Gott sei die Ursache der Sünde. Dennoch liegt es an Gott, daß es Sünde gibt, insofern er eine Welt geschaffen hat, die Sünde hervorbringt. Gewißheit besteht für Thomas darin, daß jede Sünde eine Strafe nach sich zieht. Die gestörte Ordnung rächt sich an dem, der sie gestört hat[22]. Und da diese Ordnung auf Gott zurückgeht, ist er die Letztursache der Strafe.

Was die Frage nach der Ursache (*causa*) der Sünde angeht, so unterscheidet Thomas zwischen Ursachen, die im Inneren des Menschen (Verstand, Wille, sinnliches Begehrungsvermögen), und solchen, die außerhalb des Menschen liegen[23]. Als äußere Ursachen zieht er in Erwägung: Gott, den Teufel und die Menschen. Gott muß als Verursacher der Sünde ausscheiden. Hingegen kommt dem Menschen eine doppelte Ursächlichkeit zu: durch äußere Beeinflussung und durch die Weitergabe der Adamssünde (Erbsünde). Der Teufel schließlich kann die Sünde nicht direkt verursachen, da er keinen Zwang auf den Willen des Menschen ausüben kann. Auch verneint Thomas, daß alle Sünden auf den Einfluß des Teufels zurückzuführen seien. Lediglich indirekt kann der Teufel die Sünde verursachen, indem er den Menschen durch Trübung seiner Vernunft veranlaßt, in die Sünde einzuwilligen. Gleichzeitig bestreitet Thomas in aller Form, daß ein oberstes Böses die Ursache alles Bösen sei, wie ein oberstes Gutes die Ursache alles Guten ist[24].

Die Zurückhaltung, die Thomas hinsichtlich der Beteiligung des Teufels an der menschlichen Sünde übt, ist bemerkenswert, denn bald sollte sich in dieser Frage das Blatt wenden. Auch versagt es sich Thomas im Gegensatz zur späteren Schultheologie, einen direkten Zusammenhang zwischen menschlicher Sünde und Engelsünde herzustellen. Zwar ist auch für Thomas traditionellerweise der Teufel ein gefallener Engel. Während aber die menschliche Sünde im zweiten Teil seiner »Summa« ihren Platz hat (die Sittlichkeit menschlichen Tuns), behandelt er die Engelsünde im ersten Teil, und zwar im Zusammenhang mit der Schöpfung.

Das geschieht nun allerdings in großer Breite[25]. Die Engelsünde ist für Thomas eine so selbstverständliche Gegebenheit, daß er über ihre Faktizität überhaupt nicht diskutiert, sondern nur darüber, worin sie bestanden habe: im Verlangen, Gott gleich zu sein. Sie geschah unmittelbar nach Erschaffung der Engel, erfaßte aber nur eine Minorität des himmlischen Heeres. Anführer dabei war der Teufel, während die von ihm befehligten sündigen Engel zu Dämonen wurden. Wenn Thomas zwischen Teufel und Dämonen grundsätzlich nicht mehr scheidet, folgt er damit einer Tradition, die spätestens seit Beginn des 4. Jahrhunderts bei den Kirchenvätern fest begründet war und bis zu Papst Paul VI. gültig blieb.

Auch über Aufenthaltsort und Tätigkeit der Teufel und Dämonen gibt es bei Thomas keine Zweifel. Einige von ihnen sind schon in der Hölle, wo sie mit dem Quälen der Verdammten beschäftigt sind. Der größere Teil aber hält sich noch im finsteren Luftraum auf, um die Menschen zu versuchen. Erst am Tag des Gerichts werden alle bösen Engel und Menschen gemeinsam in die Hölle verwiesen.

In Thomas' Lehre von der Engelsünde begegnen wir immer wieder
Vorstellungen, die uns von den außerbiblischen jüdischen Apokalypsen her vertraut sind. Sie wurden von den Kirchenvätern übernommen,
von denen viele – wenigstens im 2. und 3. Jahrhundert – das 1. Henochbuch als Heilige Schrift ansahen, obwohl es, wie wir gesehen haben,
keinen Anspruch auf göttliche Offenbarung erheben kann. Es ist deshalb auch nicht verwunderlich, daß Thomas sich zur Begründung
seiner Lehre kaum auf biblische Texte beruft. Seine Gewährsmänner
sind Augustinus, Gregor der Große, Johannes von Damaskus, Anselm
von Canterbury[26]. Als Schriftbelege für Sünde und Sturz des Satans
dienen lediglich Jes 14,12:

> Wie bist du vom Himmel gestürzt,
> du strahlender Morgenstern,

und Ez 28,13:

> In Eden, dem Gottesgarten, warst du,

zwei Sätze, auf die sich schon die Kirchenväter berufen hatten, obwohl
beide mit dem Satan nichts zu tun haben. Denn im ersten wird der
König von Babel, im zweiten der König von Tyrus verspottet. Daß der
Satan viele andere Engel mit sich in die Sünde riß und sie damit zu
seinen Untertanen machte, belegt Thomas mit Mt 25,41:

> Weg von mir, ihr Verfluchten, in das ewige Feuer,
> das dem Teufel und seinen Engeln bereitet ist.

Wenn Thomas sich bei seinen Auslassungen über Teufel und Dämonen
hauptsächlich auf jüdische Legenden stützt, hat das seinen Grund
sicher auch darin, daß ihn dieses Thema nur im Zusammenhang mit der
Engellehre interessiert, nicht aber, wie später die Neuscholastik, im
Kontext des Bösen.

Theologie und Aberglaube

Es wird für die Nachwelt wohl immer ein Rätsel bleiben, daß gleichzeitig mit der Hochblüte der Scholastik, mit Meistern der Theologie wie
Bonaventura, Albert dem Großen, Thomas von Aquin, mit der Grün-
dung der ersten Universitäten (Paris, Bologna, Oxford, Cambridge) in
Lehre und Praxis ein Aberglaube um sich griff, wie ihn die Kirche

weder früher noch später je gekannt hat[27]. Auch Thomas von Aquin rechnete zum Beispiel mit der Teufelsbuhlschaft, jener verhängnisvollen Vorstellung einer geschlechtlichen Vereinigung des Teufels mit Frauen, die eine der Grundlagen des alsbald einsetzenden Hexenwahns bildete. Er fand es auch in Ordnung, daß die Häretiker dem weltlichen Arm zur Vernichtung übergeben würden. Denn Häresie sei schlimmer als Falschmünzerei, die ebenfalls mit dem Tod bestraft werde, argumentierte er[28]. Da nun in der Folgezeit auch Zauberei und Hexerei als Häresie angesehen wurden, konnte man sich bei allen Hexenverfolgungen, Hexenprozessen und Hexenverbrennungen theologisch sehr wohl auf Thomas berufen. Theologie und Aberglaube waren eine unheilvolle Ehe eingegangen.

Zwar versuchte Papst Innozenz III. auf dem mit großem Pomp gefeierten Vierten Laterankonzil (1215), gegen die schlimmsten Auswüchse des Aberglaubens einzuschreiten. Indirekt aber wurde dieser durch das Konzil gefördert und legitimiert, wenn es vorschrieb, die Häretiker sollten von den kirchlichen Instanzen der weltlichen Obrigkeit zur Bestrafung übergeben werden. Zwar sollte die Strafe nach dem Willen des Konzils nur in der Konfiskation der Güter bestehen, in Wirklichkeit aber bedeutete sie sehr oft den Tod durch Verbrennung. Auch dauerte es nicht mehr lange, bis die päpstliche Herrschaft das Aufspüren der Ketzer durch bevollmächtigte Inquisitoren selbst übernahm, die sie dann dem weltlichen Gericht übergaben. Die berüchtigte Inquisition, die die katholische Kirche bis heute schwer belastet, wurde 1231 ins Leben gerufen. Seit Innozenz IV. (1243–1254) war auch die Folter als legitimes Mittel, die Häresie zu bekämpfen, anerkannt.

Die hier nur angedeuteten Ereignisse können zur Erklärung beitragen, wieso wir uns – dreihundert Jahre nach Thomas – bei Martin Luther gleichsam in eine andere Welt versetzt fühlen.

»Die ganze Welt vom Satan besessen« (Luther)

Trotz aller Konzessionen, die Thomas dem Aberglauben seiner Zeit hinsichtlich der Herkunft und Wirksamkeit des Teufels gemacht hatte, war dieser im Gesamtgebäude seiner Lehre über das Böse doch kaum in Erscheinung getreten. Für Luther dagegen sind, wie für die katholische Theologie seit dem 16. Jahrhundert überhaupt, Böses und Teufel zwei untrennbare Größen[29].

Für die Herkunft des Teufels übernahm Luther die längst klassisch gewordene Legende vom Engelsturz, wonach der Teufel ein Engel war, der sich in einer Rebellion von Gott trennte und sein Gegenspieler wurde. Als Motiv für die Engelsünde gibt Luther Hochmut, Undank und Neid an (daß Gott Mensch und nicht Engel wurde)[30]. Es muß verwundern, daß der so leidenschaftlich biblisch denkende Luther in seinen Vorstellungen vom Teufel sich geradezu blind auf unbiblisches Legendengut einließ.

Auf den Teufelsglauben ist letztlich auch das düstere Weltverständnis des Reformators zurückzuführen. Die Welt gilt ihm schlechthin als Bereich des Teufels[31]. Überall, in jeder Zone und Ecke der Welt, übt dieser seine Herrschaft aus.

Ich stelle fest, daß die ganze Welt vom Satan besessen ist,

ruft Luther in einer Predigt aus[32]. Der Teufel ist die Ursache von jederlei physischem und moralischem Übel: von Krankheit und Tod, Unglück und Not, aber auch von Schwärmerei, Angst, Vermessenheit und Verzweiflung. Speziell in der Verachtung des Evangeliums und im Widerstreit gegen die Lehre von der Rechtfertigung aus dem Glauben sieht Luther Beweise für das Wirken des Teufels. Deswegen muß auch das Papsttum – als Verräter am wahren Evangelium – ein Werk des Teufels sein:

So hat der Teufel auch alle Zeit im Alten Testament neben dem Tempel andere Altäre und Stätten aufgerichtet und falsche Propheten dazu erweckt und im Neuen Testament, neben dem heiligen Evangelium, des Papstes und seiner Sekten Lehre aufgebracht, bis daß er allein predigte an allen Orten und das Evangelium unter der Bank liegt[33].

Aber auch hinter den Gegnern im eigenen Lager steckt der Teufel:

Viel Schlimmes hat der Teufel in meiner Hürde angestellt. . . . Allein mit dem Worte muß bekämpft und besiegt werden, was die Unseren mit Gewalt und Ungestüm einzuführen versucht haben. Dazu trieb sie der Teufel[34].

Angesichts dieses allumfassenden Wirkens des Teufels kann es nicht überraschen, daß Luther in ihm auch den Urheber der Sünde sieht. Zwar unterscheidet der Reformator zwischen teuflischen und nichtteuflischen Sünden, je nachdem sie aus Gottesfeindschaft oder aus Schwachheit begangen werden. Das ändert aber nichts daran, daß alle Sünden, auch die nichtteuflischen, grundsätzlich auf den Teufel zurückgehen, zum Beispiel auch die Trunkenheit[35].

Für einen Theologen, der so tief wie Luther von der All- und Alleinwirksamkeit Gottes durchdrungen war, mußte die Anwesenheit des Bösen in der Welt zu einer bedrängenden Anfechtung werden. Einerseits fordert der Glaube – durchaus im Sinn biblisch-alttestamentlichen Denkens –, auch das Böse als von Gott gewollt hinzunehmen, denn wenn Gott es nicht gewollt hätte, wäre es nicht da. Luther kann sich mit der Ausflucht, Gott wolle das Böse nicht, er lasse es nur zu, nicht zufrieden geben. In Saul kam sowohl der gute wie der böse Geist von Gott; eine Erklärung gibt es dafür nicht. Die einzige Antwort auf die Frage: Warum? ist für Luther: *Ipse sic vult*: »Er (Gott) will es so.«[36]

Gleichzeitig ist Luther aber auch bestrebt, Gott von der Verursachung des Bösen zu entlasten oder das Böse wenigstens in den Dienst des Heilswillens Gottes zu stellen. Dabei war für ihn der Teufel ein willkommenes Instrument. Gott will das Böse nicht direkt, indem er dem Menschen befiehlt, es zu tun; vielmehr befiehlt er dem Teufel, den Menschen zu versuchen, und während dies geschieht, zieht sich Gott vom Menschen zurück, so daß dieser dem Teufel nicht Widerstand leisten kann. Diese indirekte Mitwirkung Gottes am Bösen besteht somit in einem doppelten Element: Gott will die Versuchung des Menschen durch den Teufel, und er überläßt ihn beistandslos der Versuchung. Aber auch dabei will Gott die Sünde nicht als Sünde, sondern als Strafe, damit das entgegengesetzte Gute um so heller leuchte[37]. Luther greift damit den augustinischen Gedanken auf, Gott wolle das Böse, um daraus Gutes zu machen[38].

Die Herrschaft, die der Teufel auf diese Weise über den Menschen ausübt, nahm ihren Anfang bei der Sünde Adams. Dabei setzt Luther zwei Akzente. Einerseits betont er die aktive Rolle des Teufels bei der Ursünde, andererseits die Verantwortung des Menschen, der sich durch die Sünde erst die Herrschaft des Teufels zuzog. Auf die Frage aber, warum Gott Adam fallenließ, hat Luther wieder nur die Antwort, Gottes Wille bedürfe keiner Ursache und Begründung[39].

Somit bleibt die Frage nach der Herkunft des Bösen bei Luther letztlich ungelöst. Genauso läßt Luther auch den Widerspruch stehen, daß Christus in seinem Tod den Teufel besiegt und den Menschen von der Herrschaft des Teufels befreit hat, daß dieser aber nach wie vor seine Herrschaft ausübt. Dieser Widerspruch wird auch nicht aufgehoben durch die Einschränkung, der Teufel könne nur regieren, wenn Gott es ihm erlaube[40]. Denn wenn der Teufel an jeder menschlichen Sünde beteiligt ist und die Menschen fortwährend sündigen, erlaubt Gott offenbar dem Teufel fortwährend, seine Herrschaft auszuüben.

Es ist ein gewaltiger Wandel, der sich zwischen dem 12. und dem 16. Jahrhundert im christlichen Denken über das Böse vollzogen hat: zunächst die Bewertung des Bösen als Störung der von Gott eingesetzten Ordnung durch ein im letzten unerklärliches und unbegreifliches Irregehen des menschlichen Willens (Anselm); dann das Böse als positive Komponente zwar nicht im Einzelbereich, aber doch im Gesamtbereich der Schöpfung (Thomas); schließlich die Rückführung alles Übels und aller Sünde auf den Teufel, dem damit eine Allwirksamkeit zuerkannt wird, die in gefährliche Nähe zur Allwirksamkeit Gottes gerät. Wird es der Theologie in den nachfolgenden vierhundert Jahren gelingen, sich aus der Umklammerung dieses unbiblischen Denkens wieder zu befreien?

3. Hexen – eine Verkörperung des Bösen?

Wenn heute von Hexen geredet wird, denkt man unwillkürlich an jenen Typ einer alten, buckligen, knöcherigen Frau, die schlurfend, einen Raben auf der Schulter, einen Besen in der Hand und von einem schwarzen Kater umschnurrt im Märchen ihr Wesen hat. Sie lebt einsam im Wald, und da Kräuter und Beeren auf die Dauer niemandem genügen können, zeigt sie nicht von ungefähr gelegentlich Appetit auf kleine Kinder.

Selten macht man sich klar, daß diese Märchenhexe ein wenn auch verharmlostes und klischeehaftes Abbild jener geschichtlichen Hexe ist, die im 16. und 17. Jahrhundert tausendfach verleumdet und beschimpft, gejagt und zu Tode gefoltert oder auf dem Scheiterhaufen verbrannt wurde[1]. Warum? Nur weil sie eine schrullige, etwas unheimliche Alte war, die mehr wußte als andere und deshalb im Ruf der Zauberei stand? Das hätte wohl kaum ausgereicht, um über ganz Mitteleuropa von Frankreich bis Polen und von der Schweiz bis England einen Kranz von immer wieder auflodernden Scheiterhaufen zu errichten. Der Hexenwahn muß andere Ursachen haben.

Hexe und Zauberei

Um als Hexe verschrieen zu werden, bedurfte es meist nicht viel. Die Verbrechen, deren man sie bezichtigte, waren unzählbar. Grundsätzlich gab es nichts, was eine Hexe nicht hätte tun können. Wurde ein Kind krank, vernichtete ein Unwetter die Ernte, brannte ein Haus ab, ging ein Schiff unter, brach sich jemand ein Bein – sogleich ließ sich eine Frau finden, die eine lange Nase oder einen Buckel hatte, die besonders hübsch oder besonders häßlich, besonders dumm oder besonders klug war oder gar zu viel oder zu wenig in die Kirche ging. Sie wurde verdächtigt, an dem Unglück schuld zu sein, wurde als Hexe an die Öffentlichkeit gezerrt und vor Gericht gestellt. Immer lautete die Anklage auf Zauberei. Die Methoden der Hexen waren das Wettermachen, Giftmischen, Nestelknüpfen, Wachsbildherstellen, Milchmelken und vieles andere mehr.

Zaubern, das heißt die Kräfte der Natur verändern oder aufheben, konnte eine Frau, wenn sie nicht eine wunderwirkende Heilige war, nur mit Hilfe des Teufels. Zwar gab es auch Männer, die zaubern konnten, und auch sie mußten mit dem Teufel im Bund stehen. Aber sie wurden nur angeklagt und verfolgt, wenn sie mit den Hexen gemeinsame Sache machten. Meistens standen sie jedoch in hohem Ansehen und waren nicht selten als Gelehrte an den Höfen von Bischöfen und Fürsten zu finden, zum Beispiel der Abt Trithemius von Sponheim (1462–1516) oder, dreißig Jahre vor ihm, Doktor Faustus. Die Männer hatten sich ihre Zauberkunst durch lebenslange planmäßige Schulung erworben. Und der Teufelspakt, für den man allerdings auf sein Seelenheil verzichten mußte, war eine willkommene Möglichkeit, tiefere, dem Menschen sonst verschlossene Einsichten in die Natur zu bekommen.

Die Frau aber hatte mit Geistigkeit und Intelligenz nichts zu tun. Sie galt als primitiv, kreatürlich und wurde eher mit dem Tier als mit dem Mann verglichen. Primitiv und animalisch mußten deshalb auch ihre Beziehungen zum Bösen sein. Vertrauensselig, neugierig und geil öffnete sie ihm Tür und Tor. Und weil ohnehin die Sexualität als Haupteinflußbereich des Teufels galt, hatte er hier leichtes Spiel. So wurde der Hexe als größtes Verbrechen ihr schändlicher und widernatürlicher Umgang mit dem Teufel zur Last gelegt. Der Teufel nimmt dabei die Gestalt eines Mannes an (*incubus*). Weil jedoch die Dämonen wegen ihrer Immaterialität keinen Samen hervorbringen können, müssen sie ihn sich erst von einem Manne als *succubus* beschaffen. Die so gezeugten Kinder, die sich Thomas von Aquin besonders groß und häßlich dachte[2], verrieten ihre Herkunft durch auffallende Charakterzüge, oder sie waren deformiert und blödsinnig. »Wechselbälge« oder »Teufelskinder« wurden sie genannt[3].

Ein weiteres unverzeihliches Verbrechen der Hexen war ihre Teilnahme am Sabbatfest auf einem Hexentanzplatz oder Berg, wohin sie auf Böcken oder Schweinen (Symboltiere des Teufels) und Besenstielen oder Ofengabeln (phallische Symbole) ritten. Sie benutzten dabei eine Salbe aus den gekochten Gliedern ungetaufter Kinder. Das Fest selbst begann mit einer Verfluchung Gottes und Huldigung an den Teufel, wobei dem Neuling das unauslöschliche Teufelsmal eingebrannt wurde. Daran schloß sich ein ins Satanische verkehrter Beichtritus an, in dem die Hexen dem Teufel bekannten, was sie Böses zu tun unterlassen hatten. Dann wurde die Schwarze Messe gefeiert, die im Aufbau der römischen Meßliturgie entsprach; aber statt des weißen Brotes verwendete man eine aus Kot und Dreck gemischte schwarze Masse. Das anschließende Hexenmahl pervertierte das Agapemahl. Es wurde aus einem Kessel geschöpft, in dem zuvor Kröten, Vipern, Herzen von ungetauften Kindern oder Fleisch von Gehenkten gekocht worden war. Aus den Resten des Mahles wurden die Gifte hergestellt, mit denen die Hexen den Menschen zu schaden sich verpflichteten. Das ganze Treiben endete in sexuellen Orgien.

Juristisch gesehen sind in den beschriebenen Hexenverbrechen mehrere Tatbestände enthalten[4]: Gotteslästerung (*crimen laesae Maiestatis divinae*), weil die Hexe sich mit dem Teufel verbündet und ihn anbetet, Gott dagegen abgeschworen hat; Sodomie, weil die Hexe mit dem Satan, der ja kein Mensch ist, die »Teufelsbuhlschaft« unterhielt; Zauberei, die den Menschen an Leib und Seele schädigt; bei verheirateten Hexen Ehebruch, weil sie mit dem Teufel geschlechtlichen Umgang hatten.

Es ist interessant, daß sich die Vorwürfe, die man den Hexen machte, zum größten Teil mit denen decken, die man vor ihnen gegenüber den Ketzern erhob: sexuelle Freizügigkeit, Homosexualität, Anthropophagie und Teufelsanbetung. Bereits im 12. Jahrhundert waren die Katharer dafür verfolgt und getötet worden. Und auch später, nach den Inquisitionserlassen Gregors IX. vom Jahr 1231, erhob man gegen die Ketzer die gleichen Vorwürfe, folterte und verbrannte sie für die gleichen »Vergehen«. Für die Hexen kam noch erschwerend hinzu, daß sie mit Hilfe des Teufels Schadenzauber begingen.

Teufel und Hexe

Wir stehen fassungslos vor der Tatsache, daß man Hunderttausende, ja Millionen unschuldiger Frauen wegen Verbrechen, die sie gar nicht begangen haben können, grauenhaft folterte und verbrannte. Sie waren

Opfer eines fatalen Irrglaubens geworden. Vieles mußte zusammenkommen, um die Voraussetzungen für einen solchen Massenwahn zu
schaffen[5]. Im politischen, sozialen und kirchlichen Bereich herrschten
Unruhe und Widersprüche. Es war die Zeit der großen Entdeckungen
und des Aufblühens der Künste, der renaissancehaften Sinnlichkeit,
aber auch inhumaner Grausamkeit. Religions- und Bauernkriege verwüsteten Städte und Dörfer, Ketzerverfolgungen verbreiteten Furcht
und Schrecken. Der Mensch, aus dem sicheren Ordnungsgefüge mittelalterlicher Gottesherrschaft herausgebrochen, geriet in Angst und
Unsicherheit. Das Gefühl, in der Endzeit zu leben, die nur vom Teufel
und seinen Dämonen beherrscht sein konnte, war weit verbreitet.

In einer so verworrenen Welt suchte man nicht nur nach neuen
Sinngehalten, man besann sich auch auf die alten Werte, klammerte
sich an alte Gewohnheiten. Längst überholte Kult- und Ausdrucksformen wurden wieder aufgegriffen. Zudem versuchte die Kirche, mit
Macht ihre Autorität wiederherzustellen: keineswegs nur auf dem
Gebiet der kirchlichen Lehre, sondern auch durch Verbote, Freiheitsbeschränkungen, Intoleranz und Härte. Schließlich wurde diese Auseinandersetzung als Entscheidungskampf gegen die dämonischen
Mächte verstanden.

Um die Wirrnisse einer solchen Zeit zu erklären, reichte es nicht
mehr aus, schlicht auf den Teufel zu verweisen, der seine Hand im Spiel
habe. »Der Teufel mußte irdisch konkretisiert werden, mußte in seinen
irdischen Realisationen real erscheinen.«[6] Und da die Frau ohnehin
gesellschaftlich verachtet war und nur als biologisches Wesen Existenzberechtigung hatte, zugleich aber sexuelle Gefährdung bedeutete,
bot sie sich geradezu an, mit dem Teufel im Bund zu stehen und zum
Feindbild stilisiert zu werden, damit man sich an ihr für alle Schrecken
und ungelösten Probleme rächen konnte. Insofern gleichen die Hexenverfolgungen den Judenverfolgungen, in denen sich zweihundert Jahre
vorher alle Aggressionen abreagiert hatten[7].

Hexenhammer

Jedoch hätte auch die allgemeine Geringschätzung der Frau im Bund
mit der Inquisition für die geschilderten Ausmaße des Verderbens
nicht ausgereicht, wenn nicht die Kirche den Teufel ganz groß herausgebracht und bei den Gläubigen die Angst vor ihm kräftig geschürt

hätte. »Die Wende vom 15. zum 16. Jahrhundert war die Zeit des Teufels schlechthin.«[8] Außenseiter wie Juden oder Hexen wären wohl ungeschoren geblieben, hätte man nicht zuvor eine Lehre entwickelt, mit deren Hilfe die Verfolgung begründet und durchgeführt werden konnte. Hier setzt die Schuld der Hexenjäger und die Schuld der Kirche ein.

Die Grundzüge dieser neuen Teufelslehre sind ebenso einfach wie primitiv. Die Welt liegt im argen und wird zusehends schlechter, was allein dem Wirken des Teufels zuzuschreiben ist. Sein raffiniertestes Mittel besteht darin, sich die Frauen sexuell hörig zu machen und sie zu absolutem Gehorsam im Bösen zu zwingen. Und da Gott nicht länger mit ansehen kann, wie seine Schöpfung ins Verderben geführt wird, handelt die Kirche in seinem Auftrag und zu seiner Ehre, wenn sie die Hexen so schnell wie möglich vernichtet.

In zwei Dominikanern, Heinrich Institoris und Jacob Sprenger, hat diese subtile Logik ihre Meister gefunden. Das Buch »Der Hexenhammer« (Malleus maleficarum)[9], das sie als Handreichung für Hexenverfolger schrieben, erreichte zwischen 1487, dem Erscheinungsjahr, und 1609 an die dreißig Auflagen, davon 16 in Deutschland, und rückte damit zum Bestseller auf. Waren bis dahin Hexerei und alle damit zusammenhängenden Phänomene ins Reich der Phantasie verwiesen worden, so wurde jetzt der Teufel zur realen Wirklichkeit. Nun flogen die Hexen tatsächlich zum Sabbatfest und feierten dort ihre Orgien. Warum auch nicht, wo doch Papst Innozenz VIII. in seiner sogenannten Hexenbulle diese Vorstellungen sanktioniert hatte.

Aus den Befragungen der Hexen wissen die beiden Inquisitoren genau, wer der Teufel ist, was er Böses tut, worauf er es abgesehen hat. Ihr eigentliches Ziel ist ja nicht die Vernichtung der Hexen, sondern des Teufels in ihnen. Denn er ist es letztlich, der Menschen und Tiere tötet, Blitz und Hagel auslöst, unachtsame Kinder verunglücken läßt. Seine größte Macht aber hat er

> in den Lenden des Menschen. Denn von allen Kämpfen sind die dort ausgetragenen die härtesten. Dort ist immer Kampf und selten Sieg[10].

Kein Wunder also, daß die sexuellen Beziehungen zwischen Hexe und Teufel von größtem Interesse waren.

Das letzte Ziel des Teufels besteht nach Sprenger und Institoris darin, die Menschen zum Götzendienst zu verführen. Noch immer will der Mensch wie Gott sein. Dazu vollbringt er nicht nur Machttaten, die wie Wunder aussehen, sondern läßt sich anbeten und verlangt, daß man Christus abschwört. Und auch da hat er bei den Frauen leichtes Spiel.

Wenngleich der Teufel nach Meinung der Inquisitoren nur mit der Zulassung Gottes handelt, scheint einer ersprießlichen Zusammenarbeit oder Arbeitsteilung zwischen Gott und Teufel nichts im Wege zu stehen. Gelegentlich gewinnt man sogar den Eindruck, als ob ein eifersüchtiger und beleidigter Gott die Strafe an den Menschen durch den Teufel vollziehen lasse[11]. Von der traditionellen Teufelslehre weichen die Inquisitoren auch ab, wenn sie Teufel und Dämonen mit nordländischen Geistern wie Kobolden, Trollen und Werwölfen gleichsetzen. Die Hauptsache ist, das Böse drastisch genug vor Augen zu führen, damit man gezielt gegen es vorgehen kann. Denn das Böse ist nach der Meinung der Hexenhammerautoren zwar notwendig, um das Gute deutlicher hervortreten zu lassen[12]; trotzdem muß es rücksichtslos ausgerottet werden, da die Vernichtung des einen zur Erhaltung des anderen dient[13]. Mit den biblischen Aussagen über Satan und Dämonen hat ein solcher Irrglaube nichts mehr zu tun, auch wenn die Verfasser des Hexenhammers scholastisch gebildete Theologen waren.

Die Häresie war es also, gegen die die Hexenverfolger mit allen Mitteln vorgingen. Häresie aber berechtigte zu den schwersten Strafen, denn Häretiker und Hexen mußten als Todfeinde behandelt werden. Klerus, Volk und weltliche Justiz waren aufgerufen, sich gegen diesen übermächtigen Feind zusammenzuschließen. Im Sinne der Inquisitoren war die Hexenjagd kein Zugeständnis an irrationale Mächte, sondern der Versuch, auf rationalem Weg und ganz konkret das Böse in den Griff zu bekommen.

Hexenprozesse

Das bedeutet jedoch nicht, daß die Logik im konkreten Fall nicht doch merkwürdige Purzelbäume schlug. Jedenfalls waren die Hexenprozesse, bei denen die Schuld der Beklagten in der Regel zu Beginn bereits feststand, alles andere als faire Verfahren. In der Praxis sah das etwa so aus: Leugnete die Angeklagte, jemals von Hexen gehört zu haben, war sie eine Hexe, denn jedermann wußte, daß es Hexen gab; sie wurden ja überall verbrannt. Außerdem wäre es unnatürlich gewesen, wenn die Beklagte sich nicht dafür interessiert hätte, denn Frauen sind von Natur aus neugierig. Gegen die Natur zu handeln galt jedoch von vornherein als Beweis dafür, daß sie eine Hexe war. Gab sie aber zu, von Hexen zu wissen, schloß sich ein Gespinst von Suggestivfragen an, aus dem es kein Entrinnen gab. Was sie auch antwortete, immer war sie schuldig. Selten kam eine Angeklagte lebend davon.

Eine Fülle von diabolischen Praktiken ließ die Kläger leicht ihr Ziel erreichen. Fand man bei der Angeklagten ein verdächtiges Zeichen, etwa eine Warze, eine Narbe oder ein Muttermal, so war das das Hexenzeichen (*stigma diabolicum*) – offenbar hielt man den Teufel für dumm genug, seine Geliebte zu verraten. Dann wurde die Nadelprobe gemacht: Der Scharfrichter stach mit einer Stecknadel in die auffällige Körperstelle. Ließ die Verdächtige keinen Schmerz erkennen, hatte man das Teufelsmal gefunden. Reagierte sie normal, tröstete man sich damit, daß der Teufel nur zweifelhaften Anhängern sein Zeichen aufdrücke, daß er die, welche ihm sicher waren, aber ungezeichnet lasse. Die gleiche Logik bestimmte den Gebrauch der Folter. Hatte die Hexe nicht vorher schon gestanden, mußte sie offenbar an der Folter Gefallen finden und begierig sein, für Satan zu leiden.

Immer stand von vornherein fest, daß die Denunzierte oder Angeklagte eine Hexe sei. Unter dieser Voraussetzung ließen sich alle Details, auch die widersprüchlichen, mühelos zusammenreimen. Der anschließende Prozeß diente lediglich dazu, auch vor aller Öffentlichkeit die Angeklagte als Hexe zu erweisen. Man hatte einen Feind gefunden, und der mußte vernichtet werden. Die Verurteilte hatte keine Chance, die ihr zugeteilte Rolle als Hexe loszuwerden.

Das System, zu dem auch Richter, Denunzianten und Publikum ihren nicht unerheblichen Beitrag leisteten, funktionierte so perfekt, daß sehr viele der Beschuldigten glaubten, sie seien zu Recht angeklagt. Der Ernst und die Überzeugung, mit denen Inquisitoren und Richter die Untersuchung führten und damit zum Ausdruck brachten, daß sie selbst an die Realität aller Vorwürfe und Verbrechen glaubten, teilte sich den Frauen mit, so daß sie fürchteten, dem Teufel anheimgefallen zu sein, ohne es gemerkt zu haben. Nur so ist überhaupt verständlich, daß Frauen, nach langer, mühseliger Reise zur Hexenwaage im holländischen Ort Oudewater, im letzten Augenblick von der Angst gepackt wurden, die Wiegeprobe nicht zu bestehen, und unverrichteter Dinge wegliefen[14]. Denn wenn je die Waage kein Gewicht anzeigte, dann waren sie als Hexen überführt, weil eine Hexe nichts wiegen durfte.

Von dem Ausmaß des Massenwahns, der sich in den Hexenverfolgungen äußerte, zeugt schließlich auch die Tatsache, daß in diese Zeit die größten Besessenheitsepidemien fallen. Offenbar ließen sich die Methoden in der Behandlung von Hexen und Besessenen austauschen. Man exorzierte Hexen und mißhandelte Besessene[15]. Beides sollte ja dazu dienen, die Menschen vom Teufel zu befreien. Daß der Exorzist den Patienten tritt, schlägt, anspuckt, ohrfeigt, wird in den Protokollen häufig erwähnt. Und es ist konsequent, wenn die Folterung der Hexe mit dem Exorzismus Besessener verglichen wird. Da der Exorzismus häufig unwirksam war, suchten Sprenger und Institoris die Ursache der Besessenheit in einer Verhexung[16]. Zumindest für die beiden Verfasser des Hexenhammers stellt sich die Hexenverfolgung letztlich als ein massiver Exorzismus dar.

Hexenjagd als sexual-pathologische Kompensation

Nicht an den Zeitläuften, nicht an den Krisen und Problemen des mittelalterlichen Lebens sind die Hexen letztlich zugrunde gegangen, so sehr diese das Ihre dazu beigetragen haben, sondern an dem fanatischen Teufelsglauben der Inquisitoren, der von der Autorität des Papstes nachhaltig unterstützt wurde.

Jedoch kommen noch andere Faktoren ins Spiel. Aus psychologischer Sicht sind die Hexenjagden als Manifestation eines sexual-pathologischen Verhaltens zu deuten, und zwar nicht auf seiten der Hexen, sondern auf seiten ihrer Verfolger. Für die sexuellen Wünsche, die dem Christen und speziell dem zölibatären Priester verboten waren, leisteten die wirklichen oder nur eingebildeten Orgien, Perversitäten und Obszönitäten der Hexen eine gewisse Ersatzbefriedigung. Nicht umsonst beziehen sich fast alle Fragen des Hexenhammers auf den sexuellen Bereich. Mit sichtlichem Wohlgefallen wird zum Beispiel zehn Seiten lang »Über die Art, wie sie die männlichen Glieder wegzuhexen pflegen« gesprochen[17], und »Ob die Hexen die Zeugungskraft oder den Liebesgenuß verhindern können«[18], ist für die Verfasser ein ernstes Problem. Das Unheimliche und Unnatürliche an den verdächtigten Frauen war ja, daß sie ihr Leben selbst in die Hand genommen hatten, daß sie meistens ohne Männer lebten oder sich von ihnen abgewandt hatten, stolz und – heute würden wir sagen – emanzipiert. Das aber paßte nicht recht zum Bild, das die Moraltheologie von der Frau entworfen hatte, daß sie nämlich schwach und leicht verführbar sei. Weil diese moralische Vorstellung jedoch unbedingt stimmen mußte, eine Frau also, abgesehen von der Nonne, gar nicht ohne geschlechtlichen Umgang leben konnte, gab es keine andere Lösung, als daß die Frau mit dem Teufel verkehren mußte, denn »der Teufel ist immer potent«[19], im Unterschied zu den Mönchen, die nicht (sexuell) potent sein durften und deshalb ihre Potenz in der Vernichtung der gefürchteten und gehaßten Frau um so machtvoller zeigten. Psychologisch gesehen, bedeuten der Kampf und die Bestrafung der sinnlichen Hexen für die Mönche nichts anderes als den Kampf gegen die eigene Sinnlichkeit. Wie anders wäre es zu erklären, daß sich alle Hexenbücher in der anschaulichen Ausmalung der gefährlichen Sexualverbrechen der Hexen einig sind. Sadistische Züge, Lust am Quälen anderer sind zweifellos mit im Spiel. Die Verdrängung der eigenen Sinnlichkeit machte sich Luft im Haß gegen die sinnliche Frau. Jeder brennende Scheiterhaufen bedeutete einen Triumph über die eigene Natur und heizte zu neuen Taten an.

Offenbar war es den Beteiligten nicht möglich, ein normales Verhältnis zur Frau zu gewinnen. Auf der einen Seite wurde sie verteufelt, so etwa, wenn im Hexenhammer die unersättliche Geilheit der Frauen mit einem Zitat aus dem biblischen Buch der Sprüche (30,15 f.) abgesichert wird. Da heißt es:

> Dreierlei ist unersättlich, und das vierte, das niemals spricht: es ist genug: nämlich die weibliche Scheide[20].

Dabei scheint es die Verfasser wenig zu kümmern, daß der Text vom »unfruchtbaren Mutterschoß« spricht und damit auf die gefürchtete Verachtung der kinderlosen Frau im alten Israel zielt. Auf der anderen Seite wurde die Frau idealisiert. Zu keiner Zeit war der Ansturm auf die Frauenklöster so groß. Die Nonne wurde zur »Braut Christi« deklariert (während die Hexe ihre obszöne Teufelsbuhlschaft pflegte), Jesus wurde zum »Seelenbräutigam« selbst für Männer, Maria zum Idol schlechthin. Im Gefolge Satans verkörperte die Hexe das dunkle weibliche Prinzip, während Maria – entsinnlicht, rein und unbefleckt empfangen, ohne Tod in himmlische Sphären entrückt – zur Himmelskönigin emporstieg. Die Unterdrückung der Frau in der Hexe kompensierte die Kirche mit der Erhöhung der (Jung-) Frau in Maria: »[Das Weib] hat für den Madonnenkult durch den Hexenwahn gebüßt.«[21]

Pervertierung der Natur

Ein zweiter Grund, weshalb die Hexe unheimlich war und bekämpft werden mußte, lag in ihrer Art, mit den Dingen der Natur umzugehen. Ursprünglich war ja die Hexe keine unbeliebte Figur in der Gedankenwelt der noch stark erd- und naturverbundenen Menschen des frühen Mittelalters gewesen. Man glaubte, sie reite durch die Lüfte, mache das Wetter, mische Kräutertränke und nehme an Gelagen teil, die der wilde Jäger abhielt. Schließlich war es bis ins 15. Jahrhundert die Frau, die den Beruf des Mediziners ausübte[22]. Sie kannte die Heilkräuter, war geschickt in der Pflege, leistete Hilfe bei der Geburt. Durch ihre starken biologischen Bindungen stand sie der Natur viel näher als der Mann. Im alten Israel wie auch bei den Germanen wurde sie deshalb auch mit den Naturdämonen in Verbindung gebracht. Es war naheliegend, in ihren Kenntnissen und Fähigkeiten etwas Übermenschliches zu sehen. Aber erst als die von der Kirche provozierte Dämonenfurcht wuchs, rückten Heilkraft und Zauberkraft der Hexe so eng zusammen, daß man ihr schließlich nicht mehr Hilfe, sondern nur noch schadenbringenden Zauber zuschrieb. Daß sie sich um Frauenleiden kümmerte, Abtreibungen vornahm, empfängnisverhütende Mittel gab, mußte den Klerus auf den Plan rufen. Er war ausgeschlossen aus dieser Welt der Frau. Und so war es ihm unheimlich, daß diese Frau, auch wenn sie ein normales Leben führte, sich immer wieder in Bereiche zurückzog, in die der Mann keinen Einblick hatte.

Der Kirche gelang es nicht, die umfassende Bejahung der Natur in die christliche Lehre zu integrieren. Besonders in der Zeit des aufkommenden Humanismus, der fortschreitenden Naturerforschung und der Umformung der Frauenheilkunst in eine neue ärztliche Wissenschaft, als deren Begründer Paracelsus (1493–1541) anzusehen ist, mußte die »vorwissenschaftliche« Naturverbundenheit der Frau in totalen Mißkredit geraten. Sie ragte gleichsam als Relikt in die neue Welt hinein. In ihr stand die irrationale Natur der rationalen Vernunft gegenüber.

Natürlich waren es in erster Linie wieder die Inquisitoren, die gegen diese Frauen vorgingen. Man machte sie für alle Störungen der Weltordnung verantwortlich, für Katastrophen, Krankheit und Tod, Unfruchtbarkeit und Impotenz. Alles, was nach dem primitiven Verständnis der Inquisitoren nicht in den Heilsplan Gottes paßte und nicht rational erklärt werden konnte, wurde den Frauen zur Last gelegt. Kinderschlachten und Hexentanz, in denen die Perversion von Moral und Ordnung in den Augen der Ankläger kulminierte, stehen in den Anklagen an oberster Stelle.

Ob nun pervertierte Geschlechtlichkeit oder pervertierte Naturordnung, beides gehörte für die Ankläger eng zusammen und mußte aufs strengste geahndet werden. Das heißt: Jede Hexe war zu eliminieren. Die theologische Begründung dafür lieferte die Kirche mit ihrer Teufelslehre. Wäre der Teufel nicht zu einer überdimensionalen Gestalt aufgebaut worden, hätte ein derartiger Vernichtungsapparat nicht in Bewegung gesetzt werden können, hätte die Säuberungswelle beim von der Teufelsangst geplagten Volk nicht diesen Widerhall gefunden. So aber wurde der Scheiterhaufen zum einfachsten und zugleich wirkungsvollsten Mittel der Krisenbewältigung.

4. Besessenheit – eine Manifestation des Bösen?

Der Fall Klingenberg ist noch frisch im Gedächtnis: Im kleinen Frankenstädtchen war die Studentin Anneliese Michel, die wegen einer psychischen Erkrankung schon mehrfach in ärztlicher Behandlung gewesen war, von einem Salvatorianerpater exorziert worden und darüber gestorben. Der angeblich größte Experte der katholischen Kirche in Exorzismusfragen, der Jesuit Adolf Rodewyk, hatte den Verdacht auf Besessenheit bei dem jungen Mädchen bestätigt, der Würzburger Bischof die notwendige Erlaubnis zum Exorzismus erteilt, und über vierzig Tonbänder berichten von den Zusammenkünften der Studentin mit dem Pater. Trotzdem ließen die Dämonen von ihrem Opfer nicht ab, erst der Tod brachte Erlösung[1].

Die Ereignisse von Klingenberg lösten in der Öffentlichkeit ein heftiges Echo aus. Es überwogen die kritischen Stimmen, die darin einen Anachronismus und eine Rechtsanmaßung der Kirche sahen; es gab aber auch, vor allem im Lager der Traditionalisten, Zustimmung, verbunden mit der Forderung, auch in Zukunft an der alten Besessenheitslehre und damit an der Exorzismuspraxis festzuhalten. Wer hat nun recht, die Ankläger oder die Verteidiger?

Rausch und Ekstase

Der Glaube, daß ein Gott oder Dämon vom Menschen Besitz ergreifen kann, indem er seine physischen und psychischen Aktivitäten übernimmt und ihn auf diese Weise sich selbst entfremdet, begegnet in irgendeiner Form in jeder Kultur[2]. Dieses Heraustreten aus der psychischen Normallage kann von einem guten oder einem bösen Geist verursacht sein. Die bekanntesten positiven Formen von Besessenheit sind Enthusiasmus und Ekstase. So waren die Bakchantinnen, wenn sie durch Wälder und Berge schwärmten, von ihrem Gott Bakchos besessen, Pythia von Apollon, und dieses Erfülltsein von ihrem Gott befähigte sie zu höchster religiöser Produktivität. Auch die Propheten Israels sind, besonders in der Frühzeit, nicht ohne ekstatische oder enthusiastische Züge denkbar. Sie traten in Gruppen auf, wohnten gemeinsam in Prophetenhäusern, durchzogen die Lande, und wenn der Geist Gottes über sie kam, gerieten sie in Verzückung. So wird Saul auf der Suche nach den Eselinnen zum Zeichen seiner Auserwählung in den Strudel einer solchen Prophetengruppe gezogen,

> und der Geist Gottes kam über ihn,
> und er geriet in Verzückung unter ihnen,
> so daß die Leute verwundert fragten:
> Ist auch Saul unter den Propheten? (1 Sam 10,10 f.)

Und als Saul später den flüchtigen David aus dem Prophetenhaus in Rama, wo er sich versteckt hielt, holen lassen will, widerfährt es drei Gruppen von Boten und schließlich ihm selbst, daß der Geist Gottes über sie kommt und daß sie – wie die Propheten – in Verzückung geraten, so daß David inzwischen fliehen kann (1 Sam 19,19–20,1). Ähnlich wie die Bakchantinnen traten auch diese Propheten in Gruppen auf, durchschwärmten die Gegend mit Musik und Tanz und gerieten in Rauschzustände. Ähnliches wird von Saul berichtet:

> Und auch er zog seine Kleider aus,
> und auch er war in Verzückung vor Samuel
> und lag nackt da jenen ganzen Tag
> und die ganze Nacht (1 Sam 19,24).

Der Verursacher dieser »Besessenheit« ist der Geist Gottes.

In anderen Fällen, etwa beim Schamanentum oder im nordäthiopischen Zarkult[3], wird die »Besessenheit«, das heißt ein rauschhafter oder ekstatischer Zustand, auf den Einfluß eines bösen oder zumindest aggressiven Dämons zurückgeführt. Da diese Arten von Besessenheit in Zeiten einer inneren Krise oder besonderen Labilität des Menschen aufzutreten pflegen, sind sie als Ausdruck der Erfahrung einer physischen oder psychischen Bedrohung zu verstehen. Mit Hilfe einer Gruppe Gleichgesinnter oder durch strenge Disziplin gelingt es, den Dämon in die Person zu integrieren und damit die drohende Erkrankung der Psyche zu bewältigen. Beim Schamanen erwächst daraus sogar die Fähigkeit, seine eigenen Erfahrungen in den Dienst der Gemeinschaft zu stellen.

Dämonische Besessenheit

Anders im Christentum. Zwar kannten auch die frühchristlichen Gemeinden neben dem Beten und Singen »mit dem Verstand« ein Beten und Singen »mit dem Geist«: ein ekstatisches, in fremdartiger Sprache sich artikulierendes Beten (1 Kor 14,14–16), was durchaus an die Verzückung der alttestamentlichen Propheten erinnert. Und die Mystik als totales Ergriffensein des Menschen durch Gott war nicht erst eine Erscheinung des Mittelalters. Sie ist schon den Kirchenvätern vertraut, die oft von Verzückung, Ekstase, »nüchterner Trunkenheit« (*sobria ebrietas*) sprechen[4]. »Dämonische« Besessenheit aber ist im Christentum immer mit einem negativen Vorzeichen versehen. Das wird schon aus der Terminologie deutlich. Aus dem ursprünglichen ἐπορκίζειν, dem Herbeirufen göttlicher Mächte, ist ein ἐξορκίζειν, ein »Herausschwören«, geworden. Und das kann auch gar nicht anders sein. Denn nach christlichem Verständnis ist Besessenheit nicht von mißgünstigen Geistern verstorbener Ahnen oder von Schadensdämonen, sondern vom Teufel verursacht. Der Teufel aber gilt als der Widersacher und Menschenfeind schlechthin. Dabei ist es nunmehr gleichgültig, ob man den bösen Geist Teufel oder Dämon nennt; die Unterscheidung beider Begriffe, die im Neuen Testament fast immer beachtet wird[5], war schon bei den Kirchenvätern mehr und mehr verwischt worden. Man spricht zwar von »dämonischer« Besessenheit, meint mit dem Dämon aber den Teufel.

Nach kirchlicher Auffassung legt der Teufel alles darauf an, den Menschen zu verführen und zu quälen, um ihn derselben ewigen Verdammnis zuzuführen, in die er selbst nach seinem Hochmutsanfall von Gott gestürzt wurde. Der denkbar stärkste Angriff des Teufels auf den Menschen ist die totale Inbesitznahme: Der Teufel nistet sich als zweite Person im Menschen ein und macht ihn zu seinem willenlosen Werkzeug. Hochgradige Erregungszustände, Starrheit und Bewußtlosigkeit, Toben, Grimassen und Schreien als Reaktion auf geweihte Gegenstände, kurz: alle Symptome der Besessenheit werden als Aktionen des Teufels gedeutet. Der oder die Teufel sprechen auch aus ihrem

Opfer, kommentieren den Ablauf des Geschehens, nennen Bedingungen sowie Ort und Zeit ihres Ausfahrens. Ebenso machen sie theologische Aussagen über Himmel und Hölle, geben den Grund ihrer Anwesenheit an, offenbaren ihren Namen und ihre Stellung innerhalb der Hierarchie der bösen Geister und ergehen sich vor allem immer wieder in unflätigen Beschimpfungen von allem Heiligen. Nie hat es dabei die Theologen irritiert, daß die Dämonen oder Teufel ihre bösen Aktionen am Niveau ihres jeweiligen Opfers orientieren, angefangen vom Dialekt, in dem sie sprechen, bis zum Inhalt ihrer Äußerungen, die, da es sich meist um einfache Frauen handelt, oft von erstaunlicher Primitivität sind und der von den Theologen immer wieder hervorgehobenen Intelligenz des Teufels ein schlechtes Zeugnis ausstellen.

Das Rituale Romanum

Um der drohenden Gefahr einer Besessenheitsepidemie und eines überhandnehmenden Mißbrauchs zu begegnen, hat die Kirche 1614 im Rituale Romanum zur Feststellung von teuflischer Besessenheit drei Kriterien aufgestellt, die alle auf den konkreten Fall anwendbar sein müssen: das Reden und Verstehen fremder Sprachen (Glossolalie), das Wissen von Verborgenem und Entferntem sowie die Entfaltung von Kräften, die die menschliche Natur übersteigen. Heute werden alle drei Kriterien dem engsten Bereich der Parapsychologie zugeordnet und sind dort als »Telepathie« (Kriterium 2) und »Psychokinese« (Kriterium 3) bekannt[6]. Die Phänomene sind dabei weitgehend die gleichen. Von fliegenden Gegenständen, aufspringenden Türen, sich verrückenden Schränken und zerreißenden Kleidern wissen die Parapsychologen genauso zu berichten wie die Besessenheitsprotokolle, und die Möglichkeit des »Hellsehens« wird heute eigentlich von niemandem mehr bestritten. Die entscheidende Frage ist nur, wie man diese Phänomene zu deuten hat.

Zunächst einmal sind grundsätzliche Bedenken anzumelden an der Glaubwürdigkeit vieler vorliegender Berichte über Besessenheitsfälle. Ganz abgesehen von nachweislichen Manipulationen sind der Phantasie und Beeinflussung durch Suggestion Tür und Tor geöffnet, etwa beim Heraushören fremder Sprachbrocken aus dem allgemeinen Gestammel oder Schreien des Besessenen. Eben dies haben die vorgelegten Tonbänder zur Genüge gezeigt. Selbst Rodewyk war nicht in der Lage, die englischen Sprachkenntnisse der Krankenschwester, die er exorzierte, glaubwürdig zu belegen[7]. In vielen Fällen ist Glossolalie nichts weiter als eine lautliche Imitation oder Reproduktion früher aufgefangener Sprachbrocken. Immerhin rechnet der Parapsychologe H. Bender mit der Möglichkeit, daß das Verstehen fremder Sprachen telepathisch vom Exorzisten »abgezapft« sei[8]. Dasselbe gilt von jedem anderen die Person des Besessenen übersteigenden Wissen (»Hellsehen«). Daß es eine Übertragung seelischer Vorgänge unter Ausschluß der Sinnesorgane gibt, ist heute unbestritten.

Das dritte Kriterium für »Besessenheit«, die Psychokinese, besteht in der Fähigkeit der menschlichen Psyche, auf Materie einzuwirken. Auch wenn man sich diese Vorgänge noch nicht erklären kann, ist so viel sicher, daß bei entsprechend sensiblen Menschen Energien freigesetzt werden können, die Raum und Zeit überschreiten. Und mit Hilfe solcher Energien sind diese Menschen in der Lage, sich auch ihrer innerpsychischen Konflikte zu entledigen[9]. Das geschieht dann durch Störaktionen in Form von Spuk und Polterei, wie sie auch aus dem Leben von Heiligen berichtet werden.

Zur Zeit, als die drei Besessenheitskriterien von der Kirche festgelegt wurden, galten alle diese Phänomene als übernatürlich. Während man sie jedoch bei den »Wundern« der Heiligen auf das Wirken Gottes zurückführte und als Gnadenerweis und »Zeichen« verstand, machte man bei den »Besessenen« den Teufel dafür verantwortlich. Was man sich nicht erklären konnte, mußte dämonischen Ursprungs sein. Obwohl also die Phänomene, die das Rituale Romanum als Kriterien der Besessenheit nennt, nichts mit dem Bösen zu tun haben, wurden sie von den Theologen in diesem Kontext negativ gedeutet. Dem heutigen Stand des Wissens entspricht es eher, Hellsehen, Telepathie, Psychokinese und ähnliches nicht dämonisch bedingt, sondern psychogen zu erklären.

Exorzismus

Es ist selbstverständlich, daß die kirchliche Praxis diese die menschliche Persönlichkeit zerstörenden Dämonen oder Teufel möglichst schnell und auf jede Weise zu vertreiben sucht. Andere Möglichkeiten, etwa Besänftigung, Anerkennung, Genugtuung, Konzessionen an den

Geist oder gar seine Integration in die eigene Persönlichkeit, werden im Unterschied zu ähnlichen Phänomenen in anderen Kulturen von vornherein ausgeschlossen. Das einzige Mittel, das die Kirche besitzt, um den Besessenen zu heilen, ist der Exorzismus. Es ist jener von der Kirche sanktionierte Prozeß, der durch Gebete und Beschwörungen den Geist zu zwingen sucht, sein Opfer freizugeben und zu verlassen. Der vom zuständigen Bischof beauftragte Exorzist eröffnet einen Zweikampf mit dem Teufel, in dem es um Leben und Tod geht. Er setzt alle ihm zu Gebote stehenden Mittel wie Kreuz, Reliquien, Weihwasser, ja sogar die Eucharistie ein, um über »den Bösen« Herr zu werden. Und er ist verpflichtet, die Beschwörungen so lange auszudehnen, bis er eine Besserung des Zustandes feststellen kann. Kein einziger Fall ist bekannt geworden, in dem eine einmalige Beschwörung ausgereicht hätte – Gott scheint so ohnmächtig zu sein, daß ein Wort in seinem Namen nicht genügt. Auch wenn es schwerfällt, die Vielzahl der Exorzismen theologisch zu erklären, Tatsache ist jedenfalls, daß die Priester oft stundenlang und über Jahre hin exorzierten. Der durch den Besessenheitsfall in Möttlingen bekannt gewordene evangelische Pfarrer Blumhardt exorzierte seine Besessene, die Gottliebin Dittus, wiederholt etliche Stunden ohne Erfolg. Wie oft und wie viele Teufel Rodewyk aus der Trierer Krankenschwester Magda, durch die er zum Besessenheitsexperten der katholischen Kirche geworden ist, ausgetrieben hat, ist gar nicht zu zählen. Und auch Anneliese Michel wurde monatelang exorziert, bis sie schließlich starb.

Für unseren Zusammenhang besonders aufschlußreich sind die Beschwörungsformeln. Wie beim Gebet Gott angeredet wird, so hier der Teufel:

> Ich beschwöre dich, alte Schlange, bei dem Richter über Lebende und Tote . . ., daß du von diesem Diener Gottes, der in den Schoß der Kirche zurückkehrt, voller Furcht mitsamt dem Heer deines Schreckens eilends weichest.

Und dann jagen sich die Befehle: »weiche«, »weiche also«, »erzittere«, »glaube nicht, du könntest dich widersetzen«. Und es häufen sich die Beschimpfungen: »du Übertreter der Gebote«, »du Verführer«, »du Feind«, »du Verfolger«, »du Grauenhaftester«, »du nichtsnutziger Drache«.

Es entspricht deshalb nicht den Tatsachen, wenn in der nach dem

Tod der Anneliese Michel vom Würzburger Bischof herausgegebenen »Erklärung« gesagt wird:

> Exorzismus ist nichts anderes als das Gebet der Kirche im Namen Jesu für einen Menschen, der seiner selbst nicht mehr mächtig ist, sich ausgeliefert fühlt, sogar selbst nicht mehr beten kann. Wer den Exorzismus anders versteht oder ihn anders vollzieht, steht gegen das Glaubensbekenntnis der Kirche[10].

So erfreulich diese Wendung im Denken der Kirche auch ist, so bezeugt das zuletzt 1952 herausgegebene Rituale Romanum doch, daß der Exorzismus durch Jahrhunderte hindurch anders verstanden wurde[11].

Wie aber kann Gott zulassen, daß ein Mensch dergestalt vom Bösen überwältigt wird? Um Gott zu entlasten, wälzen die Theologen die Schuld auf den Menschen ab: Besessenheit ist eine Sündenstrafe. Da ist zunächst die »Ursünde«, die, wie für alle übrigen Übel in der Welt, auch für die Besessenheit haftbar gemacht wird[12]. Nun ist aber die traditionelle Erbsündenlehre in letzter Zeit ins Wanken geraten, und jedenfalls herrscht Übereinstimmung darüber, daß Krankheit und Tod ihre Ursache nicht in der Sünde haben, sondern in der Natur des Menschen begründet sind. Somit legen sich auch für die Besessenheitssymptome natürliche Erklärungen nahe.

Aber selbst bei einem Rekurs auf die »Ursünde« bleibt immer noch die Frage, warum gerade dieser oder jener Mensch von der Besessenheit befallen wird. Hier nun verweisen die Experten auf eine persönliche Schuld. Besessenheit kann zum Beispiel Strafe sein für die Übertretung eines der zehn Gebote oder für den unwürdigen Empfang der Eucharistie, kann aber auch in einer Verfluchung – sie wurde in Ermanglung eines anderen ersichtlichen Grundes bei Anneliese Michel in Klingenberg angenommen – oder in einem Teufelspakt begründet sein.

Da jedoch die Annahme einer persönlichen Schuld manchen Theologen offenbar zu anmaßend erschien, wollten sie in der Besessenheit überdies ein Mittel zur Besserung des Sünders oder, wenn schon nichts Negatives vorlag, zur Läuterung des Gerechten erkennen. Manche Theologen glauben außerdem, die Besessenheit solle zur Aufdeckung der Bosheit des Teufels dienen und die Überlegenheit Gottes offenbaren. Zwar stellt sich Rodewyk selbst die Frage, wie Gott etwas so

Schreckliches zulassen könne. Aber seine Antwort ist blanker Zynismus:

> Weil Gott auch das Böse zum Guten wenden kann . . ., denn die
> Leiden dieser Zeit sind nicht zu vergleichen mit der künftigen
> Herrlichkeit[13].

Einfacher macht es sich die Schultheologie, wenn sie lehrt, Krankheit und Elend ganz allgemein seien vom Teufel verursacht, in der Besessenheit exponierten sich diese nur besonders stark. Man dürfe deshalb Krankheit und Besessenheit nicht in einen Gegensatz zueinander bringen, denn beide seien, wenn auch an verschiedenen Punkten, »Äußerungen der großen durch den Teufel und die Sünde in die Welt gekommenen Unordnung«[14]. Wenn nun aber auch die normalen Abläufe in Natur und Geschichte einer auf das Böse gerichteten Einwirkung dämonischer Kräfte unterliegen und die Dämonen überall am Werke sind, erübrigt sich eine Unterscheidung von Krankheit und Besessenheit, eine Diagnose oder Definition. Wiederum sind wir mit einem magischen Weltverständnis konfrontiert, das heute auch innertheologisch ausgespielt hat.

Verteufelung

Der nicht »aufgeklärte« Mensch neigt dazu, alles, was sich in der Welt nicht erklären läßt, der Einwirkung böser Geister oder Dämonen zuzuschreiben. Naturkatastrophen, Unwetter, Unglück, Schicksalsschläge und verlorene Kriege gehören ebenso dazu wie Krankheiten, vor allem solche, deren Ursache man sich nicht erklären kann. Wenn es sich dann auch noch um »Geisteskrankheiten« handelt wie zum Beispiel Epilepsie, wobei der Kranke von Anfällen, Krämpfen, Toben und Schreien geschüttelt wird, oder Schizophrenie, wobei eine zweite Person in dem Kranken zu existieren und aus ihm zu sprechen scheint, oder Hysterie, wobei der Leidende sein ganzes Elend nach außen zur Schau stellt, dann fühlt sich der betroffene Mensch hilflos und in seiner Hilflosigkeit bedroht. Als Verursacher dieser Bedrohung bieten sich Dämonen und im christlichen Bereich der menschenfeindliche Teufel an.

Hinzu kommt, daß der Mensch allem Fremdartigen und Unbekannten grundsätzlich mißtraut, weil er sich davon attackiert und in Frage gestellt fühlt. Als Reaktion sucht er das Fremdartige aus seinem Gesichtskreis zu entfernen, gleich, ob es sich um eine Rasse wie die Juden oder um eine soziale Gruppe wie Gastarbeiter oder Flüchtlinge handelt. Das Andersartige wird eliminiert oder verteufelt.

Besonders charakteristisch ist diese Haltung für das Christentum. Wer zu den Sündern oder Häretikern »abfällt«, wird exkommuniziert, ausgeschlossen aus der Gemeinschaft der Gesunden und Guten. Wie die Heiligen ins Heilige ausziehen, so werden die Sünden und die Sünder dem Teufel überlassen. Denn der Teufel ist an allem Bösen schuld, an Krankheit, Elend, Leid und Tod, an Sünde und Verbrechen, am Verfall der Sitten – die ganze Weltsicht wird von ihm bestimmt. Gleichzeitig aber versucht man, dieses Böse dadurch zu bannen und zu bewältigen, daß man es eliminiert, und zwar, da man ja nun den Feind kennt, durch Exorzismen. Diese können verschiedene Gestalt annehmen. Ihre massivste und sinnfälligste Spielart ist der Exorzismus an Besessenen, durch den allerdings noch nie ein Mensch geheilt worden ist.

Atheismus und Besessenheit

In welchem Maß Exorzismus und Besessenheit im christlichen Raum auf theologischen Prämissen beruhen und ausschließlich in einem religiösen Kontext zu verstehen sind, ergibt sich aus der Tatsache, daß, soviel wir wissen, niemals ein Atheist vom Teufel besessen war. Auch daß es fast immer Frauen sind, in die die Teufel einfahren, muß zur Verwunderung Anlaß geben.

Die Krankheitssymptome sind grundsätzlich sicher überall die gleichen, aber bei der Erklärung und der Therapie beschreitet man verschiedene Wege. In der dämonischen Besessenheit, an der die katholische Kirche auch heute noch festhält, sieht der Psychologe eher eine religiös bedingte Interpretation von Störungen der geistig-psychischen Personstruktur. Dabei spielen natürlich auch soziologische und kulturelle Faktoren eine wesentliche Rolle. So wissen die Chroniken von wahren Besessenheitsepidemien in den Frauenklöstern des 16. und 17. Jahrhunderts zu berichten. Die Abgeschlossenheit und die seelische Ausnahmesituation der Nonnen konnten leicht ein überhitztes Klima herbeiführen, in dem das auffällige Verhalten einer einzelnen die Mitschwestern ansteckte, die nun ihrerseits die Aufmerksamkeit der Umwelt, besonders des Seelsorgers, auf sich lenken und sich Beachtung verschaffen wollten. Solche kollektiven psychopathischen Erregungs-zustände, die dem hysterischen Formenkreis zuzurechnen sind, waren im Mittelalter keineswegs selten. Man denke an die Kinderkreuzzüge, an den Veitstanz oder das Flagellantentum[15]. Heute stellt der konflikt-beladene Mensch seine Not nicht mehr spektakulär und öffentlich zur Schau, sondern »verinnerlicht« sie zu psychosomatischen Krankheits-formen.

Besessener und Exorzist

Wie die mittelalterlichen Protokolle über die Behandlung Besessener zeigen, bestand die ganze Austreibungszeremonie in einem wechsel-seitigen Verhältnis zwischen Besessenem, Exorzisten und Publikum. Exorzismen waren dramatische Ereignisse, zu denen man von weither in den Kirchen zusammenströmte. Prozessionen und lange Dialoge mit dem Exorzisten erhöhten das theatralische Moment, und die Erre-gung des Publikums stachelte die Besessenen zu immer neuen »Lei-stungen« an. Sie dürften kaum noch in der Lage gewesen sein zu unterscheiden, ob sie selbst sprachen oder ob der Teufel aus ihnen sprach, so sehr hatten sie sich mit ihrer Rolle identifiziert. Gerade das aber steigerte noch die suggestive Wirkung, die sie auf die Zuschauer ausübten[16]. Umgekehrt hatte auch der Exorzist die Möglichkeit, den Ablauf des Prozesses zu bestimmen. Mit seinen Fragen konnte er den Besessenen auf ganz bestimmte Themen lenken und dadurch, daß er alles, was nicht in sein Konzept paßte, verwarf und, was er zu hören wünschte; guthieß, seine Patienten genau auf die Aussagen dressieren, die seinen eigenen Erwartungen entsprachen.

Diese Wechselwirkung zwischen Patient und Exorzist blieb auch bestehen, nachdem die Öffentlichkeit ihre Funktion im Austreibungs-prozeß an Institutionen abgegeben hatte und Besessenheitsfälle selten geworden waren. Das Verhältnis zwischen Besessenem und Exorzi-sten gleicht nun eher dem von Patient und Arzt, freilich mit dem Unterschied, daß Arzt und Kranker gemeinsam gegen die Krankheit vorgehen, während der Besessene zu einer aktiven Mitarbeit nicht in der Lage ist und – diesen Eindruck gewinnt man aus neueren Berichten – auch gar nicht sein soll, damit der Exorzist seine eigenen Absichten um so ungehinderter verwirklichen kann. Ob dabei die Heilung des

Kranken oder die Dokumentation bestimmter theologischer Überzeugungen im Vordergrund steht, ist nicht immer klar auszumachen[17].

Verdacht erregt vor allem der Umstand, daß die Besessenen – wie schon gesagt, fast ausschließlich Frauen – jenem Typ von Patienten angehören, die unter hysterischen Persönlichkeitsstörungen leiden. Ihre psychische Labilität und die Unfähigkeit, die inneren, bis in die Tiefen des Unbewußten reichenden Spannungen auszuhalten oder abzubauen, läßt sie nach einer Bezugsperson suchen, die sie am ehesten in einem starken männlichen Partner zu finden glauben. Und je nachdem, ob diese Bezugsperson ein Arzt oder ein Geistlicher ist, wird der Fall in der Regel als psychische Erkrankung oder als dämonische Besessenheit definiert werden. Zwar wird die Diagnose des Arztes, wie der Fall Magda gezeigt hat, bei einem gläubigen Arzt anders ausfallen als bei einem ungläubigen, und längst nicht jeder Priester wird, selbst wenn die Besessenheitssymptome vollzählig vorhanden sind, nach dem Exorzisten rufen. Aber – und das macht einen weiteren Unterschied zum Arzt-Patienten-Verhältnis aus – im Fall des Exorzisten wird das Übel, das man heilen will, erst geschaffen oder wenigstens derart verstärkt, daß eine Heilung aussichtslos erscheint. Jedenfalls kann sich Besessenheit nur im gegenseitigen Einverständnis von Exorzist und Besessenem etablieren. Mit anderen Worten: Der Exorzist ist an einem konkreten Besessenheitsfall mindestens ebenso stark beteiligt wie der Kranke.

So war es bei der Gottliebin Dittus, der Krankenschwester Magda und Anneliese Michel. Immer handelte es sich um Frauen, die zum erstenmal erfuhren, daß sie jemand ernst nahm, sich um sie sorgte und sich mit ihnen beschäftigte. Auf diese Erwartung reagierte der Exorzist mit seinen suggestiven Gebeten und Beschwörungen. So schloß sich der Teufelskreis. Die physische und psychische Belastung durch eine so bedrohliche, mit unverständlichen, unheimlichen Elementen gesättigte Atmosphäre überstieg die Toleranzschwelle derart labiler Menschen, so daß ihre innere Widerstandskraft schließlich brach.

In diesem psychologischen Regelkreis liegt der entscheidende Grund dafür, daß die Exorzismen nichts nützten und daß keine der Patientinnen je geheilt oder, theologisch gesprochen, befreit wurde.

Das Ergebnis: Dämonische Besessenheit ist kein Faktum, sondern ein Interpretament, nämlich der Versuch, Unverständliches auf einer (vermeintlich) christlichen Basis verständlich zu machen. Jedoch lassen sich die Besessenheitssymptome medizinisch, psychologisch und parapsychologisch besser und glaubwürdiger erklären; die von der Kirche dafür aufgestellten Kriterien sind unbrauchbar. Auch die Versuche, die Besessenheit theologisch zu begründen, sind äußerst fragwürdig. Wenn etwas »böse« ist an der Besessenheit, dann nicht die Bedrohung durch einen fiktiven Teufel, sondern die unverantwortliche Praxis der Exorzisten, deren Interesse mehr dem Teufel als dem leidenden Menschen gilt. Indem sie sich anmaßen, mit völlig unzureichenden Mitteln aufgrund ihrer eigenen religiösen Überzeugung einen Menschen zu heilen, überschreiten sie ihre Kompetenzen.

Niemand wird dem Theologen das Recht bestreiten, Ungeklärtes und vielleicht auch Unklärbares, wozu das Verhalten mancher psychisch Kranker gehören mag, von seiner religiösen Überzeugung her zu deuten. Jedoch kann der Theologe nicht die Funktionen des Arztes übernehmen. Vielmehr sollte er mit dem Arzt zusammenarbeiten und den Kranken nicht isolieren, sondern in die soziale Gemeinschaft reintegrieren. Der Priester hat durchaus die Möglichkeit einer therapeutischen Mitwirkung. Die Aufgabe, Leben zu schützen, teilt er mit dem Arzt, die Seelsorge ist sein ureigenster Bereich.

5. Das Böse im Denken der Neuzeit

Mit der Reformation und der vom Konzil von Trient (1545–1563) geprägten katholischen Restauration hatte das abendländische Christentum den Gang in die Neuzeit angetreten. Es war die Zeit eines totalen Umbruchs.

Durch die Entdeckung Amerikas (1492) und die erste Weltumseglung (1519–1522) war das Zeitalter der Entdeckungen eröffnet worden, in dem sich das Weltbild des Abendlandes mächtig ausweiten sollte. 1549 erschien der Jesuitenmissionar Franz Xaver an der Küste Japans, das wenige Jahre zuvor (1543) erstmals von Europäern, portugiesischen Kaufleuten, betreten worden war. Neue Weltkarten mußten gezeichnet werden, und die theologisch gebundene Geographie des Mittelalters sah sich vom neuen wissenschaftlichen Geist des Humanismus herausgefordert. 1543, wenige Jahre vor Luthers Tod und vor der Eröffnung der Trienter Kirchenversammlung, hatte Kopernikus sein heliozentrisches Weltsystem entwickelt, und Paracelsus (1494–1541) legte etwa zur gleichen Zeit den Grund für die medizinische Chemie. Um die Abweichung des bisher geltenden Julianischen Kalenders gegenüber dem Sonnenjahr zu beseitigen, führte Papst Gregor XIII. 1582 eine Kalenderreform durch.

Aber auch in Theologie und Kirche eröffneten sich völlig neue Horizonte. Durch die Pflege der hebräischen Sprache und die Herausgabe des griechischen Neuen Testaments durch Erasmus (1516) hatte der Humanismus den Reformatoren den Weg zum Rückgriff auf die hebräischen und griechischen Grundtexte der Heiligen Schrift und damit zu einem neuen Bibelverständnis bereitet. Seit der Mitte des 16. Jahrhunderts betrieb eine ganze Reihe von Reformpäpsten eifrig das Werk der Erneuerung der Kirche, während der katholische Glaube sich in das kühne und weiträumige, farbenreiche und weltbejahende Gewand der Barockkunst kleidete.

Indes zeigt der Schlag, zu dem die Inquisition 1633 im »Fall Galilei« gegen das Weltbild des Kopernikus ausholte, wie wenig sich die Theologie trotz des vielen Neuen, das auf sie eingestürmt war, zu Offenheit und Freiheit durchgerungen hatte. Im Gegenteil, das Vordringen des Neuen bewirkte einen um so verbisseneren Rückzug auf alte Denkschemata. So kann es nicht verwundern, daß die Vorstellungen über das Böse und seine Ursachen, trotz Berufung auf große Geister der Vergangenheit, immer mehr die Form willkürlicher, ja trüber Hypothesen annahmen.

»Dies ist des Teufels eigentliches Geschäft« (Römischer Katechismus)

Nach der Reformation war die katholische Theologie zunächst mit der Festigung des traditionellen Glaubensgutes und der Auseinandersetzung mit dem Protestantismus beschäftigt. Diesem gegenüber hielt man daran fest, daß die menschliche Natur durch die Sünde Adams nicht verdorben, sondern nur verwundet worden sei. Der Mensch bleibt trotz seines »Falls« das (wenn auch entstellte) Ebenbild Gottes und ist aufgrund seines (wenn auch geschwächten) freien Willens sittlich guter Taten fähig. Im übrigen aber reflektieren die Theologen der Gegenreformation wenig über das Böse, weil sie sich in diesem Punkt grundsätzlich mit den Reformatoren einig wissen. Vor allem die Frage, wie der Mensch dazu kommt, das Böse zu tun, wird kaum gestellt. Und wenn, konzentriert sich die Antwort immer stärker auf das Wirken des Teufels. Der im Auftrag des Trienter Konzils 1566 herausgegebene »Römische Katechismus«, die erste offizielle zusammenfassende Darstellung der katholischen Lehre in vier Teilen (Glaubensbekenntnis, Sakramente, Gebote, Vaterunser), geht auf die Frage nach der Verursachung des Bösen anläßlich der vorletzten Vaterunserbitte ein: »Führe uns nicht in Versuchung.« Dabei unterscheidet der Katechismus zwischen Versuchung zum Guten und zum Bösen. Gott kommt nur die Versuchung zum Guten zu: die Erprobung der Tugend eines Menschen, so wie Abraham versucht wurde, seinen Sohn zu opfern.

Nach der schlimmen Seite aber werden die Menschen versucht, wenn sie zur Sünde oder zum Verderben angetrieben werden; und dies ist des Teufels eigentliches Geschäft.

Zwar kennt der Katechismus innere und äußere Feinde, die den Menschen in Versuchung führen: Zorn und Begehrlichkeit einerseits, die Anfälle des Teufels andererseits; die inneren Feinde sind aber wiederum lediglich Instrumente, deren sich der Teufel bedient. Dabei haben wir es nicht nur mit Satan allein zu tun,

> sondern in ganzen Scharen fallen die Teufel zuweilen den einzelnen an.

Der Satan versuchte die ersten Menschen im Paradies, die Propheten, die Apostel, ja selbst vor Jesus schreckte er nicht zurück. Die jedoch auf den Beistand Gottes vertrauen, werden befreit »aus dem offenen Rachen Satans«[1]. Daß die Teufel gestürzte Engel sind, wird in der Lehre von der Schöpfung dargestellt (I,2,17).

»Welcher Weg führt in die Fallgrube der Sünde?« (Petrus Canisius)

Eine ungleich weitere Verbreitung als der »Römische Katechismus« erlangte der in verschiedenen Ausgaben erschienene Katechismus des niederländischen Jesuiten und Trienter Konzilstheologen Petrus Canisius (1521–1597)[2]. Er beherrschte das Feld bis in die Mitte des 18. Jahrhunderts und wurde zu einem solchen Begriff, daß man ihn in manchen Gegenden – bis in unsere Tage – einfach den »Kanisi« nannte. Zum erstenmal wird hier so etwas wie eine Psychologie der Sünde versucht. Canisius faßt den Inbegriff des christlichen Lebens in das Psalmwort: *Declina a malo et fac bonum*: »Meide das Böse und tue das Gute« (Ps 37,27). Das Böse oder – im theologischen Sprachgebrauch – die Sünde ist für Canisius, im Anschluß an Augustinus, alles, was der Mensch »redet, tut oder begehrt wider Gottes Gesetz«[3], oder – ebenfalls mit Augustinus – »der Wille, zu behalten oder zu erlangen, was die Gerechtigkeit verbietet und wovon sich zu enthalten man die Freiheit hat«[4].

Dann aber stellt Canisius die bemerkenswerte Frage: »Welcher Weg führt in die Fallgrube der Sünde?« Als Antwort nennt der Kirchenlehrer drei Stufen zur Sünde: Eingebung, Lust und Einwilligung. Die böse

Eingebung kann von der Welt, vom Fleisch oder vom Satan herrühren[5]. Findet das Gemüt Gefallen an der bösen Eingebung, kommt es zur Lust. Willigt der zur Sünde gereizte Wille in die Lust ein, so ist die Sünde schon vollbracht. Daraus ergibt sich für Canisius eine detaillierte Gliederung des Prozesses der Sünde: Aus der Eingebung folgt der Gedanke, aus dem Gedanken die Neigung (*affectio*), aus der Neigung die Lust, aus der Lust die Einwilligung, aus der Einwilligung die Tat, aus der Tat die Gewohnheit, aus der Gewohnheit die Verzweiflung, aus der Verzweiflung die Verteidigung der Sünde, aus der Verteidigung der Sünde die Prahlerei, aus der Prahlerei die Verdammnis. Und Canisius beschließt die Aufzählung mit der Feststellung:

> Das also ist jene lange und schreckliche Kette der Sünden, dies sind die Stricke und Fesseln, mit denen der Satan den Menschen gebunden hält und ihn jetzt in alle Arten von Übeln, zuletzt aber auf unglücklichste Weise in den Abgrund der Hölle stürzt[6].

Besser eine sündige Seele als keine (Bellarmin)

An dem 1551 von Ignatius von Loyola gegründeten, 1556 von Papst Paul IV. zur Universität erhobenen Collegium Romanum, der ersten theologischen Hochschule Roms, lehrte gegen Ende des 16. Jahrhunderts als Kontroverstheologe der aus der Toscana stammende Jesuit Robert Bellarmin (1542–1621), ein weithin leuchtendes Gestirn. Sein kleiner Katechismus (1597)[7], dem ein Jahr später ein größerer folgte[8], erlebte 400 Auflagen und wurde in 56 Sprachen übersetzt.

Für Bellarmin ist Sünde eine freiwillige Tat oder Unterlassung gegen das Gesetz Gottes[9]. Zur sechsten Vaterunserbitte bemerkt er, die Versuchung könne niemals von Gott kommen, sondern einzig und allein vom Teufel. Der Sinn der Vaterunserbitte sei zunächst, Gott möge verhindern, daß der Mensch in der Versuchung unterliege, aber auch, Gott möge die Versuchung gar nicht erst zulassen, wenn er voraussehe, daß der Teufel dabei den Sieg davontrage[10].

Das gelang dem Teufel zum erstenmal bei der Versuchung Adams und Evas. In diesem Zusammenhang stellt Bellarmin die Frage, warum Gott wollte oder zumindest zuließ, daß die ersten Menschen versucht wurden, obwohl er wußte, daß sie der Versuchung erliegen würden. Niemals könne Gott die Sünde der Stammeltern gewollt haben, betont

Bellarmin in heftiger Polemik gegen Zwingli und Calvin. Jedoch vermag Bellarmin, unter Berufung auf Augustinus, der Ursünde mehrere positive Aspekte abzugewinnen. Zunächst tat Gott dem Menschen durch die Zulassung der teuflischen Versuchung kein Unrecht an, da er dessen Willen mit »solch starken Kräften« (*tantis viribus*) ausgestattet hatte, daß er der Versuchung leicht widerstehen konnte. Warum Gott aber, obwohl er den Ausgang vorauswußte, die Versuchung zuließ, vermag der Mensch niemals zu ergründen, ja es steht ihm nicht zu, die Frage überhaupt zu stellen. Dennoch nennt Bellarmin drei Wahrscheinlichkeitsgründe. Einmal das augustinische Axiom, Gott habe es vorgezogen, aus dem Bösen Gutes zu machen, statt das Böse erst gar nicht zuzulassen[11]. Sodann die Harmonie und Schönheit des Kosmos: Wie diese beeinträchtigt wäre, wenn neben der Sonne der Mond entweder nicht oder in gleicher Größe erschaffen worden wäre, so ist im Ganzen des Kosmos eine sündige Seele besser als keine. Schließlich der durch die Sünde der ersten Menschen veranlaßte Entschluß Gottes, uns Christus zu schenken, wobei Bellarmin aus dem »Exultet« der Osternachtliturgie die Stelle von der *felix culpa* zitiert, der »glücklichen Schuld«, die einen solchen Erlöser fand[12].

Es darf nicht übersehen werden, daß Bellarmin solche und andere Fragen (Gnade, Prädestination, Primat des Papstes und dessen Verhältnis zur weltlichen Gewalt) immer unter dem Aspekt der Kontroverstheologie stellte und behandelte. Der Widerlegung der Reformatoren sowie der Verteidigung und Befestigung der katholischen Tradition galt primär sein Wirken in Wort und Schrift.

Keine Sünde ohne Teufel (Suárez)

Zu Beginn des 17. Jahrhunderts war diese Kontroverstheologie überwunden, die katholische Theologie hatte jenes starke Selbstbewußtsein erlangt, das auf dem Gebiet der Kunst im Barockstil seinen Ausdruck fand. 1567 war Thomas von Aquin von Papst Pius V. zum Kirchenlehrer erhoben worden, und so lehnte sich in der Folge die Mehrzahl der Theologen mehr oder weniger eng an den Aquinaten an. Das gilt auch vom bedeutendsten Theologen dieser Zeit und dem wohl größten Theologen der Gesellschaft Jesu überhaupt, dem Spanier Francisco Suárez (1548–1619), der unter dem Namen »Doctor eximius« in die Geschichte der Theologie eingegangen ist. Die »Summa Theologica«

des heiligen Thomas blieb für ihn die bestimmende Grundlage; er scheute sich aber auch nicht, vom Meister abzuweichen, wo dessen Lehre ihm unklar, unzureichend oder unhaltbar schien.

In der Frage nach der Ursache des Bösen gereichte diese Abweichung der Theologie mehr zum Nachteil als zum Vorteil. Beim Studium des wissenschaftlichen Werkes von Suárez gewinnt man den Eindruck, daß die Engelsünde den Verfasser mehr interessierte als die menschliche Sünde. Der Traktat über die Engel füllt den zweiten der insgesamt 28 Foliobände [13] und ist über tausend Seiten lang. Vor allem spielt Suárez alle Möglichkeiten durch, worin die Sünde der Engel bestanden haben könnte. Dabei kommen neue Gesichtspunkte in die alte Debatte, die fortan in der katholischen Theologie Heimatrecht bekommen sollten. Der Mensch zog den Neid der sündigen Engel auf sich, weil Gott den Menschen – im Gegensatz zu den Engeln – mit verschiedenen Vorzügen ausgestattet hatte, die die Ansprüche der menschlichen Natur überstiegen; weil Gott dem Menschen die ganze Schöpfung unterworfen hatte, ohne ihn seinerseits den Engeln zu unterwerfen; im Gegenteil: er bestimmte die Engel zum Schutz und damit zum Dienst des Menschen. Vor allem aber beleidigte den Stolz der Engel der ihnen geoffenbarte Plan Gottes, in Jesus Christus die menschliche Natur mit der göttlichen zu verbinden. Als Christus dem Lucifer vorgestellt wurde nicht nur als Urheber der Gnade und des Heils, sondern auch als Gesetzgeber und Herr, dem alle Geschöpfe, auch die Engel, würden unterworfen und zum Gehorsam verpflichtet sein, da sträubte sich alles in ihm gegen eine solche Zumutung [14].

Unter Berufung auf Ambrosius, Augustinus und Thomas von Aquin definiert Suárez die Sünde als eine Tat, durch die der Mensch sich freiwillig über das göttliche Gesetz hinwegsetzt [15]. Als äußere Ursachen, die zur Sünde verleiten können, zieht Suárez in Erwägung: den Menschen, den Teufel und Gott [16]. Gott scheidet von vornherein aus [17]. Was den Menschen angeht, so begnügt sich Suárez mit der bündigen Feststellung: Ein Mensch kann die Sünde eines anderen verursachen durch sündhaften Rat oder Befehl [18]. Die entscheidende Rolle bei der Verursachung der Sünde spielt aber der Teufel: der »Dämon« oder der »böse Engel«, wie Suárez ihn nennt.

Zwar führen nicht alle Versuchungen zur Sünde, aber immer ist der erste Schritt zur Sünde die Versuchung. Wenn Suárez deshalb die Frage stellt, ob jede Versuchung vom Teufel komme, ist dies identisch mit der Frage, ob jede Sünde vom Teufel komme. Suárez bejaht sie. Zwar weist er die Ansicht zurück, der Mensch könne prinzipiell ohne Versuchung durch den Teufel nicht sündigen. Faktisch aber gehen alle menschlichen Sünden auf teuflische Versuchung zurück. Auch die andere Verursachung der Sünde, die Suárez anerkennt, die durch den Menschen, ist letztlich auf den Teufel zurückzuführen, und zwar in doppelter Hinsicht. Denn einerseits ist der die Sünde verursachende Mensch ein gefallener Mensch, und als solcher sündigt er aufgrund der durch den Teufel verursachten Sünde der ersten Menschen. Daß aber andererseits der Mitmensch, den er zur Sünde verführt, versuchbar und verführbar ist, ist wiederum eine Folge der Ursünde, die auf den Einfluß des Teufels zurückgeht[19]. Damit hat Suárez das Junktim zwischen Sünde und Teufel hergestellt, das seither für die katholische Theologie charakteristisch blieb: *Das* Böse ist nicht mehr denkbar ohne *den* Bösen.

Aufklärung

Daß ein so starres Dogma es im Zeitalter der Aufklärung schwer haben würde, sich durchzusetzen, leuchtet ein. Mit dem unbändigen Drang nach geistiger und religiöser Freiheit, der die Völker Europas im 18. Jahrhundert erfaßt hatte, ließ sich eine derartige Vorstellung nicht mehr vereinigen. Die Zeit der Inquisition war vorbei, die Hexenprozesse wurden eingestellt, immer mehr Staaten schafften die Folter ab. Der Einfluß der Kirchen, vor allem der katholischen, sank rapide, der Papst spielte in der Weltpolitik kaum noch eine Rolle. Zudem hatte der Kampf um Glaubensfreiheit, in Frankreich mit den Namen Rousseau und Voltaire verknüpft, einen stark antikatholischen und antiklerikalen Charakter angenommen. Die Theologie, zusätzlich von Ermüdungserscheinungen heimgesucht, hatte Mühe, mit der stürmischen Entwicklung von Naturwissenschaften und Technik Schritt zu halten und eine eigene Position zu behaupten. Obendrein entzogen sich die Geisteswissenschaften, allen voran die Philosophie, der Bevormundung durch die Theologie, warfen die Fesseln der Scholastik ab und beanspruchten für sich die Freiheit einer eigenständigen Wissenschaft. Nicht ohne ironischen Unterton bemerkt Immanuel Kant (1724–1804) unter Anspielung auf das scholastische Prinzip, die Philosophie sei die

»Magd« (*ancilla*) der Theologie, man könne sich damit abfinden, »wenn man sie (die Philosophie) nur nicht verjagt oder ihr den Mund zubindet«[20].

Andererseits wuchs der Theologie neue Kraft zu durch die – nach Ansätzen schon im 16. und 17. Jahrhundert – ungestüm sich durchsetzende historisch-kritische Methode der Bibelauslegung. Ihr Name ist Programm: kritisch nach den historischen Umständen zu fragen, unter denen die biblischen Schriften entstanden sind. Sie betrachtet es als ihre Aufgabe, einerseits mit Hilfe einer gründlichen Kenntnis der Sprachen und der biblischen Umwelt der bislang vernachlässigten menschlichen Seite der Schrift ihr Recht zu verschaffen, andererseits das biblische Weltbild mit dem von Kopernikus begründeten neuen Weltbild zu konfrontieren. Dabei wird deutlich, daß die Bibel nicht als Lehrbuch der Naturgeschichte und auch nur in sehr begrenzter Form als Lehrbuch der Geschichte gewertet werden kann. Die geschichtliche Bedingtheit der biblischen Aussagen bringt es mit sich, daß nicht nur göttliche, sondern auch menschliche Vorstellungen in die Bibel eingegangen sind und daß zur Erhellung der verbindlichen biblischen Lehre neben den Grundsätzen des Glaubens auch jene der wissenschaftlichen Kritik zur Anwendung kommen müssen.

Der kategorische Imperativ (Kant)

Nach Kants eigener Definition ist Aufklärung »der Ausgang des Menschen aus seiner selbst verschuldeten Unmündigkeit«[21]. Dazu bedarf es des Muts, sich des eigenen Verstandes zu bedienen. Dieses *sapere aude* wurde für Kant zum Wahlspruch der Aufklärung. Das bedeutet, Freiheit ist nicht nur Ziel der Aufklärung, sie ist auch deren Voraussetzung[22]. Allerdings sieht Kant für seine Zeit diese Voraussetzung noch nicht erfüllt. Das gilt auch für Fragen der Religion:

> Daß die Menschen, wie die Sachen jetzt stehen, im ganzen genommen schon imstande wären, oder darin auch nur gesetzt werden könnten, in Religionsdingen sich ihres eigenen Verstandes ohne Leitung eines anderen sicher und gut zu bedienen, daran fehlt sehr viel[23].

Auch in der Problematik des Bösen kann demnach für Kant nur die eigene Vernunft als Erkenntnisquelle in Frage kommen. Die philosophische Grundfrage lautete für ihn: »Was ist der Mensch?« Und Philosophie bedeutete ihm vor allem die Lehre von der sittlich-praktischen Einsicht in das Gute, Philosophieren Erhellung des Daseins[24]. Die Beschäftigung mit dem Bösen, das das menschliche Dasein verdunkelt, stellte sich also für Kant mit unausweichlicher Dringlichkeit, wobei es auch ihm um die alten Fragen ging: Was ist das Böse? Wie kommt der Mensch dazu, das Böse zu tun? Wie ist das Böse in der Welt mit Gottes Güte und Gerechtigkeit vereinbar?

Auch für Kant stehen gut und böse – hierin unterscheidet er sich nicht von der Gesamtheit der christlichen Philosophen – in Relation zu einer Ordnung oder einem Gesetz. Ist für Thomas von Aquin das unmittelbare Prinzip der Sittlichkeit die Vernunft, die sich aber ihrerseits am göttlichen Gesetz zu orientieren hat, so macht Kant die Vernunft des Menschen zur absoluten Norm der Sittlichkeit. Damit kommt der Vernunft die Rolle eines Gesetzgebers zu. Zwar kennt auch Kant Naturgesetze, »die nur von dem handeln, was geschieht«. Wo es jedoch um das sittliche Handeln des Menschen geht, um das, »was geschehen soll«, kommt die menschliche Freiheit ins Spiel, und was mit der Freiheit zusammenhängt, heißt bei Kant »praktisch«: »Praktisch ist alles, was durch Freiheit möglich ist.« Deshalb ist es die praktische Vernunft, die dem Menschen sagt, was er tun soll[25].

Die von der praktischen Vernunft gegebenen Gesetze haben den Charakter von »Imperativen«, das heißt Grundsätzen, nach denen der Mensch handeln soll. Ein Imperativ ist »kategorisch«, wenn eine Handlung von der praktischen Vernunft als in sich gut vorgestellt wird und nicht bloß im Hinblick auf einen bestimmten Zweck. Diese Unterscheidung ist ausschlaggebend für den moralischen Wert einer Handlung. Zwar ist die Erfüllung des von der Vernunft gegebenen Gesetzes allgemeine Pflicht des Menschen. Sittlich gut ist eine Handlung jedoch nur dann, wenn sie nicht nur der Pflicht gemäß, also in äußerer Übereinstimmung mit dem Sittengesetz, sondern aus Pflicht, das heißt aus Achtung vor dem Sittengesetz geschieht. Sowohl der Tat, die aus Selbstsucht, als auch der Tat, die nur aus Neigung geschieht, spricht Kant einen sittlichen Wert ab[26].

»Bei lauter guten Handlungen dennoch böse«

Kants Verständnis des sittlich Bösen läßt sich aus dem Gesagten bereits ableiten. Das moralische Gesetz, der kategorische Imperativ, die reine

Pflicht muß dem Menschen als »Triebfeder« für sein Handeln genügen. Widerspricht eine Tat dem Gesetz der Vernunft oder wird sie auch nur durch eine unzulässige »Triebfeder« bestimmt, ist sie böse:

> Denn wenn andere Triebfedern nötig sind, die Willkür[27] zu gesetzmäßigen Handlungen zu bestimmen, als das Gesetz selbst (z. B. Ehrbegierde, Selbstliebe überhaupt, ja gar gutherziger Instinkt, dergleichen das Mitleid ist), so ist es bloß zufällig, daß diese mit dem Gesetz übereinstimmen . . ., und der Mensch ist bei lauter guten Handlungen dennoch böse[28].

Zwar wirkt auf den Willen des Menschen aufgrund seiner Natur nicht nur die Triebfeder des moralischen Gesetzes, sondern auch die Triebfeder der Selbstliebe. Je nach dem Verhältnis dieser beiden Kräfte ist der Mensch gut oder böse. Ordnet er die Triebfeder der Selbstliebe der des moralischen Gesetzes unter, ist er gut, böse hingegen, wenn er die Ordnung der Triebfedern umkehrt.

Die Entscheidung aber für gut und böse liegt beim freien Willen des Menschen (von Kant »Willkür« genannt). Nichts ist »sittlich- (d. i. zurechnungsfähig-)böse, als was unsere eigene Tat ist«, hält Kant fest[29], und er erläutert:

> Was der Mensch im moralischen Sinne ist, oder werden soll, dazu muß er sich selbst machen, oder gemacht haben. Beides muß eine Wirkung seiner freien Willkür sein; denn sonst könnte es ihm nicht zugerechnet werden, folglich es weder moralisch gut noch böse sein[30].

Erstaunlich ist nun, mit welcher Eindringlichkeit Kant vom natürlichen Hang des Menschen zum Bösen spricht und den Ursprung des Bösen ins Innere des Menschen verlegt[31]. Der Hang zum Bösen, der den Willen zur gesetzwidrigen Tat bestimmt, ist mit der Menschheit mitgegeben, mit ihr »verwebt und darin gleichsam gewurzelt«[32]. Kant spricht vom »radikalen, angeborenen Bösen in der menschlichen Natur«[33], vom »bösen Herzen«[34], das zwar nicht das Böse aus Bosheit tut (das wäre teuflisch), aber doch bösartig ist und insofern »radikal« böse, weil das Böse »den Grund aller Maximen verdirbt«[35].

Aber auch wenn Kant von einem natürlichen Hang des Menschen zum Bösen spricht, hält er daran fest, daß dieser Hang selbstverschuldet ist; denn Bosheit impliziert für Kant die freie Entscheidung – ein rein physischer Hang zum Bösen wäre für ihn ein Widerspruch in sich. Dadurch kommt in die Sittenlehre Kants eine eigentümliche, in die Nähe der augustinischen Erbsündenlehre führende Spannung, deren Kant sich sehr wohl bewußt war, auf deren Auflösung er aber ebenso bewußt verzichtet hat. Die ursprüngliche Anlage des Menschen zum Guten hat kein anderer als der Mensch selbst verdorben:

> Für uns ist also kein begreiflicher Grund da, woher das moralische Böse in uns zuerst gekommen sein könne.

Die Bibel gibt dieser Unbegreiflichkeit dadurch Ausdruck, daß sie das Böse auf eine Verführung durch einen gefallenen Geist zurückführt, wobei Kant aber die berechtigte Frage stellt: »Woher bei jenem Geiste das Böse?«[36]

Änderung des Herzens

Das radikale Böse ist im Menschen mit keinerlei menschlichen Mitteln auszurotten. Das einzige, was der Mensch leisten kann und muß, ist dies, dem Bösen durch Entwicklung stärkerer Gegenkräfte ein vermindertes Gewicht zu geben[37]. Und da es im freien Willen des Menschen liegt, ob er gut oder böse ist, muß er imstande sein, in sich eine »Herzensveränderung« herbeizuführen. Diese läßt sich jedoch nicht durch eine allmähliche Reform erreichen,

> sondern muß durch eine Revolution in der Gesinnung im Menschen ... bewirkt werden, und er kann ein neuer Mensch nur durch eine Art Wiedergeburt, gleich als durch eine neue Schöpfung ... und Änderung des Herzens werden[38].

Da die Pflicht diese »Revolution« gebietet und sie nichts Unmögliches gebietet, muß der Mensch in der Lage sein, durch eigene Kräfte die Revolution zustande zu bringen und ein guter Mensch zu werden. Allerdings schließt Kant dabei nicht – wie es im letzten Zitat scheinen konnte – einen allmählichen Prozeß aus. Denn die Revolution, die in »einer einzigen unwandelbaren Entschließung« besteht, bezieht sich nur auf die Denkungsart. Dieser aber stellen die Sinne dauernd Hindernisse entgegen, und Oberhand über die Sinnlichkeit gewinnt der Mensch nur durch allmähliche Reform. Durch die »einzige unwandelbare Entschließung« wird er zwar für das Gute empfänglich, »aber nur in kontinuierlichem Wirken und Werden ein guter Mensch«[39].

Dabei darf sich der Mensch nicht auf eine Religion der »Gunsterwerbung« einlassen, die ihm einredet, Gott könne ihn ewig glücklich machen, ohne daß er es nötig habe, ein besserer Mensch zu werden; oder Gott könne ihn zu einem besseren Menschen machen, »ohne daß er selbst etwas mehr dabei zu tun habe, als darum zu bitten«. In Frage kommt vielmehr nur eine »moralische Religion«, und die einzige derartige Religion ist die christliche. Hier gilt der Grundsatz,

> daß ein jeder so viel, als in seinen Kräften ist, tun müsse, um ein besserer Mensch zu werden;

nur dann könne er hoffen,

> was nicht in seinem Vermögen ist, werde durch höhere Mitwirkung ergänzt werden.

Worin diese Mitwirkung besteht, braucht der Mensch nicht zu wissen, denn

> es ist nicht wesentlich, und also nicht jedermann notwendig zu wissen, was Gott zu seiner Seligkeit tue oder getan habe; aber wohl, was er selbst zu tun habe, um dieses Beistandes würdig zu werden[40].

In diesem Bemühen, ein guter Mensch zu werden, bleibt dem Menschen ein schwerer Kampf nicht erspart. Denn nicht nur das gute Prinzip, das vom Ursprung des menschlichen Geschlechts an »unsichtbarerweise vom Himmel in die Menschheit herabgekommen ist«[41], erhebt einen Rechtsanspruch auf die Herrschaft über den Menschen, sondern ebenso das böse Prinzip. In der Bibel werden die beiden Prinzipien als außermenschliche Mächte vorgestellt und unter den Begriffen von Himmel und Hölle personifiziert; beide erproben ihre Macht im Kampf gegeneinander und machen ihre Ansprüche »gleichsam vor einem höchsten Richter durchs Recht geltend«[42]. Der Ausgang des Kampfes kann nicht die Besiegung des bösen Prinzips sein, »denn sein Reich währet noch«, sondern nur »die Brechung seiner Gewalt«[43].

Der Kampf, den ein jeder moralisch wohlgesinnte Mensch unter Anführung des guten Prinzips gegen die Anfechtungen des bösen in diesem Leben bestehen muß, kann ihm, wie sehr er sich auch bemühe, doch keinen größeren Vorteil verschaffen als die Befreiung von der Herrschaft des letztern[44].

»Eine Einsicht, zu der kein Sterblicher gelangen kann«

In seiner Schrift »Die Religion innerhalb der Grenzen der bloßen Vernunft«, die bisher überwiegend zu Wort kam, schneidet Kant auch schon die dritte Frage an: wie Gott das Böse in der Welt zulassen könne. Er fragt ganz konkret: Warum bedient sich Gott nicht seiner Macht, um das Böse zu verhindern? Warum schlägt er den Teufel nicht tot? Warum vernichtete er das Reich, das dieser zu stiften beabsichtigte, nicht gleich zu Anfang? Darauf antwortet Kant:

> Die Beherrschung und Regierung der höchsten Weisheit über vernünftige Wesen verfährt mit ihnen nach dem Prinzip ihrer Freiheit, und was sie Gutes oder Böses treffen soll, das sollen sie sich selbst zuzuschreiben haben[45].

Thematisch erörtert Kant diese Frage in seiner kurzen Schrift »Über das Mißlingen aller philosophischen Versuche in der Theodizee«[46]. Der Anwalt, der die Verteidigung Gottes gegen den Vorwurf des Zweckwidrigen in der Welt übernehmen will, muß nach Kant entweder beweisen, daß das, was wir als zweckwidrig ansehen, nicht zweckwidrig ist oder daß es nicht Gottes Werk ist.

Dabei unterscheidet Kant drei Arten von Zweckwidrigem:

1. Das absolut Zweckwidrige, das weder als Zweck noch als Mittel von einer Weisheit gebilligt werden kann. Das ist das eigentliche Böse, die Sünde.

2. Das bedingt Zweckwidrige, das zwar nie als Zweck, wohl aber als Mittel mit der Weisheit eines Willens vereinbar ist. Das ist das physische Übel, der Schmerz.

3. Zweckwidrig ist schließlich das Verhältnis zwischen dem moralisch Bösen und dem physischen Übel: Dieses trifft oft die Guten, während die Bösen straffrei ausgehen.

Die erste Form des Zweckwidrigen widerspricht der Heiligkeit Gottes, die zweite seiner Güte, die dritte seiner Gerechtigkeit. Um das Ergebnis vorauszunehmen: In den Augen Kants sind alle Versuche, Gott gegen das Böse in der Welt zu rechtfertigen, untauglich:

Der Ausgang dieses Rechtshandels vor dem Gerichtshofe der Philosophie ist nun: daß alle bisherige Theodizee das nicht leiste, was sie verspricht, nämlich die moralische Weisheit der Weltregierung gegen die Zweifel, die dagegen aus dem, was die Erfahrung an dieser Welt zu erkennen gibt, gemacht werden, zu rechtfertigen [47].

1. Hinsichtlich des moralisch Bösen kann Gott nicht entlastet werden. Denn entweder müßte man leugnen, daß es diese Form des Zweckwidrigen gibt, was absurd wäre. Oder man müßte annehmen, Gott habe das Böse nicht verhindern können, weil es im Wesen des Menschen gründe; dann aber könnte der Mensch dafür nicht verantwortlich gemacht werden. Oder man argumentiert, Gott habe das Böse aus weisen Gründen nur zugelassen; deshalb treffe ihn keine Schuld. Aber schon die bloße Zulassung würde Gott belasten. Überdies liefe auch diese Erklärung wieder darauf hinaus, daß Gott nicht in der Lage war, das Böse zu verhindern.

2. Auch hinsichtlich des physischen Übels sind drei Rechtfertigungsversuche denkbar. Einmal der Hinweis, im Leben des Menschen überwiege das Angenehme im Vergleich zum Übel. Darauf antwortet Kant, daß kein Mensch,

> der lange genug gelebt und über den Wert des Lebens nachgedacht hat, ... das Spiel des Lebens nochmals durchzuspielen Lust hätte [48].

Eine zweite Begründung operiert mit der tierischen Natur des Menschen, zu der der Schmerz notwendig gehöre. Darauf antwortet Kant mit der Frage,

> warum uns der Urheber unseres Daseins überhaupt ins Leben gerufen, wenn es ... für uns nicht wünschenswert ist [49].

Schließlich wird zur Rechtfertigung des physischen Übels angeführt, Gott habe uns zur ewigen Glückseligkeit berufen, jedoch müsse sich der Mensch durch das Bestehen der Widerwärtigkeiten dieses Lebens ihrer würdig erweisen. Dem hält Kant entgegen, es sei nicht einzusehen, warum es mit der höchsten Weisheit nicht vereinbar gewesen wäre, den Menschen mit jeder Phase seines Lebens zufrieden werden zu lassen.

3. Auch für das Mißverhältnis zwischen Schuld und Strafe in diesem Leben führt Kant drei in seinen Augen untaugliche Erklärungen an. Einmal: der Verbrecher werde von Gewissensbissen geplagt. Das gilt aber nach Kant bei weitem nicht für alle, sondern nur für die gewissenhaften. Sodann: es gehöre zur Tugend, mit Widerwärtigkeiten zu ringen; dadurch werde die Tugend erprobt und ihr Wert erhöht. Dem hält Kant entgegen, daß dann wenigstens am Ende des Lebens die Tugend belohnt und das Laster bestraft werden müßte. Schließlich: in dieser Welt liefen die Dinge nach den Gesetzen der Natur ab, in der künftigen Welt aber gelte eine andere Ordnung. Diese Voraussetzung nennt Kant willkürlich. Die Vernunft müsse es vielmehr wahrscheinlich finden, daß der Lauf der Welt nach der Ordnung der Natur auch fernerhin unser Schicksal bestimmen werde.

Im letzten liegt nach Kant unser Unvermögen, Gott zu rechtfertigen[50], darin, daß wir uns zwar sowohl von der natürlichen Zweckmäßigkeit in der Einrichtung der Welt (der »Kunstweisheit« Gottes) als auch von der moralischen Weisheit Gottes und seiner Schöpfung eine Vorstellung machen können, daß wir aber niemals imstande sind, uns von der möglichen Übereinstimmung jener Kunstweisheit mit dieser moralischen Weisheit einen Begriff zu bilden: »eine Einsicht, zu der kein Sterblicher gelangen kann«[51].

Es bleibt dem Menschen jedoch eine andere Form der Theodizee. Statt aus der Welt, die die Handschrift Gottes trägt, die Absichten seines Willens durch räsonnierendes Vernünfteln herauslesen zu wollen, steht dem Menschen ein anderer Weg offen: die Anerkennung des göttlichen Ratschlusses aufgrund des Ausspruches unserer sittlich-praktischen Vernunft, die uns Gott als moralisch-weise und heilig verstehen läßt.

Im Unterschied zur »doktrinalen« nennt Kant diese Theodizee die »authentische«, weil der Ausspruch unserer sittlichen Vernunft nichts anderes ist als ein göttlicher Machtspruch:

> Gott wird durch unsere Vernunft selbst der Ausleger seines durch die Schöpfung verkündigten Willens[52].

Kant findet beide Formen der Theodizee im biblischen Buch Ijob. Die drei Freunde suchen die Erklärung des Übels in der Welt im System der göttlichen Gerechtigkeit, Ijob im System des unbedingten göttlichen Ratschlusses, der dem forschenden Verstand zwar schlechthin unerforschlich, für den in der moralischen Vernunft gründenden Glauben jedoch überzeugend ist.

»In Gott ist kein Böses« (Hegel)

Obwohl ihn nur wenige Jahre von Kant trennen, gehört Georg Friedrich Wilhelm Hegel (1770–1831) doch schon in eine andere Welt. Der Selbstherrlichkeit der Aufklärung steht er distanziert gegenüber. Zwar hat er mit engagierter Anteilnahme die Explosion des Freiheitsdrangs in der Französischen Revolution erlebt, aber dabei ist ihm auch die Gefahr der Bedrohung der Freiheit durch die unverantwortete Freiheit bewußt geworden [53]. Gerade die Zerrissenheit seiner Zeit macht verständlich, daß das Thema »Versöhnung« – im politischen wie im religiösen Sinn – bei Hegel einen beherrschenden Platz einnimmt.

Schon als Student in Tübingen begann Hegel mit dem Studium Kants, jedoch ohne sich dem Königsberger Denker vorbehaltlos zu verschreiben. Im Gegenteil: Hegel hat in seinen Schriften mehrfach an Kants System Kritik geübt. Das unterschiedliche Philosophieverständnis beider zeigt sich vor allem darin, daß bei Kant der Mensch und seine Vernunft die Mitte bilden, bei Hegel aber Gott. Ist Kant mit Leib und Seele Philosoph und nur Philosoph, so ist für Hegel Philosophie zugleich Theologie. Weil Gott der einzige Ursprung allen Seins und allen Erkennens ist, ist er im Grund auch der einzige Gegenstand der Philosophie [54].

So ist denn auch von vornherein damit zu rechnen, daß Hegel – in Übereinstimmung mit der Bibel und der christlichen Theologie – das Gute und das Böse nur in Beziehung zu Gott sehen kann. Hegel spricht von Gott als dem Absoluten [55]. Das Absolute aber, so lautet Hegels erste Definition, ist das Sein [56]. Das bedeutet gleichzeitig, daß Gott der Inbegriff aller Realitäten und somit auch das Unendliche ist [57].

Das Böse besteht nach Hegels Verständnis darin, daß das Endliche sich gegenüber dem Unendlichen als solches behauptet und sich ihm dadurch widersetzt [58]. Da Gott aber die einzige wahre Wirklichkeit ist, kommt dem Bösen keine wahre, sondern nur eine scheinbare Selbständigkeit zu. Insofern kann Hegel von der »Nichtigkeit« des Bösen sprechen [59]. Das Böse ist nur das negative Bild des Guten:

> Das Falsche aber ist, daß man das Böse als ein festes Positives ansieht, während es das Negative ist, welches kein Bestehen für

sich hat, sondern nur für sich sein will und in der Tat nur der absolute Schein der Negativität in sich ist[60].

Wie aber kommt der Mensch zu einer solchen Selbstbehauptung gegenüber Gott? Spricht auch Hegel etwa wie Kant vom natürlichen Hang des Menschen zum Bösen?

Hegel betont zunächst, daß es beim Menschen einen Zustand der Unschuld nie gegeben hat und nicht geben kann, denn

> der Zustand der Unschuld ... besteht darin, daß für den Menschen nichts Gutes und nichts Böses ist; er ist der Zustand des Tieres ..., der Bewußtlosigkeit, wo der Mensch nichts vom Guten und auch nichts vom Bösen weiß, wo das, was er will, nicht als Gutes oder Böses bestimmt ist. Wenn er nichts vom Bösen weiß, so weiß er auch nichts vom Guten[61].

Schuld und Unschuld sind somit bei Hegel keine sittlichen Begriffe, sondern beziehen sich lediglich auf die »Zurechnungsfähigkeit« des Menschen:

> Schuld heißt im allgemeinen Zurechnung. Man nimmt gewöhnlich Schuld in einem schlechten Sinne, versteht unter Schuld gewöhnlich, daß der Mensch Böses getan habe, und sagt so, der Mensch müsse also böse werden. Schuld aber im allgemeinen Sinne ist das, was dem Menschen zugerechnet werden kann, Schuld haben heißt, der Zurechnung fähig sein, daß dieses sein Wissen, sein Wollen ist, daß er es als das Rechte tut[62].

Unschuld schließt demnach Verantwortung aus. Der Mensch aber ist Geist, und das bedeutet soviel wie Selbstbewußtsein und Zurechnungsfähigkeit. Somit kann der Mensch nicht unschuldig sein, die Unschuld widerspricht dem Wesen des Menschen. Deshalb kann die biblische Erzählung vom Sündenfall (Gen 3) auch nicht im historischen Sinn verstanden werden. Vielmehr ist der Adam der Erzählung der Mensch überhaupt[63], ist ihr Sinn, daß der Mensch aus der »Unschuld«, das heißt aus der Unzurechnungsfähigkeit, hinaustritt in die Freiheit zum Guten und Bösen.

Wenn der Mensch aber erst in diesem Zustand wahrer Mensch ist, warum verbietet ihm Gott in der biblischen Erzählung, vom Baum der

Erkenntnis des Guten und Bösen zu essen? Und warum wird die Übertretung des Verbots dem Menschen als böse angerechnet? Nach Hegel ist damit nichts anderes gemeint als die gefährliche Freiheit des Menschen, das Böse zu tun:

> Wie hat nun dies verboten werden können? Die Erkenntnis, das Wissen, ist dieses doppelseitige, gefährliche Geschenk: der Geist ist frei; dieser Freiheit ist das Gute wie das Böse anheimgestellt. Es liegt darin ebenso die Willkür, das Böse zu tun. Dies ist die negative Seite an jener affirmativen Seite der Freiheit[64].

Damit wird das Böse als ein Zustand charakterisiert, der einerseits nicht sein soll, andererseits aber mit der Freiheit des Menschen unvermeidlich gegeben ist[65]. Insofern ist der Mensch nach Hegel von Natur aus böse. Trotzdem ist er dazu bestimmt, zur Unschuld zu gelangen, und eben dies ist nach Hegel mit der Vorstellung von der ursprünglichen Unschuld des Menschen – die es nie gab – gemeint:

> Was die letzte Bestimmung ist, wird hier als primitiver Zustand vorgestellt – die Harmonie des Menschen mit dem Guten[66].

Von hier aus wird nun der Widerspruch Hegels zur augustinisch-kirchlichen Erbsündenlehre verständlich[67]. Denn wenn die Fähigkeit zum Bösen in der Geistigkeit des Menschen liegt, bedarf es dafür keiner ererbten Adamsschuld. Eine solche ist für Hegel aus zwei Gründen unannehmbar. Zum einen wird die mit seiner Freiheit notwendig gegebene Fehlbarkeit des Menschen mit einer zufälligen Tat des ersten Menschenpaares begründet, zum anderen kann dem Menschen nur sein eigenes Tun und nicht ein fremdes als Schuld angerechnet werden.

Das Richtige an der Vorstellung von der Erbsünde ist die Aussage, daß das Böse in der Bestimmung des Menschen als solchem liegt. Die Allgemeinheit und Naturgemäßheit der Sünde wird durch die Vorstellung der Vererbung ausgedrückt:

> In dieser Vorstellung der Erbsünde liegt für uns, daß der Mensch sich zu betrachten habe, daß er als natürlich, so wie er unmittelbar ist, nicht ist, wie er sein soll vor Gott. Daß dies nun in der Bestimmung des Menschen als solchen liegt, ist eben als Erblichkeit vorgestellt[68].

Das Böse hat also seinen Ursprung in der Freiheit des Menschen, und insofern diese zum Wesen des Menschen gehört, ist das Böse, obwohl nicht sein sollend, doch notwendig[69]. Genauer gesagt: Nicht das Böse ist notwendig, sondern die Möglichkeit des Bösen. In seinem einzelnen Tun steht der einzelne Mensch nicht unter dem Zwang zum Bösen, er ist frei:

> Es ist also die Natur des Bösen, daß der Mensch es wollen kann, aber nicht notwendig muß[70].

Deshalb ist der Mensch für die böse Tat voll verantwortlich. Wie er aber dazu kommt, sich in Freiheit für das Böse zu entscheiden – die brennendste Frage! –, kann nach Hegel nicht auf einen Grund außerhalb der Freiheit zurückgeführt werden; denn Freiheit kann als Selbstbestimmung keinen äußeren Grund für ihr Gut- oder Bösesein haben. Hegel spricht in diesem Zusammenhang vom »Mysterium . . . der Freiheit«[71].

Noch eine weitere Frage weist Hegel als unzulässig zurück: Wie die Notwendigkeit des Bösen in der Welt mit Gott als dem absolut Guten vereinbar ist. Denn wenn das Böse mit der menschlichen Willensfreiheit gegeben ist und Gott diese Freiheit wollte, muß er auch die Möglichkeit des Bösen gewollt haben. Der Erklärung, Gott lasse das Böse nur zu, widerspricht Hegel mit dem Hinweis darauf, daß ein solch passives Verhältnis Gottes zur Welt »ein ungenügendes und nichtssagendes« sei[72].

Ebenso entschieden lehnt Hegel die beiden anderen denkbaren Erklärungen ab: einerseits die Annahme eines gleichrangigen bösen Prinzips neben Gott als dem guten Prinzip[73], andererseits die Verlegung des Ursprungs des Bösen in Gott:

> In Gott ist kein Böses . . . Gott ist gut und allein gut. Der Unterschied von Bösem und Gutem ist in diesem Einen . . . nicht vorhanden. . . . Beim Unterschied Gottes von der Welt, insbesondere vom Menschen, da tritt der Unterschied von Gutem und Bösem ein[74].

Hegel löst somit die Frage nach dem Ursprung des Bösen damit, daß er sie mit der Frage nach dem Ursprung der Welt und des endlichen freien Geistes gleichsetzt. Gott wäre nach Hegel ohne seine Selbstentäußerung in der Schöpfung nicht Gott, da Gott nicht lediglich das jenseitige Absolute, sondern vor allem der sich in der Geschichte, in seiner Gemeinde als ihr Geist realisierende Gott ist. Versteht man demgegenüber die Schöpfung als freie, nicht notwendige Tat Gottes, verschärft sich die Frage nach dem letzten Ursprung des Bösen, das nach Hegel allein in der Freiheit des Menschen zum Guten und Bösen begründet ist.

Die Menschheit – Domäne des Teufels (Scheeben)

Zwar hinterließ die Aufklärung auch in der katholischen Theologie des 19. Jahrhunderts ihre Spuren, wenn auch weniger nachhaltig als in der protestantischen[75]. Insgesamt jedoch ist die katholische Theologie dieser Epoche gekennzeichnet durch eine Reaktion gegen die Aufklärung. Das Verdienst, die Aufklärung überwunden zu haben, wird gemeinhin zwei Kräften zugeschrieben: der deutschen Universitätstheologie, besonders der sogenannten »Tübinger Schule«, als deren Begründer Johann Sebastian Drey (1777–1853), als deren repräsentativster Vertreter Johann Adam Möhler (1796–1838) gilt[76], sowie der von Rom ausgehenden Wiederbelebung der Scholastik (der sogenannten Neuscholastik), die im Wirken des Kölner Dogmatikers Matthias Joseph Scheeben (1835–1888) ihren Höhepunkt erreichte. Historiker der Theologie zögern nicht, Scheeben den größten Dogmatiker des 19. Jahrhunderts zu nennen[77]. Seine Stärke lag unter anderem darin, daß er mit der Beherrschung der mittelalterlichen Scholastik eine erstaunliche Kenntnis der Kirchenväter, vor allem der griechischen, verband. »Wenn schon die Vergangenheit wieder erstehen sollte, dann nicht bloß jene des 12. und 13. Jahrhunderts, sondern auch die des 3., 4. und 5. Jahrhunderts. Die griechischen Väter, insbesondere Cyrill von Jerusalem, waren die Gefährten seines Lebens.«[78] Bei dem hohen Ansehen dieses Gelehrten kann es nicht verwundern, daß er die katholische Theologie der letzten hundert Jahre entscheidend geprägt hat. Vor allem seiner Lehre über das Böse ist die katholische Dogmatik bis heute im wesentlichen treu geblieben.

Trotz der Scheeben nachgerühmten Gefolgschaft gegenüber den großen Lehrern des 12. und 13. Jahrhunderts sieht sein Lehrstück über das Böse erheblich anders aus als bei Anselm und Thomas von Aquin. Angelpunkt seiner Sündenlehre ist die Sünde der Engel: die schlüssige Erklärung für alles Böse, das auf Erden geschieht. Dies gibt

Scheeben schon dadurch zu verstehen, daß er die Engelsünde nicht wie Thomas im Zusammenhang mit der Schöpfung, sondern mit der Sünde behandelt. Im vierten Band seines »Handbuchs der katholischen Dogmatik« eröffnet er das Hauptstück »Die Sünde und das Reich der Sünde in ihrer tatsächlichen Verwirklichung« mit einer Abhandlung über »Die Verwirklichung der Sünde in der Engelwelt«[79]. Für Scheeben ist die Sünde der Engel die Sünde schlechthin, die sich in jeder menschlichen Sünde fortpflanzt und wieder abbildet. Scheeben erklärt als

> katholisches Dogma (1), daß die bösen Geister . . ., nachdem sie gut geschaffen worden, durch ihren eigenen freien Willen böse geworden sind und die Bosheit wie eine andere Natur angenommen haben. Aus äußeren und inneren Gründen aber ist (2) anzunehmen, daß der Fall der Engel schon bald nach ihrer Erschaffung, jedenfalls vor der Sünde der Menschen, stattgefunden hat und daß mithin die Scheidung der Finsternis vom Lichte auch im geistigen Sinn in die ersten Anfänge der Welt zurückreicht[80].

Demnach steht seit dem Schöpfungsmorgen dem Reich des Lichts ein Reich der Finsternis gegenüber. Vom Dualismus der Manichäer sind wir nicht weit entfernt. Nach Scheeben ist weiter anzunehmen, daß der Abfall von einem Engel ausging und durch Beispiel oder Aufforderung auf andere Engel übertragen wurde. Dies wiederum setzt voraus,

> daß der Anführer der gefallenen Engel überhaupt der höchste aller Engel gewesen sei[81].

Worin aber bestand diese Sünde der Engel? Nach Scheeben ist es »theologisch gewiß«,

> daß die ursprüngliche Sünde der Engel in einer durch die Betrachtung ihrer natürlichen Herrlichkeit und Gottähnlichkeit veranlaßten Selbstüberhebung (*praesumptio*) und dem ehrgeizigen Streben (*ambitio*) nach einer ihnen nicht gebührenden Gottähnlichkeit, resp. Gottgleichheit, also in Stolz und Hochmut bestanden hat[82].

Dabei sympathisiert Scheeben mit Suárez' Ansicht, wonach dem Engel die Menschwerdung Gottes geoffenbart wurde und dessen Stolz sich sträubte, einen Menschen als Haupt der Schöpfung anzuerkennen und sich diesem unterzuordnen.

Die Engelsünde ist nach Scheeben die Sünde in ihrer reinsten, ausgeprägtesten und darum schlimmsten Form, weil sie aus purer Bosheit (nicht, wie die Sünden der Menschen in der Regel, aus Unwissenheit und Schwachheit) geschah; weil sie nicht nur indirekt und stillschweigend, sondern direkt und ausgesprochen eine Auflehnung gegen Gott war und damit eine förmliche Feindschaft gegen Gott begründete; weil sie schließlich mit der Absicht der Unwiderruflichkeit geschah und sich in einem ununterbrochenen Akt der Auflehnung fortsetzt.

Die Folge dieser Sünde war die sofortige und ewige Verwerfung der gefallenen Engel durch Gott, verbunden mit einer vollständigen Korruption und Verkehrung ihres ganzen geistigen Lebens. Diese zeigt sich vor allem in der Verfinsterung und Verblendung ihres Verstandes und der Verhärtung oder Verstockung ihres Willens, kraft deren Lüge und Bosheit den Dämonen zur zweiten Natur geworden sind.

Die Strafe der Engel erfolgt in zwei Phasen. Zunächst erfreuen sie sich noch einer äußeren Bewegungsfreiheit und Wirksamkeit, die ihnen gestattet,

> in der Ausführung ihrer bösen Absichten und der Unterjochung der Menschen eine gewisse Befriedigung zu suchen[83].

Dann aber, nach dem Weltgericht, werden sie endgültig in die Hölle verwiesen. Indes erdulden sie schon während ihres Aufenthaltes auf der Erde dieselbe Qual wie in der Hölle.

In ihrem Haß gegen Gott sind die bösen Geister mit aller Kraft bestrebt, Gott und sein Reich anzufeinden und ein widergöttliches Reich aufzurichten. Da sie Gott selber nicht schaden und auch die im Guten verbliebenen Engel nicht zu sich herüberziehen können, konzentriert sich ihre Feindschaft auf den Menschen. Dieser ist ihr einziges angreifbares Objekt. Zwar hätte der erste Mensch auch ohne Anfeindung des Teufels sündigen können; in Wirklichkeit aber kam er nur durch die Versuchung des Teufels zu Fall. Die biblische Erzählung vom Sündenfall (Gen 3) ist nicht allegorisch zu verstehen, sondern als wirkliche Geschichte,

> nur hier und da in der Ausdrucksweise poetisch gehalten und ihrem Inhalte nach, namentlich was den Verlauf der Versuchung

betrifft, ein anschauliches Bild der Art und Weise, wie überhaupt die Sünde im Menschen zustande kommt.

Über den Urheber der Sünde gibt es keinen Zweifel:

> Vor allem steht fest, daß der eigentliche Versucher nicht die sinnliche Schlange, sondern der Teufel war[84].

Die Folgen der Sünde waren für die ersten Menschen: Verlust der heiligmachenden Gnade, Trübung der Vernunft, Schwächung des Willens, Rebellion der sinnlichen Begierde, Unterwerfung unter Leiden und Tod, gebrochene Herrschaft über die Schöpfung, schließlich die Unterwerfung unter die Macht des Teufels,

> welche darin besteht, daß der Mensch alle diese durch die Verführung des Teufels über ihn gebrachten Übel nach dessen Willen tragen muß und zugleich den mannigfachen äußeren und inneren, selbst gewalttätigen Anfeindungen desselben ausgesetzt ist[85].

Damit ist die Urheberschaft nicht nur alles moralischen, sondern auch alles physischen Übels in der Welt auf den Teufel abgewälzt. Sein Einfluß beschränkt sich nämlich keineswegs auf die eine Sünde der Stammeltern. Vielmehr wird diese Sünde auf dem Weg der Zeugung und Vererbung auf alle Menschen übertragen:

> Wenn die erste Sünde in der Menschheit in den Stammeltern selbst eine einzig furchtbare Verheerung anrichtete, sich in ihrer Natur festsetzte und dieselbe in allen ihren Teilen verschlechterte und ungerecht machte, so offenbart sich ihre furchtbare Macht und Wirksamkeit noch mehr darin, daß sie auf das ganze aus den Stammeltern hervorgehende Geschlecht hinüberwirkt und in ihm dieselben schlimmen Wirkungen nach sich zieht, die sie in der Natur der Stammeltern hervorgebracht hatte, indem sie die Natur aller menschlichen Individuen und durch die Natur diese selbst verschlechtert und der Sünde unterwirft. Diese universale Bedeutung der Ursünde ist ein Fundamentaldogma des Christentums, weil von ihm die Notwendigkeit der Erlösung für alle Menschen abhängt[86].

Die kollektive Haftung der gesamten Menschheit für die Sünde Adams bedeutet nicht nur, daß jeder Mensch im Augenblick seiner Geburt, ja seiner Empfängnis ein Sünder ist. Er muß auch die Folgen der Adamssünde mittragen: Verdunkelung des Verstandes, Schwächung des Willens, Unterwerfung unter die Herrschaft der Sünde und des Teufels. Damit ist die ganze Menschheit die Domäne des Teufels geworden. Scheeben hält es für wahrscheinlich, daß jedem Menschen zwar von Gott ein Schutzengel, aber vom Teufel auch ein böser Engel zugeteilt ist[87]. Die Herrschaft des Teufels äußert sich einerseits in Versuchungen zur Sünde, andererseits in der Zufügung anderer Übel, mit denen der Teufel jedoch ebenfalls die Menschen zur Sünde verleiten möchte. Zwar gehen nicht alle Versuchungen zur Sünde notwendig vom Teufel aus; sie können auch im »Fleisch« und in der »Welt« ihre Ursache haben. Dennoch hält es Scheeben für wahrscheinlich, daß der Teufel sich in der Regel dieser Faktoren zu seinen Zwecken bedient. Er kann auch in Form von Besessenheit den ganzen Menschen in Besitz nehmen – die vorzüglichste Manifestation seiner Herrschaft[88].

Am Bösen in der Welt ist der Teufel demnach in dreifacher Weise beteiligt: Er versuchte Adam und Eva zur ersten Sünde und stürzte damit das ganze Menschengeschlecht in einen Zustand allgemeiner Sündhaftigkeit und Teufelsherrschaft. Zu den unheilvollen Folgen der Ursünde gehört im besonderen das böse Begehren, das dem Menschen ständig Anlaß zu Versuchung und Sünde wird. Obwohl dieses Begehren indirekt schon das Werk des Teufels ist, verstärkt dieser von Fall zu Fall noch seinen verderblichen Einfluß, damit der Mensch der Versuchung um so sicherer erliege. Eine Chance scheint es für ihn somit kaum mehr zu geben.

Für die Erklärung des Bösen in der Welt ist mit Scheebens Thesen nichts gewonnen. Selbst wenn man sich seiner Argumentation mit der Engelsünde, auf die alles Böse letztendlich zurückgehe, anschließt, müßte man weiterfragen, wie die Engel dazu kamen zu sündigen; wie sie mit ihrem angeblich so hellen Verstand einen aussichtslosen Aufstand gegen Gott wagen konnten. Auf diese Frage gibt Scheeben keine Antwort; sie scheint für ihn gar nicht zu existieren.

Die beiden tragenden Pfeiler dieses düsteren Welt- und Menschenbildes sind die Legende von der Engelsünde und die augustinische Erbsündenlehre. Beide haben kein Fundament in der Schrift und können in einer sich ihrer Grenzen bewußten Theologie nicht bestehen[89]. Dennoch hat Scheeben für die katholische Dogmatik der letzten hundert Jahre die Weichen gestellt.

III. Die Antwort neuer Wissenschaften

1. Ersatzbegriffe für das Böse

Wir erleben heute, so scheint es, eine Eskalation des Bösen, wie es sie in der Geschichte der Menschheit noch nie gegeben hat. Die Kurve der Verbrechensstatistik, insbesondere der Jugendkriminalität, steigt und steigt. Schwere und Verwerflichkeit der Verbrechen haben durch eine pervertierte Phantasie und durch moderne technische Möglichkeiten zugenommen. Neue Formen des Verbrechens sind dadurch entstanden, daß Gruppen den Einzeltäter weitgehend ersetzt haben und ihn an Wirksamkeit mehrfach übertreffen. Die immer wieder gestellte Frage, ob die Deutschen zu einem Volk von Verbrechern geworden seien, ist daher verständlich. Nur sieht es auch in anderen Teilen der Welt grundsätzlich nicht besser aus. Der Terrorismus ist kein spezifisch deutsches, nicht einmal ein spezifisch europäisches Problem, und daß in anderen Ländern selbst Regierung und Staat vor Verbrechen nicht zurückschrecken – gleich ob sie »rechts« oder »links« einzuordnen sind –, beweisen die Folterkammern Südamerikas ebenso wie die psychiatrischen Gefängnisse der Sowjetunion[1].

Den Ursachen dieser Entwicklung nachzugehen ist nicht Aufgabe dieses Buches. Eine präzise Antwort ließe sich wohl schwerlich finden, denn Verbrechen werden aus den verschiedensten Gründen begangen, und zwar keineswegs nur aus Egoismus, Triebhaftigkeit, Sadismus und dergleichen. Sie geschehen ebenso im Namen der Freiheit, im nationalen Interesse und im Dienst anderer Ideen. Man spricht heute viel von der Würde und den Rechten des Menschen, was aber nicht daran hindert, sie mit Füßen zu treten. Die einen propagieren das Recht auf Eigentum als eines der unveräußerlichen Menschenrechte, die anderen denunzieren es als Vergehen, das durch Enteignung wiedergutgemacht werden muß. Wo früher Gehorsam gegen die Eltern gepredigt wurde, wird jetzt zum Widerstand aufgerufen, und die Gesellschaft, die einst normbildend wirkte, bedarf, wie manche meinen, heutzutage dringend der Veränderung.

Das »ethische Vakuum«

Das alles beweist, daß alte Traditionen ins Wanken geraten sind, daß Religionen und Weltanschauungen an Überzeugungskraft verloren haben. Selbst der Glaube an Fortschritt und Wissenschaft, der eine Zeitlang als Ersatz dienen konnte, ist heute einer allgemeinen Unsicherheit gewichen. Treffend hat man von einem »ethischen Vakuum« gesprochen[2], das für unsere Zeit charakteristisch sei. Die natürliche Folge eines solchen Vakuums ist das ungehinderte Einströmen von Pseudowissenschaften und Subkulturen, das Sichausbreiten von Sekten jeglicher Provenienz und magischen Praktiken, die Flucht in Rausch und Ekstase.

Nun war das Böse zu keiner Zeit eine allgemeingültige und genau definierbare Größe. Nicht nur erleben verschiedene Menschen die gleiche Entscheidungssituation auf unterschiedliche Weise und reagiert das Gewissen auf die gleichen Herausforderungen unter Umständen sehr ungleich. Das Böse wird auch je nach Raum und Zeit mit verschiedenen Inhalten gefüllt, eben weil es in einer direkten Relation zu dem jeweils vorherrschenden Wertekatalog steht. Man braucht gar nicht zu einem so exotischen Beispiel wie dem Kannibalismus – für die Betreffenden ein wertfreies oder sogar richtiges Verhalten – zu greifen, um klarzumachen, was hier gemeint ist. Totschlag und Mord, Polygamie und Ehebruch, Lüge und Hinterlist sind sehr viel näherliegende Akte, die selbst im europäischen Kulturkreis keineswegs zu allen Zeiten als sittliche Delikte einheitlich beurteilt wurden, ganz zu schweigen von so gegensätzlichen Wertordnungen, wie sie etwa durch Stichworte wie China und Amerika, Kommunismus und Kapitalismus bezeichnet werden.

Aber mehr noch, das Böse ist nicht nur ein relativer Begriff – das war es eigentlich zu jeder Zeit –, es ist zugleich auch ein Begriff, der dem Bewußtsein des Menschen weitgehend entschwunden zu sein scheint. Damit soll nicht gesagt sein, der Mensch sei dem Phänomen des Bösen gegenüber empfindungslos geworden. Wohl aber kommt er in Verlegenheit, wenn er Wesen und Ursprung des Bösen beschreiben soll.

Denn die herkömmlichen Bilder und Symbole reichen nicht mehr aus, die Erfahrung mit dem Bösen adäquat zum Ausdruck zu bringen. Auch der Christ läuft Gefahr, die Wirklichkeit, in der er heute lebt, zu verfehlen, wenn er sich auf das Vokabular der Bibel beschränkt[3]. Das gilt in besonderer Weise für die Gestalt des Teufels, mit der man jahrhundertelang das Böse fassen zu können glaubte.

Rückzug der Philosophie

In der Tat erklärt sich die moderne Philosophie für nicht kompetent, wenn es um die Frage geht, mit welchem Deutungssystem das Böse philosophisch bewältigt werden könne. Und das, obwohl die Beschäftigung mit dem Phänomen des Bösen eine viel ältere Domäne der Philosophie als der Theologie ist! Gelegentlich begegnen wir sogar der Ansicht, eine rein philosophische Erörterung des Problems sei von vornherein zum Scheitern verurteilt. Denn sie setze die philosophische Erkenntnis Gottes sowie eine gesicherte Lehre der menschlichen Freiheit voraus. Diese aber seien von der Philosophie nicht zu erbringen[4]. Und selbst der französische Philosoph P. Ricoeur, der einzige, der sich in jüngster Zeit vom Philosophischen her mit dem Problem des Bösen eingehender beschäftigte[5], ist der Überzeugung, das Böse sei allein dem mythischen oder symbolischen Ausdruck zugänglich. Zwar könne man über die »Fehlbarkeit« des Menschen reflektieren, aber zwischen der Möglichkeit zum Bösen und der bösen Tat liege ein tiefer Graben, über den die reine Reflexion nicht hinüberreiche. Aufschluß kann Ricoeur nur über die Einbruchstelle des Bösen geben. Diese sieht er in einer konstitutionellen Schwäche des Menschen, in einer vielfältigen Disproportion, die immer neuer Anstrengungen bedarf. Das Böse selbst ist auch für ihn nicht faßbar. Schließlich hatte schon K. Jaspers festgestellt, es gebe keine Antwort auf die Frage, woher das Böse komme. Gerade das Mißlingen jeder Theodizee kennzeichne unsere Grenzsituation und ermögliche die existentielle Haltung von Trotz oder Hingabe[6].

Allgemeingültige Antworten auf das Problem des Bösen sind also von der Philosophie nicht mehr zu erwarten. Und selbst wenn sie irgendwelche Aussagen versuchte, würde diesen jede Verbindlichkeit fehlen. Zwar kann die Philosophie, ähnlich wie die Dichtung, Probleme bewußt machen und Bedingungen nennen, wie sie zu lösen wären[7].

Aber universale Deutungssysteme oder neue Symbole, unter denen sich das Böse verstehen ließe, hat sie nicht mehr anzubieten. Dem entspricht die in modernen Wissenschaftszweigen immer häufiger vertretene Überzeugung, die Vorstellung eines Menschen, der etwas, was ihm zustößt, als böse qualifiziert, sei »unwissenschaftlich« und gehöre »einem überholten Stadium der Menschheitsentwicklung« an[8].

Dem Christen bleibt es nicht erspart, sich mit diesen neuen Strömungen und Denkweisen auseinanderzusetzen, auch wenn es vorwiegend in Form einer Abgrenzung geschähe.

Was zunächst auffällt: In keiner der in Frage kommenden Disziplinen existiert der theologisch-philosophische Begriff des »Bösen«. In der wissenschaftlichen Literatur ist er zum Teil durch das Wort »Aggression« ersetzt, ein Begriff, der sich auf mehr oder weniger gesicherte Ergebnisse stützt und durch andere Fakten wieder in Frage gestellt wird. Außerdem ist die Rede von Frustration, Anomie, Dysfunktionalität oder Devianz, lauter Begriffe, die auf neue Fragestellungen schließen und, wenigstens im Detail, neue Erkenntnisse erwarten lassen. Dagegen spielt dem Christen Vertrautes, Aussagen über Schuld, Sünde, Sühne, Stellvertretung und Verantwortung, in der Diskussion keine Rolle. Wie weit, das ist nun die Frage, kann sich der Christ den modernen Erkenntnissen anschließen? Worin sind sie ihm beim Verständnis und bei der Sinngebung seines Lebens hilfreich? Wo verkürzen sie andererseits seine Welt- und Lebenserfahrung?

Diese Fragen sollen im Blickfeld bleiben, wenn nun die Stellungnahmen anderer Wissenschaften zum »Bösen« erörtert werden.

Bei den neuen Wissenschaftszweigen, die sich mit dem »Bösen« befassen, handelt es sich vor allem um die Psychoanalyse, die Verhaltensforschung, den Behaviorismus, die Biologie und die Soziologie. Ihnen allen ist gemeinsam, daß sie sich als empirische Wissenschaften verstehen. Das heißt, sie lassen nur Ergebnisse zu, die sich auf Erfahrungen, Beobachtungen und Experimente stützen. So sehr sich nun auch die Antworten der verschiedenen Disziplinen im einzelnen unterscheiden, grundsätzlich gibt es für sie nur zwei Möglichkeiten, das Böse zu erklären. Entweder sucht man das Böse im Menschen selbst oder in seiner Umwelt. Daß es von einer transzendenten Größe, sei es Gott oder Teufel, verursacht sein könnte, bleibt außerhalb aller Überlegungen.

Unangepaßtheit

Die klassische Wissenschaft, die das Böse in die Natur des Menschen verlegt, ist die Psychoanalyse. Wenn die Psychoanalytiker von dem, was wir böse oder schlecht nennen, sprechen, meinen sie alle Arten von Unangepaßtheit und psychischen Störungen wie Depressionen, Zwangszustände, Sadismus sowie ihre Auswirkungen im psychosomatischen Bereich. Es sind also Verhaltensweisen, die dem Personkern widersprechen. Moralische Wertungen und Kategorien gibt es dabei nicht. Dennoch versucht die Psychoanalyse seit ihrem Begründer Sigmund Freud, Modelle oder Strukturen zu erstellen, die Ort, Herkunft und Art des Bösen im Menschen erklären sollen. Für Freud ist der Ort des Bösen die Triebwelt. Solange er die Sexualität (Libido) und den Selbsterhaltungstrieb für die beiden den Menschen beherrschenden Kräfte hielt, manifestierte sich für ihn das Böse in einer Unordnung der Triebe: Irgendein Verlangen drängt nach Erfüllung, danach pendelt sich das seelische Gleichgewicht wieder ein. Triebe sind also für Freud jene

> Kräfte, die wir hinter den Bedürfnisspannungen des »Es« annehmen . . . Sie repräsentieren die körperlichen Anforderungen an das Seelenleben[9].

Die Ansiedlung des Bösen im »Es«, jener Vitalschicht zwischen der bewußt agierenden Substanz und dem Über-Ich, das die durch die Erziehung übernommenen Normen repräsentiert, macht deutlich, daß der Trieb, in dem das Böse beheimatet ist, als leibseelisches Phänomen verstanden wird, das dem Menschen angeboren ist.

Präzisiert wird der Ort des Bösen erst in Freuds spätem dualistischen Triebmodell[10]. Nun manifestiert sich das Böse im Todestrieb, der sich entweder gegen den eigenen Organismus richtet oder andere zu vernichten sucht. Wäre ihm nicht der Lebenstrieb in einem engverflochtenen Spannungsverhältnis zugeordnet, würde der Mensch sich selbst vernichten. So aber lenkt der Lebenstrieb den Todestrieb ab, Mord und Vernichtung werden abgeschwächt zu Mordabsichten, Todeswünschen und Aggressionen. Entrinnen kann der Mensch dem Bösen nicht. Denn auch die Aggressionen sind ständige Impulse, die dem Menschen angeboren sind, das heißt zu seinem Charakter gehören.

So groß die Leistung Freuds auch war, den Menschen der bis dahin geltenden physiologisch-materialistischen Betrachtungsweise entzogen zu haben, so unzulänglich ist vom gegenwärtigen Standpunkt aus seine Auffassung von Trieb, Seele und Aggression. Seine Theorie erscheint heute als »recht abstrakte Spekulation«, die »kaum einen überzeugenden empirischen Beweis aufzuweisen« hat. Kann nun aber E. Fromm, der diese Kritik angemeldet hat[11], »empirische Beweise« für die »menschliche Destruktivität« liefern?

Destruktivität

Fromm, der von der Psychoanalyse Freuds ausging, später aber auch durch die Verhaltensforschung und durch marxistische Gedanken beeinflußt wurde, präzisiert den Begriff Aggression, der ihm bei Freud zu unbestimmt gewesen war, indem er zwei verschiedene Arten von Aggression unterscheidet. Die eine ist die defensive, gutartige, den vitalen Interessen dienende, Tieren und Menschen gemeinsame Aggression zur Erhaltung des Lebens. Sie ist biologisch angepaßt und erlischt, wenn die Bedrohung aufhört. Die andere ist die bösartige Aggression. Sie ist keine Reaktion auf eine Bedrohung, sondern vollzieht sich ohne Anlaß und Grund. Sie braucht auch keinem Zweck zu dienen, erfüllt aber in jedem Fall den Menschen mit Befriedigung. Die Intentionen dieser destruktiven Aggression, die nur dem Menschen, nicht dem Tier eignet, sind Mord und Grausamkeit. Lapidar sagt Fromm:

> Der Mensch unterscheidet sich jedoch vom Tier dadurch, daß er ein Mörder ist. Er ist der einzige Primat, der seine Artgenossen ohne biologischen oder ökonomischen Grund tötet und quält und der dabei Befriedigung empfindet[12].

Die beiden Arten von Aggression entstammen nicht derselben Quelle. Während die gutartige Aggression angeboren ist und zum Instinkt gehört, wurzelt die bösartige im menschlichen »Charakter«. Charakter ist nach Fromm die »zweite Natur« des Menschen, der Ersatz für seine verkümmerten Instinkte. Und je mehr der fortschreitende Zivilisationsprozeß die Instinkte auslöscht, um so höher wird der Grad der Destruktivität.

Drei Faktoren müssen nach Fromm zusammenkommen, damit man

einen Menschen böse nennen kann: die »Nekrophilie« (ihre Merkmale: der Wunsch zu töten, die Anbetung der Macht, das Sich-Hingezogen-Fühlen zu Tod und Kot, Sadismus), der »Narzißmus« (Selbstüberschätzung, Maßlosigkeit, Mangel an Objektivität und nüchternem Urteil) und die »inzestuöse Fixierung«, die den Menschen daran hindert, andere Menschen in ihrem Eigenwert zu akzeptieren. Wenn sich diese drei Strebungen verbinden und sich nicht nur im einzelnen, sondern in ganzen Gruppen ausbilden, kommt es zu jenem »Verfallssyndrom«, das sich im »Kollektiv-Bösen« besonders verheerend auswirkt und ein Phänomen wie Hitler erklärt.

Durch die Aufspaltung der Aggression in eine gutartige und eine bösartige nimmt Fromm eine Zwischenstellung ein zwischen der Psychoanalyse und der Verhaltensforschung[13]. Wie für Freud kommt die destruktive Aggression für Fromm aus den nicht näher definierten Trieben oder dem Charakter; in der Zuweisung des gutartigen Triebes zur biologisch bestimmten Instinktwelt jedoch schließt sich Fromm dem Verhaltensforscher Konrad Lorenz an.

Aggression

Lorenz kennt nur eine Art von Aggression. Jedes »böse« Verhalten des Menschen wie Krieg, Verbrechen, Streit, Lüge, Sadismus und Egoismus entspringt, ähnlich wie bei Freud, einem angeborenen Trieb, der von einem ständig fließenden Impuls gespeist wird und sich in einer Art Explosion zu entladen sucht, sobald sich genug Energie angestaut hat. Je länger die Energie angestaut wird, um so niedriger wird die Schwelle, die zur Auslösung überschritten werden muß; schließlich reicht ein kleiner Anlaß aus, um eine Aggressionseruption hervorzurufen. Die Aggression ist also keine Reaktion auf irgendwelche von außen an den Menschen herantretenden Reize, sondern eine »eingebaute« innere Erregung. Und es ist gerade »die Spontaneität des Instinktes, die ihn so gefährlich macht«[14]. Auch wenn Lorenz später eine Beziehung zwischen Erbgut und Umwelt nicht ausschließt, so bleibt er doch prinzipiell bei der Überzeugung, daß selbst die kompliziertesten menschlichen Verhaltensweisen »das unmittelbare Produkt genetisch verankerter Antriebsmechanismen« sind[15]. Höchstens quantitativ lassen sie sich in begrenztem Umfang von äußeren Reizen beeinflussen.

Da der Aggressionstrieb ein Instinkt ist wie jeder andere auch, hat er hauptsächlich art- und lebenserhaltende Funktion. Während nun aber in der Tierwelt die Instinkte »funktionieren«, sind sie beim Menschen (wie übrigens auch schon beim domestizierten Tier) durch die ihm auferlegten Zivilisationsbedingungen gestört und entartet. Die einst der Umwelt angepaßten Triebe versagen in der durch die Kultur veränderten Welt des Menschen – ähnlich äußert sich auch Fromm –, ja sie werden für ihn sogar zur Bedrohung. Da die Aggression eine Naturanlage des Tieres und – auf dem Wege der Evolution – auch des Menschen ist, sind moralische Wertungen oder Postulate sinnlos.

Lorenz' in manchem schockierende Theorie fand viel Anklang, stieß aber auch auf heftige Kritik [16]. Zu ihrer Popularität trug sicher bei, daß man nun gleichsam ein Alibi für sein böses Verhalten gefunden hatte. Wenn Gewalt und Verbrechen aus der tierischen Natur des Menschen kommen und der Aggressionstrieb angeboren ist, ist der Mensch nur noch bedingt oder gar nicht mehr für sein Tun verantwortlich. Andererseits birgt Lorenz' Theorie die Gefahr der Resignation in sich. Denn wenn das Böse unwiderstehlich und spontan wie eine Naturgewalt aus dem Menschen hervorbricht, ist es sinnlos, irgendwelche moralische oder praktische Anstrengungen zu unternehmen, um es zu überwinden. Vor allem jedoch wehrte man sich gegen die von Lorenz vollzogene Vertauschung der Perspektiven: Die nichtmenschliche Ordnung ist besser als die menschliche; deshalb hat der Mensch, ein hinsichtlich des Instinkts entartetes Tier, vom Tier »moralisches«, das heißt richtiges Verhalten zu lernen.

Biologische und kulturelle Norm

Auch Lorenz' Schüler I. Eibl-Eibesfeldt betrachtet die »genetische Grundlage aggressiver Disposition« als erwiesen [17]. Und er stellt ein ganzes Inventar menschlicher Verhaltensweisen zusammen, die sich aus stammesgeschichtlichen Determinanten ergeben. Im Unterschied zu Lorenz nimmt Eibl-Eibesfeldt jedoch an, daß es nicht nur *eine* Art von Aggression gibt, sondern daß stammesgeschichtliches Erbe und kulturelle Prägung zusammenwirken. Ja er ergänzt nicht nur das genetische Potential durch das kulturelle, das heißt im Laufe der Zeiten erworbene, sondern sieht auch beide je mit ethischen Normenkonflikten behaftet. Wenn es jedoch schon im biologischen Bereich eine Normenkonkurrenz gibt, würde das bedeuten, daß der Aggressionstrieb nicht erst durch gesellschaftliche Einflüsse gehemmt, sondern bereits durch angeborene Verhaltensweisen positiv beeinflußt werden kann. Noch eindeutiger gibt es dann Konflikte zwischen den biologischen (angeborenen) und den kulturellen Normen. Erst durch die kulturelle Entwicklung, zum Beispiel durch die Konkurrenz einzelner Gruppen um Raum und Rohstoffe, kommt das biologisch angelegte aggressive Verhalten zum Durchbruch.

Das Auffallende an der Konzeption von Eibl-Eibesfeldt ist nun, daß er Termini ins Spiel bringt, die bislang in der Verhaltensforschung nicht üblich waren. Das Gefühl der Unstimmigkeit, das sich aus dem Konflikt zwischen biologischer und kultureller Norm ergibt, nennt Eibl-Eibesfeldt ganz selbstverständlich »Gewissen«. Er ist auch der erste, der nicht nur von Trieben und Aggressionsverhalten spricht, sondern ebenso von Normen. In seinem jüngsten Werk, das W. Wieser als »die bis jetzt wahrscheinlich ausgewogenste Darstellung der Humanethologie« bezeichnet[18], lassen sich sogar Berührungspunkte mit jüdisch-christlichem Denken aufweisen, so wenn Eibl-Eibesfeldt das christliche Gebot der Feindesliebe als einen Versuch versteht, die kulturelle Norm der biologischen anzupassen. Denn die biologische Norm »Du sollst nicht töten!« leuchte unmittelbar ein. Sie werde deshalb nicht in Frage gestellt, weil sie angeboren sei und sowohl unserem Gefühl als auch unserem Verstand entspreche[19]. Das christliche Gebot bedeute also nichts anderes als die Bloßlegung eines im Laufe der Geschichte überlagerten natürlichen Verhaltens.

2. Die Bewältigung des »Bösen«

Was ergibt sich nun aus den Auffassungen vom Bösen, wie sie von der Psychoanalyse und der vom tierischen Verhalten ausgehenden Verhaltensforschung, der Ethologie, vertreten werden?

Ob, wie in der Psychoanalyse, das Böse in den »Charakter« des Menschen oder, wie in der Ethologie, in seine Gene verlegt wird, eine Chance, mit dem Bösen fertigzuwerden, hat der Mensch weder im einen noch im anderen Fall. Also bleibt eigentlich nur die Resignation. Ihr entgegenzuarbeiten versuchen die Forscher auf unterschiedliche Weise. Ob eine darunter ist, die auch dem Christen genügen könnte, bleibt abzuwarten.

Bewältigung durch »Anweisungen«

Der große Unterschied zwischen beiden Disziplinen liegt zunächst darin, daß der Psychoanalytiker seine Erkenntnisse am Menschen, der Verhaltensforscher am Tier gewinnt. Dementsprechend unterschiedlich ist der Grad von Determinismus, den beide vertreten. Lorenz, der Vater der Ethologie, ist da ganz streng. Da die Aggression eine Naturanlage von Tier und Mensch ist, nützen alle moralischen Postulate nichts, sofern sie nicht auf der naturhaften Basis beruhen. Lorenz kann daher zur Bewältigung des »sogenannten« Bösen lediglich ein paar »Anweisungen« geben: Der Mensch soll sich selbst erkennen, was bei Lorenz heißt, Einblick nehmen in seine evolutive Herkunft; er soll die Aggression sublimieren, Freundschaften und Bekanntschaften pflegen sowie »kämpferische Begeisterung« an den Tag legen (zu Lorenz' speziellen Empfehlungen gehört daher der Sport)[1]. Da für Lorenz das Böse letztlich fehlgesteuerte Aggression ist, kann die Aufgabe des

Menschen nur darin bestehen, sein Verhalten durch Triebbeherr-schung und Triebsteuerung zu humanisieren, etwa durch das Umstei-gen auf Ersatzobjekte oder durch das Engagement für überindividuelle Ziele – gewiß eine unbefriedigende Antwort, aber konsequent abgelei-tet aus der Interpretation des Menschen als eines höheren Tiers.

Bewältigung durch Einüben des Guten

Eibl-Eibesfeldt vertritt gegenüber seinem Lehrer eine viel »humanere« Position. Nicht nur, daß er grundsätzlich dem Menschen die »Fähig-keit der Distanzierung, die ein Abwägen erst ermöglicht«[2], also ein gewisses Maß von Freiheit zuspricht. Er traut ihm auch aktives, verant-wortliches Handeln zu. Die Versuche der katholischen Kirche, ein Naturrecht zu begründen und Gottes Willen aus der Natur abzulesen, sind ihm Beweis dafür, daß der Mensch die universelle (biologische) Norm für verpflichtender hält als die partielle (kulturelle). Daraus ergibt sich für ihn die Aufgabe des Menschen, universell verbindliche kulturelle Normen zu entwickeln. Denn die Wurzel der Sehnsucht des Menschen nach Frieden und Glück liegt in der Unstimmigkeit zwi-schen kultureller und biologischer Norm. Wenn der Mensch begreift, daß der Krieg und alle übrigen Aggressionen durch andere Funktio-nen, durch eine »menschheitsverbindende Humanität« ersetzbar sind, dann wird er den Ansprüchen, die man biologisch und kulturell an ihn stellen muß, gerecht werden. »Unser Gewissen bleibt damit unsere Hoffnung.«[3] Ausdrücke wie »Gewissen«, »Humanität« und »Norm« weisen auf die allmähliche Entfernung der Verhaltensforschung von den rein biologischen Kategorien des Anfangs.

Bewältigung durch Triebsublimierung

Auch für Freud sind Bestimmtheit und Freiheit bis zu einem gewissen Grad vereinbar. Zwar ist der Mensch durch Ursache und Wirkung determiniert, dennoch bleibt ihm durch Erkenntnis und Einsicht ein Spielraum für freies Handeln; Fromm bezeichnet die Entscheidungs-freiheit sogar als eine »Funktion der Charakterstruktur«[4]. Freiheit ist demnach keine Eigenschaft, die der Mensch von Natur aus hat, sie geschieht vielmehr im konkreten Akt, wobei ihr Ausmaß von der »Lebenspraxis« abhängt, die der Mensch eingeübt hat.

Jeder Schritt im Leben, der mein Selbstvertrauen, meine Integrität, meinen Mut und meine Überzeugung stärkt, fördert auch
meine Fähigkeit, die rechte Alternative zu wählen, bis es mir
immer schwerer fällt, mich für das Böse statt für das Gute zu
entscheiden. Andererseits schwächt mich jeder Akt von Feigheit
und schwächlichem Nachgeben und öffnet die Tür für weitere
Akte dieser Art, bis die Freiheit zuletzt verloren ist[5].

Indem der Mensch also der Stimme der Vernunft, der Gesundheit, des
Wohlbefindens, des Gewissens folgt, kann er das Irrationale und die
Leidenschaften beherrschen lernen. In diesem Punkt berührt sich
Fromm mit Freud und Jung, denn was er »irrational« und »Leiden-
schaft« nennt, ist bei Freud und Jung das Unbewußte, der Trieb oder
der »Schatten«, also alles, was unterjochen und zerstören kann. Hatte
Freud in seiner Todestrieblehre betont, daß der Mensch dem Bösen
nicht entrinnen kann, weil die aggressiven Impulse zu seiner Natur
gehören, so führen ihn seine späten kulturphilosophischen Studien zu
der Auffassung, das Böse lasse sich bezwingen, wenn sich der Mensch
durch die Sublimierung der Triebe eine Selbstbeschränkung auferlege.
Vor allem in der Schrift »Das Unbehagen in der Kultur«[6] fordert Freud
diesen Triebverzicht und vertritt die Ansicht, Kultur sei nur auf der
Basis von Verzicht und Einschränkung möglich.
   Die Psychoanalytiker sind sich darin einig, daß das Gute wie das
Böse konstitutiv zum Menschen gehört. Pointiert formuliert Fromm,
der »der menschlichen Existenz innewohnende Widerspruch« (zwischen dem Guten und dem Bösen, bei Fromm: der defensiven und der
destruktiven Aggression) mache geradezu das Wesen des Menschen
aus[7]. Jedoch liegt in diesem Widerspruch auch die große Chance für
den Menschen. Ohne sein »Es«, ohne seinen »Schatten«, in deren
Bereich das Böse siedelt, käme der Mensch nie zu jener vertieften
Selbsterkenntnis, die den Individuationsprozeß erst ermöglicht, und
insofern hat das Böse durchaus auch eine positive Funktion. Wo »Es«
war, solle »Ich« werden, fordert Freud[8], und Jung sieht die einzige
Möglichkeit, mit dem Bösen fertigzuwerden, darin, daß der Mensch
die dunklen Aspekte seiner Person annimmt; er fordert geradezu die
»Conjunctio oppositorum«. Schuldig wird der Mensch erst dann,
wenn er sich weigert, sich seinen »Schatten« bewußt zu machen[9].

Bewältigung durch Integration

Wie sehr das Negative und das Positive im Menschen kontrapunktisch aufeinander bezogen sind, zeigt L. Szondi mit seiner Anfang der siebziger Jahre viel beachteten Schicksalsanalyse, mit deren Hilfe er neue psychotherapeutische Heilmethoden entwickelte. Wie die Psychoanalyse den Ödipuskomplex zu ihrem zentralen Forschungsproblem gemacht hatte, so stellt die Schicksalsanalyse Kain in den Mittelpunkt des menschlichen Daseins. Am Beispiel von Kain und Mose, die beide getötet haben, macht Szondi klar, bis zu welchem Grad die »kainitischen« und die »moseischen« Züge im Menschen die Integration des Bösen geradezu fordern. Das Schicksal Kains und das Schicksal Moses entspringt derselben seelischen Quelle. Und erst beide Bedürfnisse, der Drang, im Affekt zu töten, und das Gebot der Vernunft, ein Gesetz »Du sollst nicht töten!« zu erlassen, machen den Menschen zum Menschen und bedingen seine Größe. Szondi wagt sogar die These,

> daß Moses nie der historische Staatsverfasser und Gottesmann geworden wäre, wenn er nicht in der Jugend getötet hätte. Das Tötungsmotiv im Schicksale Moses ist m. E. das urgründige schicksalformende Element. Nur durch das Totschlagen eines Menschen ist Moses durch die nachfolgende Schulderkenntnis vom Töten zu Gott und zu dem Gewissensverbot im Dekalog gekommen: Du sollst nicht töten![10]

Das Böse ist also weniger ein moralisches Problem als ein »existentielles Debitum«[11].

Mit dieser Deutung bezieht die Psychoanalyse eine extrem andere Position als die Moraltheologie. Während diese alles tut, um das Böse aus dem Leben des Menschen zu entfernen und ihn um jeden Preis davor zu bewahren, soll nach psychoanalytischer Überzeugung das Böse gerade nicht eliminiert oder unterdrückt, sondern bewußt gemacht und integriert werden. Noch einen Schritt weiter geht E. Neumann, ein Schüler Jungs, wenn er sagt:

> Das Böse, das jemand im Wissen der Verantwortung tut und dem er sich nicht entzieht, ist ethisch gut. Die Verdrängung des Bösen, die immer von einer inflationistischen Selbstüberwertung beglei-

tet ist, ist böse, auch wenn sie von einer »guten Gesinnung« oder einem »guten Willen« ausgeht[12].

Aus diesem Grund wendet sich die Psychoanalyse auch gegen den »Teufel«. Da sie ihn lediglich als Projektion psychischer Vorgänge versteht, als eine Figur, in der sich die psychische Wirklichkeit des Bösen bildhaft äußert, sieht sie im Teufelsglauben die Gefahr, der Mensch könnte durch ihn veranlaßt werden, seinen Konflikten auszuweichen, und so seine Selbstentfaltung und Selbstintegration hemmen.

Bewältigung des Bösen durch Abreagieren am Ersatzobjekt (Lorenz), durch Einüben des Guten (Eibl-Eibesfeldt und Fromm), durch Selbstbeschränkung und Sublimierung (Freud) oder durch Integration (Jung, Szondi, Neumann): das sind die vier von Psychoanalytikern und Verhaltensforschern angebotenen Möglichkeiten.

3. Mensch und Umwelt

Noch aber fehlen wichtige Stimmen zum Thema. Ging es bis jetzt um Disziplinen, die das Böse im Menschen lokalisieren, so sieht eine zweite Gruppe, in ausdrücklicher Ablehnung des Lorenzschen Instinktbegriffs, das Böse außerhalb des Menschen, das heißt, durch die Umwelt verursacht. Allerdings wird die Rolle der Umwelt ganz verschieden gedeutet. Im wesentlichen gibt es zwei Auffassungen. Bei der einen hat die Umwelt repressiven Charakter: Sie behindert die freie Entfaltung des Menschen und beschneidet seine Anlagen. Bei der anderen wird der Umwelt eine positive, den Menschen formende Rolle zugeschrieben. Bei beiden Auffassungen jedoch werden Mensch und Welt als Gegenüber verstanden.

Der manipulierte Mensch

In der zweiten Gruppe sind die Behavioristen die wichtigsten Vertreter. Der Behaviorismus[1] ist eine vor allem in Amerika vertretene Richtung der Psychologie, die von jeder Selbstbeobachtung absieht und nur das Verhalten erforschen will. Was der Mensch denkt, empfindet, wünscht oder wahrnimmt, interessiert die Behavioristen nicht. Denn nicht der Mensch ist Gegenstand ihrer Forschung, sondern das an ihm zu beobachtende Verhalten und die Beeinflußbarkeit dieses Verhaltens durch die Umwelt. Die entscheidende Rolle spielen dabei die sogenannten *reinforcements* (Verstärkerwirkungen): Johnny mag keinen Spinat, aber wenn er ihn trotzdem ißt, bekommt er von seiner Mutter eine Belohnung. Durch dieses regelmäßig angewandte positive *reinforcement* wird Johnny schließlich so »konditioniert«, daß er Spinat gerne ißt.

Es ist das Verdienst S. F. Skinners, der als der Begründer des Neobehaviorismus gilt, durch zahllose Experimente die Richtigkeit solcher Beobachtungen erwiesen zu haben, daß nämlich ein positives *reinforcement* den Menschen in erstaunlichem Maß zum Guten, ein negatives zum Bösen hin beeinflussen kann. Es liegt in der Konsequenz dieser Experimente, durch die Auswahl der richtigen *reinforcements* die Umwelt so zu gestalten, daß das Verhalten des Menschen in der gewünschten Richtung verändert wird. Voraussetzung dafür ist lediglich die genaue Kenntnis der Umwelt; das Ziel, auf das hin verändert werden soll, ist vom Experimentator beliebig festsetzbar. Entscheidend ist also nicht die Frage, *wozu* konditioniert werden soll, sondern *ob* eine Konditionierung möglich ist und *wie* sie sich am besten erreichen läßt. Skinner geht es deswegen primär um eine »Technologie des Verhaltens«: Psychologie bedeutet für ihn die Wissenschaft von der Manipulierbarkeit menschlichen Verhaltens.

Es leuchtet ein, daß in einem solchen System Werte und Normen keine Rolle spielen. Normen sind für Skinner nichts anderes als »Aussagen über die Kontingenzen«[2], das heißt über beliebige Zufälligkeiten; sie hängen ab von den Folgen des Verhaltens. Und da Werturteile wie gut oder böse nur Empfindungen, nicht Fakten berühren, sind sie für Skinner unbrauchbar:

> Die Verhaltensweisen, die als gut oder schlecht und als richtig oder falsch eingestuft werden, sind nicht auf Tugendhaftigkeit oder Schlechtigkeit, auf einen guten oder schlechten Charakter oder auf ein Wissen um Gut und Böse zurückzuführen; sie sind zurückzuführen auf Folgewirkungen, zu denen eine Vielzahl von Verstärkern gehört, darunter auch die verallgemeinerten verbalen Verstärker »Gut!«, »Schlecht!«, »Richtig!« und »Falsch!«[3].

Damit ist für Skinner jedes moralische Bewußtsein überwunden, für ihn ist der Mensch »kein moralisches Lebewesen«[4]. Ob der Mensch Egoist oder Techniker, Mörder oder Professor wird, ist nur eine individuelle Reaktion auf je verschiedene Umweltbedingungen.

Deswegen wendet sich Skinner mit besonderer Schärfe gegen den »autonomen Menschen«, dessen Verhalten seine eigene Leistung ist, der frei ist in seinen Überlegungen und Entscheidungen. Der autonome Mensch, der sich gemäß eingebauten Wertvorstellungen selbst kontrolliert und sich einsetzt für das, was er für gut hält, muß abgeschafft werden[5], denn ein solches Menschenbild ist »vorwissenschaftlich«[6]. Skinners Erkenntnis lautet anders:

> Eine Person wirkt nicht handelnd auf die Welt ein, sondern die Welt wirkt handelnd auf die Person ein[7].

Die Schwächen von Skinners Position liegen auf der Hand. Ein derart ungehemmter, auf plattem Rationalismus gründender Fortschrittsglaube ist nicht nur naiv, er ist auch gefährlich. Daß Skinner die Welt in eine vorwissenschaftliche und eine wissenschaftliche einteilt und die wissenschaftliche mit sich selbst beginnen läßt, mag man als grenzenlose Selbstüberheblichkeit noch übergehen. Und utopische Zukunftsbilder von einer Welt ohne das Böse, ohne Angst, Neid und Arbeitsdruck, von einer Welt, in der Religion[8], Kunst und Literatur funktionslos geworden sind, weil Würde und Freiheit des Menschen zu den überholten Vorstellungen gehören, wurden auch schon vor Skinner entworfen. Aber ein Mensch, der wissenschaftlich vollkommen analysierbar und bei entsprechenden Vorkehrungen weitgehend manipulierbar ist; dessen wichtigste Aufgabe darin besteht, sich ein möglichst »komplexes Verhaltensrepertoire«[9] anzueignen; dessen Triebe und Leidenschaften, die guten wie die schlechten, geleugnet, an dessen Egoismus und Eigennutz ausschließlich appelliert wird – ein solcher Mensch ist, zumindest nach den herkömmlichen Begriffen, kein Mensch, sondern höchstens eine Versuchsperson im Laboratorium. Und an diesem Punkt schlägt Skinners utopische Zukunftsvision in ein Horrorbild um, das jeder Science-fiction zur Ehre gereichen würde. Die nivellierte Reaktionsmaschine jenseits von Gut und Böse, die nur noch funktioniert, gleich, ob sie von einzelnen oder von ganzen Systemen gebraucht oder auch mißbraucht wird, eröffnet schreckliche Perspektiven. Das »ethische Vakuum«, das man ansonsten beklagt – hier ist es als technisch realisierbare Endlösung angeboten.

> Die wissenschaftliche Sicht des Menschen bietet erregende Möglichkeiten. Wir haben noch nicht erkannt, was der Mensch aus dem Menschen machen kann.

Diese Schlußsätze aus Skinners Buch treffen ins Schwarze, nur in einem anderen Sinn, als der Autor meint. Trotzdem darf man sich nicht beruhigen mit dem Hinweis, der verkürzte Wissenschaftsbegriff, der dieser Aussage zugrunde liegt, sei heute bereits überholt. Tatsache ist

jedenfalls, daß der Neobehaviorismus sich vor allem in Amerika großer Beliebtheit erfreut. Die Gründe dafür sind leicht einzusehen. Wenn
der Mensch steuerbar ist, dann gibt es keinen Grund, warum man nicht
eine optimale Gesellschaft schaffen sollte, die alle sozialen Wünsche
erfüllt, von denen man bislang nur träumte: Frieden, Freiheit, Gerechtigkeit würden auf der Erde wirklich Einzug halten und nicht nur
versprochen werden wie im Marxismus. Darüber hinaus übernimmt,
wie die Aggressionstheorie der frühen Verhaltensforschung, auch
Skinners System eine Alibifunktion. Der »autonome« Mensch riskiert
persönliche Einbußen oder gar Freiheit und Leben. Der »angepaßte«
Mensch, der durch Konsum, Reklame und Ideologien manipuliert ist,
fühlt sich in der Masse wohl und ist für das Gesamtgeschehen nicht
verantwortlich.

Der frustrierte Mensch

Die andere Gruppe der Milieukritiker, die Anhänger der Frustrationstheorie, messen der Umwelt einen negativen Einfluß auf den Menschen
bei. Waren die Behavioristen der Meinung, die Umwelt sei gut und
qualifiziere den Menschen, so nehmen die Vertreter der Frustrationstheorie an, die Umwelt sei repressiv und hindere den Menschen an der
Entfaltung seiner guten Anlagen. Durch diese dauernde Beeinträchti-
gung wird der Mensch frustriert, und er reagiert darauf mit Aggressionen, womit alle »bösen« Handlungen und negativen Verhaltensweisen
gemeint sind. Aggressionen sind also nicht, wie Freud und Lorenz
meinten, dem Menschen angeboren, sondern werden in ihm durch
Entzug oder Versagen hervorgerufen. Denn aus der Enttäuschung
ergibt sich notwendig das Bedürfnis, zu schaden oder anzugreifen.
    Es lag nahe, daß diese Theorie bei den linksliberalen Soziologen und
Lernpsychologen ihre entschiedensten Verfechter fand. Als exponier-
tester Vertreter der Richtung hat sich A. Plack einen Namen gemacht.
Plack ist der Ansicht, daß

> die Verbrechen in einer bestimmten Gesellschaft eine Wirkung
> der in ihr durchgesetzten Moral selber sind. Der Zwang zu einer
> willkürlich, d. h. nicht anthropologisch begründeten oder be-
> gründbaren Form des Gutseins muß ein diesem »Guten« genau
> entsprechendes Böses aus dem Menschen hervortreiben [10].

Verbrechen, vor allem kollektive, sind demnach eine Revolte gegen die Moral, gegen Angepaßtheit und Triebunterdrückung durch die Gesellschaft. Triebbefreiung heißt daher für Plack das Allheilmittel gegen jede individuelle und soziale Not.

Es ist bemerkenswert, daß Plack die Triebbefreiung im Abbau gerade sexueller Tabus sucht, weil er zwischen sexuellem Versagen und sozialem Aggressionsverhalten einen Zusammenhang sieht. Damit entspricht er der psychoanalytischen Erkenntnis, daß Sexualität und Machtstreben eng verknüpft sind, wobei allerdings noch nicht geklärt ist, ob abnormes Sexualverhalten die Ursache oder die Folge des Machtstrebens ist. Auf jeden Fall deutet sich hier eine Möglichkeit an, auch das kollektive Böse, das durch Diktatoren wie Hitler oder Stalin verursacht wurde, zu erklären[11].

Die Forderung der Frustrationstheorie, mehr Freiheit und Freiheit um jeden Preis, wurde vor allem von den Erziehungswissenschaften bereitwillig aufgegriffen. Man forderte eine Erziehung, die frei sei von allen Zwängen, eine Erziehung,

> die der menschlichen Natur angepaßt ist und die es erlaubt, die unserer Art innewohnenden Möglichkeiten optimal zu entfalten. Das Resultat wäre der freie, soziale, selbstbewußte, sichere, schöpferische Mensch, der die Tradition seiner tierischen Vorfahren würdig fortsetzt[12].

Die freieste Erziehung ist demnach die beste, wobei die Lorenzsche Idee durchschimmert, das Tier sei das bessere, »moralischere« Lebewesen. Die liberale Linke, zum Beispiel Adorno, ging sogar so weit, zu sagen, jemanden überhaupt erziehen zu wollen sei eine Anmaßung, denn Erziehung müsse notwendig autoritär sein; das aber stehe im Widerspruch zur Idee des mündigen Menschen. Also forderte man eine antiautoritäre Erziehung. Diese ist allerdings

> weniger der Versuch, ein Erziehungssystem durch ein anderes zu ersetzen, sondern die Utopie, Erziehung völlig entbehren zu können[13].

Dem Wunschtraum, der ohne Versagungen und Einschränkungen aufwachsende Mensch werde ein freier und aggressionsloser Mensch sein, sind vor allem weltanschauliche und politische Ideologien verfallen, angefangen vom Marxismus über den Sozialismus und linken

Liberalismus bis hin zur Strukturkritik eines H. Marcuse. Sie alle sind sich einig in der Überzeugung, der Mensch sei jahrtausendelang unterdrückt, seine guten Anlagen seien korrumpiert und mißbraucht worden; jetzt müsse er endlich von allen Zwängen befreit werden. Schrieb man bislang böses Tun jeweils dem einzelnen zu, so sind es nun die Institutionen, der Kapitalismus, der Klassenfeind, das herrschende System, die Bürgerlichen, die »böse« sind und deshalb bekämpft werden müssen.

Der unterdrückte Mensch

Marx war der erste, der Wirtschafts- und Gesellschaftsformen für die Abhängigkeit des Menschen und seine Unfreiheit verantwortlich machte. Seiner Sozialphilosophie liegt die Einsicht zugrunde, daß der Mensch nur in menschenwürdigen Verhältnissen menschlich leben könne. Ursprünglich ging es ihm also um den Menschen, nicht um den Umsturz der Verhältnisse. Eine humane Neuordnung verspricht sich Marx von der »klassenlosen«, jede Gewalt überflüssig machenden »kommunistischen« Gesellschaft. Weil aber nach seiner Überzeugung »der Mensch das höchste Wesen für den Menschen ist«, sind notwendig

> alle Verhältnisse umzuwerfen, in denen der Mensch ein erniedrigtes, ein geknechtetes, ein verlassenes, ein verächtliches Wesen ist[14].

Dieses ideale und durchaus moralische Postulat verliert jedoch seine Integrität, wenn versucht wird, mit Gewalt und Kampf das Paradies auf Erden herbeizuführen. Es ist eben sehr die Frage, ob man seine eigenen Vorstellungen von Glück auch einem anderen aufzwingen darf, indem man dessen Bewußtsein zu verändern sucht. Und nicht jeder »Fortschritt« kommt auch denen zugute, die die Voraussetzungen für ihn geschaffen haben.

Es versteht sich von selbst, daß bei einem so radikalen logisch-objektiven Verständnis von Geschichte, wie es beim historischen Materialismus vorliegt, für die ethische Fundierung menschlichen Verhaltens kein Raum bleibt. Wenn der Ablauf der Geschichte nur von ökonomischen Gesetzmäßigkeiten abhängt, verdrängt das einzig gültige Prinzip der Kausalität jeden individual-ethischen Ansatz. Der Mensch wird total funktionalisiert, der Zusammenhang von geschichtlichem Fortschritt und – sittliche Freiheit voraussetzender – Kreativität des Menschen geleugnet.

Das bedeutet nun aber nicht, daß es in der marxistischen Sozialphilosophie keine Werte und damit auch nicht die Unterscheidung von gut und schlecht gäbe. Aber diese Werturteile beziehen sich nicht auf das ethisch verantwortete Handeln des einzelnen, sondern auf seine Konformität, seine Anpassungsfähigkeit an das System, seine Erfüllungsbereitschaft gegenüber der vom System vorgeschriebenen Norm. Kommt der Mensch den gestellten Ansprüchen nicht nach, macht er sich schuldig, aber eben vor dem (sozialistischen) System. Das ist keine moralische Schuld im herkömmlichen Sinn, sondern ein Versagen, eine Verfehlung gegenüber der Arbeiterklasse oder auch einfach Insubordination. Das »Böse« im Marxismus-Sozialismus ist auf seiten des einzelnen Mangel an Systemkonformismus, auf seiten des Systems eine autoritär-repressive Struktur[15].

Die konfliktlose Gesellschaft

Marxisten, Behavioristen und Frustrationstheoretiker sind sich in dem einen Punkt einig, daß es möglich sein muß, das Paradies auf Erden zu schaffen. Ob das Ziel nun die klassenlose Gesellschaft, der unbegrenzt anpassungsfähige oder der in einer repressionsfreien Umwelt lebende Mensch ist – der utopische Charakter der drei Entwürfe wird davon nicht berührt. Daß es in der Geschichte der Menschheit jemals einen repressionsfreien Raum, sei es auch nur für kurze Zeit, gegeben hätte, wird sich schwerlich nachweisen lassen, und auch der fortschrittliche Glaube an die Veränderbarkeit der menschlichen Gesellschaft und der sie bestimmenden Faktoren kommt um die empirische Einsicht nicht herum, daß jeder Fortschritt, sei es beim einzelnen, sei es in der Gesellschaft, mit Opfern verbunden ist. Ohne Verzicht und Selbstbeschränkung ist noch kaum je eine große Tat geglückt. Hinzu kommt, daß jedes menschliche Tun mit der Möglichkeit des Scheiterns rechnen muß. Deshalb kommt es letztlich nicht darauf an, Frustrationsmöglichkeiten zu beseitigen, sondern den Menschen in die Lage zu versetzen, mit seinen Frustrationen selbst fertigzuwerden. Darin besteht eben der Grundirrtum der antiautoritären Erziehung, daß sie eine repressions- und frustrationsfreie »Erziehung« überhaupt für möglich und wünschenswert hält, ganz abgesehen davon, daß eine Erziehung, die auf größtmögliche Trieberfüllung ausgerichtet ist, Aggressionen eher weckt als verhindert[16]. Umgekehrt erstickt ein vorwiegend mit Repression, Zwang und Drohung operierendes System wie der Marxismus jede Initiative, da es den Menschen in die Subordination zwingt und zum Funktionär macht. Beide »Zielvorstellungen« sind »in höchstem Maße unverantwortlich«[17]. Treffend hat R. Dahrendorf formuliert:

> Wer eine Gesellschaft ohne Konflikte herbeiführen will, muß dies mit Terror und Polizeigewalt tun; denn schon der Gedanke einer konfliktlosen Gesellschaft ist ein Gewaltakt an der menschlichen Natur[18].

Der Christ und die Milieukritiker

Wenn nun auch für den Christen die Zehn Gebote und ihre personal gesehene Ethik verbindlich bleiben werden, sollte er doch vor den Erkenntnissen der Milieutheoretiker nicht die Augen verschließen. Gewiß ist deren Auffassung von Schuld, Verantwortung, von Gut und Böse verkürzt und nivelliert, aber angesichts von Terrorismus und Wohlstandskriminalität kann die Berechtigung des Schlagwortes »Schuld der Gesellschaft« nicht bestritten werden. Mit einer Formulierung A. Mitscherlichs:

> Aggressive Herausforderung und aggressive Antwort schwingen allmählich aufeinander ein und verstärken sich gegenseitig[19].

Diese »Rückkoppelung« (*feedback*) von einzelnem und Gesellschaft erklärt eine ganze Reihe heute typischer Fehlverhalten wie Selbstisolierung, Gruppenzwang, Vergötterung von Gesellschaftsidealen.

Sicher lassen sich Gründe für diese Verhaltensweisen anführen, die nicht beim einzelnen liegen, etwa die Verfälschung der Realität durch Werbung und Propaganda, das materialistische, profitorientierte Denken der älteren Generation, die Zwänge einer bürokratisch verwalteten Welt und dergleichen mehr. Trotzdem ist dadurch der einzelne aus seiner Verantwortung nicht entlassen, denn grundsätzlich

> können die moralischen Ursachen gesellschaftlicher Unordnung auch immer nur beim Individuum und seinem Fehlverhalten

gegenüber dem Gesetz gesucht werden, nicht beim Gesetz selbst[20].

Das Problem ist nur, daß der Mensch, der auf eine Ordnung verpflichtet wird, die er nicht akzeptieren kann, mit Unangepaßtheit reagiert und in seiner personalen Entfaltung beeinträchtigt wird.

»Libidinöse Vernünftigkeit«

Einen Ausweg aus dieser Situation gibt es auf der Grundlage der »klassischen« Schuldmoral, die sich über Hegel, Kant und Thomas bis auf Platon zurückverfolgen läßt, nicht. Das ist der Grund, weshalb alle hier skizzierten modernen Entwürfe nach einem neuen Ansatz suchen. Bei allen Unterschieden im einzelnen wird man mit W. Korff das Gemeinsame in jenem »elementaren moralanthropologischen Datum« sehen dürfen, mit dem diese Entwürfe

> den Menschen als ein sich selbst aufgegebenes, sich selbst herstellendes, sich selbst verantwortendes Wesen begreifen und eben damit notwendig in Gegensatz zu jedem Sittlichkeitsverständnis treten, das Moralität auf Dressate reduziert und Gut und Böse radikal von außen bestimmt sein läßt[21].

Von hier aus ist auch H. Marcuses Plädoyer für eine nicht-repressive, aber dennoch »triebvernünftige« Moral zu verstehen. Mit seiner Strukturkritik greift er über eine radikale Ablehnung der herrschenden Gesellschaftsformen weit hinaus. Was ihn interessiert, sind die Bedingungen, die nötig sind, um dem Menschen die Möglichkeit zu geben, ein sich selbst verantwortendes, freies und bewußtes Wesen zu werden, das die tradierten und neu zugewachsenen Zwänge hinter sich lassen kann. Dabei setzt Marcuse gerade auf die Vernunft des Menschen. Ob mit diesem »reifen Bewußtsein«, das eine geradezu »libidinöse Vernünftigkeit« entfalten soll, tatsächlich eine »höhere Form kultureller Freiheit« erreicht werden kann[22] oder ob auch Marcuse einer Utopie nachjagt, mag dahingestellt sein. Wichtig für uns ist die Tatsache, daß Marcuse das Böse nicht einfach der Umwelt oder auch der menschlichen Natur zuschreibt und damit den Menschen mehr oder weniger hilflos dem Bösen preisgegeben sein läßt, sondern daß der Mensch aufgerufen wird, mit seinen eigenen, geistigen Kräften

Abhilfe zu schaffen. Korff wagt sogar die Behauptung, daß bei
Marcuse

> Impulse wirksam (sind), die sich in ihrem sittlichen Kern durch-
> aus jenem Ethos zuordnen lassen, mit dem das Neue Testament
> ein von Repressionen erlöstes Daseinsverständnis umreißt:
> »Angst«, so schreibt Johannes (1 Joh 4,18), »verträgt sich nicht
> mit der Liebe«[23].

Die »innere Uhr«

Die Frage nach dem »Bösen«, so läßt sich zusammenfassend sagen,
wird von Frustrationstheoretikern und Behavioristen in gegensätzli-
chem Sinn beantwortet. Die einen schreiben der Umwelt eine negative
Funktion zu: Der Mensch muß sich gegen sie durchsetzen, was immer
nur unvollkommen gelingen kann. Die anderen sehen in der Umwelt
die Möglichkeit, den Menschen zu sich selbst zu befreien; das Hinder-
nis, das der Erlangung des erstrebten Ziels im Wege steht, liegt also im
Menschen selbst, nicht in seiner Umwelt.

Nun ist allerdings zu bedenken, daß ja in erster Linie der Mensch
selbst es ist, der die Umwelt schafft und verändert, auch wenn man die
Grenzen der Veränderbarkeit enger zieht, als es bei den Behavioristen
der Fall ist, und das Vorhandensein von Systemzwängen nicht leugnet,
die sich der Kontrolle des Menschen entziehen können. Das heißt,
auch für die Frustrationstheoretiker ist das »Böse« letztlich im Menschen begründet. Aber ob nun das Anwachsen des Bösen in der Welt
einer immer kälter und unpersönlicher werdenden Umwelt oder einem
fortschreitenden genetischen Verfall zugeschrieben wird, auf jeden
Fall bleibt die Antwort unbefriedigend, nicht zuletzt deswegen, weil
man es sich mit ihr zu leicht macht.

In der Tat setzt sich auch in den empirischen Disziplinen immer
mehr die Erkenntnis durch, daß das Problem mit einem Entweder–
Oder, entweder angeboren oder erworben, nicht zu lösen ist. So rückte
zunächst die Frage in den Vordergrund, was am aggressiven Verhalten
erlernt und was angeboren ist. Und man kam zu der Auffassung, daß
zwischen dem einen und dem anderen Extrem eine ganze Reihe von
Verhaltensweisen liegt, die sich im einzelnen gar nicht genau nach
Ursache und Wirkung trennen lassen. Fromm interessiert heute nicht

mehr so sehr der Ursprung der Aggression als vielmehr die Frage, was einen Menschen frustriert, und in zweiter Linie die Intensität seiner Reaktion[24]. Aber erst der Biologe W. Wieser[25] entwickelte ein Konzept, das über die so lange mit großer Heftigkeit ausgetragene Kontroverse zwischen den Verhaltensforschern und Psychoanalytikern auf der einen und den Milieukritikern auf der anderen Seite hinausgeht.

Die Ursache dieser Auseinandersetzung sieht Wieser hauptsächlich in veralteten Denkkategorien. Seiner Meinung nach läßt sich die Beziehung zwischen Lebewesen und Umwelt nicht mehr linear-kausal als Kette von Ursache und Wirkung beschreiben. Vielmehr bedient er sich eines neuen Begriffsschemas, das aus den Denkweisen von Kybernetik und Systemtheorie übernommen ist. Diese bieten die Möglichkeit einer komplexeren Betrachtungsweise menschlichen Verhaltens. Denn nun steht die Umwelt nicht mehr, gekennzeichnet durch besondere Merkmale und Wirkweisen, dem Menschen einfach gegenüber, sondern wird bereits als Funktionsmerkmal des Organismus verstanden. Wieser begründet diese neue Sicht mit der sogenannten »inneren Uhr«, die in der Erbanlage jedes Organismus wurzelt, aber von äußeren Reizen abhängt. Isoliert man den Organismus von seiner Umwelt, läuft die innere Uhr zwar noch eine Zeitlang weiter, kommt aber bald aus dem Takt und bleibt schließlich stehen, ohne daß eine erkennbare Todesursache festzustellen wäre[26].

Was Wieser damit klarmachen möchte, ist die Erkenntnis, daß sich das Verhalten des Menschen in Anteile von Erbgut und Umwelt aufschlüsseln läßt.

> Der Mensch verhält sich auf eine durch seine Erbanlage mitbestimmte Weise. Durch sein Verhalten verändert er die Außenwelt. Er gestaltet sie zur Umwelt mit jenen spezifischen kulturellen und sozialen Strukturen, die ihn von allen Tieren unterscheiden. Die von ihm mitgeschaffene Umwelt wirkt – als Zeitgeber, Stimulator und Funktionselement – zurück auf das im genetischen Programm verankerte Nervensystem, verändert es und beeinflußt so erneut künftiges Verhalten[27].

Diese funktionale Verquickung von angeborenen Strukturen, Umweltinformationen und bereits gemachten Erfahrungen läßt nun Spielraum für autonomes Handeln, das auf Entscheidungen beruht. Es muß ja jeweils entschieden werden, ob eine spezifische, aus Reizen, Erfahrungen und Bereitschaften sich zusammensetzende Situation dieses oder jenes Verhalten rechtfertigt[28].

Menschliches Handeln und Verhalten ist also nicht absolut zu definieren, sondern gleichsam ein »offenes Programm«.

Auf die biologische Begründung, die Wieser seiner Auffassung zugrunde legt, ist hier nicht einzugehen. Entscheidend ist die Tatsache, daß er das Schicksal des Menschen nicht durch dunkle Triebe und durch eine manipulierte oder repressive Umwelt bestimmt sieht, sondern daß für ihn menschliches Leben, Tun und Denken das Ergebnis von Anpassungsprozessen sind. Wieser hat deshalb keine Schwierigkeiten, das Böse – und er spricht wieder vom Bösen – im Menschen selbst anzusiedeln. Es realisiert sich immer dann, wenn der Mensch Schwierigkeiten hat, die Anforderungen der Umwelt mit seinen eigenen Fähigkeiten und Möglichkeiten in Einklang zu bringen, wenn ihm also die »Anpassung zwischen den verschiedenen Funktionsebenen menschlicher Anlagen«[29] nicht gelingt. Das Böse wäre demnach die Folge einer wie auch immer verursachten Desorientierung, die auf die Veränderung oder den Zusammenbruch von bislang für stabil gehaltenen Ordnungen zurückzuführen ist.

Nun gilt vieles von dem bisher Gesagten durchaus auch für die Primaten der Tierwelt. Was aber den Menschen auszeichnet – und das haben alle empirischen Disziplinen bisher außer acht gelassen –, ist die Vernunft. Es kommt weniger darauf an, daß der Biologe Wieser die Vernunft biologisch erklärt, als darauf, daß hier von einem Naturwissenschaftler eine Kategorie ins Spiel gebracht wird, die man bislang, wenn nicht belächelt, so doch peinlich gemieden hat. Hier wird dem Menschen nicht nur Vernunft, sondern auch Entscheidungsfähigkeit, Verantwortung und Freiheit zugesprochen. Und damit ist auch das Böse als ein gewolltes und zu verantwortendes Tun qualifiziert. Von Wiesers Ansatz her, daß das Böse aus der Diskrepanz von Sein und Sollen resultiert, wäre der Triumph des Bösen dann erreicht, wenn der Mensch ein Umweltmodell entwirft, das er von seinen genetischen Anlagen her nicht verwirklichen könnte.

4. Autonome Moral

Der begrenzte Ansatz der empirischen Wissenschaften bringt es mit sich, daß sie das Böse – oder das, was herkömmlich böse genannt wird – jeweils nur in einer bestimmten Dimension aufsuchen und es da lokalisieren, wo es empirisch nachprüfbar ist, also im Menschen oder in den von ihm geschaffenen Institutionen und Gesellschaftsformen. Von der Theologie, und vor allem von der Moraltheologie, darf erwartet werden, daß sie das Problem umfassender angeht und sich nicht auf das empirisch Erfahrbare beschränkt. Jedoch läßt sich wenigstens bei einem Teil der heutigen Moraltheologen eine erstaunliche Feststellung machen.

Schon in der kirchlichen Praxis fällt auf, daß die Beichtspiegel im Unterschied zum früheren Sündenkatalog, der die Sünden, nach Qualität und Quantität differenziert, genau auflistete, merkwürdig unbestimmt geworden sind. Und im allgemeinen Bewußtsein der Öffentlichkeit werden die Begriffe »Sünde« und »Böses« nicht mehr gleichgesetzt. Zwar gilt jede Sünde als böse, aber nicht alles Böse als Sünde. Dies festzustellen ist um so dringlicher, als sich das Bewußtsein des Menschen immer mehr von den religiösen Traditionen löst. Der Mensch, sofern er sich nicht an die Gebote und Vorschriften seiner Kirche gebunden fühlt, »sündigt« nicht mehr, er handelt höchstens noch schlecht oder böse. Auch im kirchlichen Raum selbst läßt sich der Zug zu »unkirchlichen«, das heißt allgemeingültigen ethischen Normen allenthalben beobachten. Kirchliche Moralvorschriften müssen sich genauso glaubhaft begründen lassen wie Rechtsvorschriften, wollen sie in Geltung bleiben und nicht als überholte Formeln beiseite geschoben werden. Das zeigt sich zum Beispiel an der Enzyklika Humanae vitae, die, obwohl mit höchster Autorität ausgestattet, nur von einem Bruchteil der sich gläubig nennenden Katholiken beachtet wird.

Angesichts der Tatsache, daß heute nicht nur die christlichen Normen weithin auf Ablehnung stoßen, sondern daß sich der Mensch überhaupt von ethischem Denken und Verhalten emanzipiert[1], erhebt sich die Frage, ob es überhaupt noch unveränderliche christliche Normen des Sittlichen gibt oder ob diese nicht durch eine »autonome Moral« zu ersetzen seien. So bekennt der Tübinger Moraltheologe Alfons Auer, früher habe er sich für eine »Theologisierung« der Moral eingesetzt, inzwischen aber sei er

> zu der Überzeugung gekommen, daß die Moraltheologie den autonomen Denkansatz aufgreifen muß – nicht nur, weil ihr die moderne autonome Profanität als Ort ihrer Reflexion zugewiesen ist, sondern weil ihr nur an diesem Ort Richtigkeit und Bedeutsamkeit dieses Denkansatzes erkennbar werden[2].

Das Böse ist also zunächst unter einem allgemeinen Gesichtspunkt zu betrachten, und danach ist die Frage zu klären, ob es ein eigenständig »Christlich-Sittliches« gibt.

»Autonom«, das heißt von irgendwelchen Glaubensaussagen unabhängig, müssen ethische Vorstellungen deshalb sein, weil sie auf der menschlichen Vernunft beruhen. Diese ist kein Produkt eigener oder von außen gelenkter Beeinflussung, sondern »natural«, das heißt Bestandteil und Funktion der menschlichen Natur[3]. Mit Hilfe der Vernunft kann der Mensch sich selbst und die Ordnungen, in die er gestellt ist, erkennen. Aus guten und schlechten Erfahrungen lernt er, sein Leben den Bedingungen, die er vorfindet, anzupassen. Aus der Kenntnis der geschichtlichen und sozialen Zusammenhänge erfährt er, wie er sein Leben einrichten muß, damit es gelingt. Diese Einsicht ermöglicht dann die konkrete Entscheidung für oder gegen ein Angebot[4].

Vernunft ist die eine Voraussetzung für sittliches Verhalten. Ein zweiter Faktor sind die Grundbedürfnisse des Menschen, von denen seine Entscheidungen abhängen. Korff nennt drei solcher Antriebsimpulse, die sowohl die Individualität als auch das soziale Verhalten des Menschen bestimmen: den sachhaft-gebrauchenden, durch den ein Mensch sich anderer Menschen oder Dinge bedient; den konkurrierenden, mit dessen Hilfe er sich durchzusetzen sucht, und den fürsorgenden, der bewirkt, daß er den anderen akzeptiert oder unterstützt.

Der Mensch ist dem Menschen Bedürfniswesen, Aggressor und Fürsorger zugleich [5].

Keine der drei Grundeinstellungen ist entbehrlich, jede für sich wäre ohne Sinn. Erst ihr Zusammenspiel garantiert menschliches, ethisch verantwortetes Verhalten, was nicht ausschließt, daß es zwischen den drei Grundhaltungen Prioritäten gibt. Fehlt jedoch eine, wird der Mensch böse: Er verläßt das Regelfeld, in das er von Natur gestellt ist.

Mag Korffs Argumentation auch stark im ethologischen Konzept verwurzelt erscheinen, entscheidend ist die Feststellung, daß der Mensch an seine eigene Natur gebunden ist. Ob man nun das Böse als ein Nein zur Wirklichkeit versteht wie Auer [6] oder als ein Umkippen, als destruktive Verkürzung des Regelfeldes wie Korff [7], immer geht es darum, daß moralisch richtiges Verhalten zum Kernbestand der menschlichen Natur gehört, das Böse also un-natürlich und un-menschlich ist.

Mit der Feststellung, das Böse sei ein Verstoß gegen die Wirklichkeit, ist allerdings noch nicht gesagt, wie der Mensch sich konkret verhalten soll. Dafür muß es Richtlinien geben, Maßstäbe, die das menschliche Zusammenleben regeln. Heute spricht in diesem Zusammenhang auch die Moraltheologie weitgehend von Normen. Während Gesetze, vor allem im Alten Testament, mehr den juristischen Anspruch betonen und Gebote als autoritäre göttliche oder kirchliche Verpflichtungen mehr auf zukünftiges Verhalten ausgerichtet sind – beide, Gesetze und Gebote, werden verfügt oder erlassen –, ergeben sich die Normen aus der Lebenswirklichkeit. Wenn jemand wissen will, wie er sich im Beruf, in der Familie, als Staatsbürger verhalten soll, muß er die Werte kennen, die diese Lebensbereiche bestimmen, die Möglichkeiten, die sie erschließen, die Grenzen, die sie setzen. Erst dann kann er sich sinnvoll und verantwortlich verhalten. So wird »die innere Wahrheit der Dinge zum Maß und zur Norm des Handelns« [8]. Normen sind Entwürfe, Pläne, Modelle, Regulative, die dem Menschen helfen sollen. Sie haben zwar Verbindlichkeitscharakter, passen sich aber andererseits den Bedürfnissen des einzelnen und der Gesellschaft an. Sie sind veränderbar, weil es kein »Wertapriori« gibt, kein »ideales Ansichsein« der Werte [9]. Stimmen die Normen mit der Wirklichkeit nicht mehr überein, muß man sie korrigieren, differenzieren, mit neuem Inhalt füllen oder auch abschaffen. Die nomadischen, ritterlichen, stoischen und christlichen Tapferkeitsideale unterscheiden sich zwar erheblich voneinander, waren aber je zu ihrer Zeit und in ihrem Geltungsbereich normativ[10].

Diese Normauffassung hat weder in der kirchlichen Lehre noch in der kirchlichen Praxis den wünschenswerten Niederschlag gefunden. Sonst wäre die »Pillenenzyklika« nicht erlassen worden und würde sich das Zölibatsproblem nicht »von unten«, von der Basis her lösen müssen. Indes läßt die Tatsache, daß apodiktische kirchliche Äußerungen zu sittlichen Problemen seltener werden, einen sich anbahnenden Wandel erkennen.

Wie steht es nun aber mit den herkömmlichen christlichen Normen? Unter den jüngeren Moraltheologen herrscht Einmütigkeit darüber, daß es, inhaltlich gesehen, keine spezifisch christliche Moral geben kann. Vor allem J. Fuchs hat nachdrücklich betont, daß

> weder die einzelnen Christen noch die Träger des Amts durch eine – wie auch immer geartete – Privatoffenbarung zur Erkenntnis der sittlichen Wahrheit gelangen[11].

Das sittliche Verhalten eines Christen, sei es gut oder schlecht, unterscheidet sich in nichts von dem eines Nichtchristen, der unter denselben kulturellen und sozialen Bedingungen lebt:

> Der Inhalt der christlichen Moral ist menschlich und nicht unterscheidend christlich[12].

Deshalb basiert das sittliche Bewußtsein des Christen auf dem Humanum. Festzulegen, was als gerecht zu gelten hat und wie Liebe ausgeübt werden muß, ist nicht Aufgabe der Kirche oder der Theologie, sondern Sache der menschlichen Vernunft[13].

Dennoch gibt es etwas eigentümlich Christliches an der Moral[14]. Aber dies betrifft nicht den Inhalt, sondern die Deutung. Der Christ wird nicht nur die Wirklichkeit anders interpretieren, er rückt auch ihre Werte und damit das Böse in eine andere Dimension. Ihm wird der Lebensvollzug wie der gesamte Sinnhorizont von Christus neu erschlossen. Er bezieht seine Begründung für sittliches Tun von Christus her und tut alles, was er tut, auf Christus hin. Der Grund dafür liegt in dem Glauben, daß die Welt und damit auch die Wirklichkeit des Menschen von Gott geliebt und angenommen ist. Nur insofern wird für den Christen die menschlich begründete Sittlichkeit zur christlichen Moral und das Böse zur Sünde. Denn Böses tun kann jeder Mensch, sündigen aber nur jener, der sich vor Gott für sein Tun verantwortlich weiß.

IV. Der Christ und das Böse

Nach unserem gedrängten Gang durch Bibel und Theologie, Philosophie und moderne empirische Wissenschaften ist die Frage, die der Titel dieses Buches stellt, eher noch dringlicher geworden, als sie vorher schon war. Sucht man nach dem Gemeinsamen, das alle Lösungsversuche miteinander verbinden könnte, so ist es, wenn wir einmal vom Irrweg des Teufelsglaubens absehen, eben dies, daß das Böse in irgendeiner Weise seinen Ursprung im Menschen hat. Und in Theologie und Philosophie besteht darüber hinaus Einmütigkeit, daß das Böse durch die menschliche Willensfreiheit bedingt ist. Die Freiheit gehört zum Wesen des Menschen, und zur Freiheit wiederum gehört notwendig die Möglichkeit, das Böse zu tun.

Aber auch die Freiheit kann, wie schon Augustinus gesehen hat, die böse Tat des Menschen niemals »erklären«; Hegel wußte wohl, warum er vom »Mysterium der Freiheit« sprach. Und selbst für die Sünde des Engels hat Anselm keine andere Erklärung als die, daß er »eben wollte«. Wie der Mensch dazu kommt, statt des Guten das Böse zu wählen, bleibt offen.

Wenn nun das Böse den Menschen schicksalhaft überfällt oder auch zu seiner Natur gehört und gleichsam auf einer Fehlkonstruktion des Menschen beruht, dann muß jede Hoffnung, das Böse in der Welt zu bewältigen oder auch nur zurückzudrängen, utopisch erscheinen. Da vermag auch Kants Forderung, jeder müsse das in seinen Kräften Stehende tun, um ein besserer Mensch zu werden, nur wenig zu nützen. Was soll seine Versicherung, Gott werde das, was das Vermögen des Menschen übersteigt, durch seine Mitwirkung ergänzen? Was soll überhaupt der durch die ganze jüdische und christliche Tradition sich hinziehende Verweis auf die Gnade Gottes, die der moralischen

Schwachheit des Menschen zu Hilfe kommt? Was ist das für ein Gott, der den Menschen so fehlerhaft konstruiert, daß er nur durch göttlichen Beistand aufgebessert werden kann?

Immer wieder ist es dasselbe Problem, das den Menschen in seiner Ratlosigkeit allein läßt: Welche Rolle spielt Gott bei dem Bösen, das durch den Menschen geschieht? Und wie soll sich der Mensch dem Bösen gegenüber verhalten? Zu diesen Fragen macht die Bibel drei Aussagen, die dem Christen hilfreich sein können:

1. Das Böse ist nach Gottes Plan ein Element seiner Schöpfung.

2. Deshalb kann es in dieser Schöpfungsordnung niemals eine Welt ohne das Böse geben. Vielmehr müssen wir das Böse hinnehmen und bereit sein, mit dem Bösen zu leben.

3. Das bedeutet jedoch nicht Passivität gegenüber dem Bösen. Zwar kann der Mensch die Macht des Bösen nicht dadurch brechen, daß er es bekämpft, wohl aber dadurch, daß er das Gute tut.

1. Das Böse – ein Element der Schöpfung

Der Mythos vom Urzustand

Für die Bibel stehen zwei Dinge unverrückbar fest: daß unsere Welt ihr Dasein Gott verdankt und seinem Plan entspricht, aber auch, daß Gott die Sünde von jeher mit eingeplant hat. Zwar läßt der Schöpfungsbericht (Gen 1) Gott nach jeder Schöpfungstat feststellen, daß das Geschaffene gut ist. Damit ist jedoch kein absolutes Gutsein, keine uneingeschränkte Vollkommenheit gemeint (für »vollkommen« gebraucht das Alte Testament ein anderes Wort). Vielmehr sagt Gott Ja zu seinem Werk, das so geworden war, wie er es gewollt und geplant hatte. Und wenn Gott am Abend des sechsten Tages von seiner Schöpfung feststellt, sie sei »sehr gut« geworden, so liegt darin keine Steigerung des Werturteils. Vielmehr bezieht sich diese Aussage auf die Gesamtheit des Kosmos. Sind seine einzelnen Teile »gut«, so sind sie in ihrer Gesamtheit, in ihrer Bezogenheit aufeinander, in ihrer Harmonie »sehr gut«[1]. Wir wissen, wie sehr diese Harmonie einen Augustinus, einen Anselm, einen Thomas von Aquin, einen Bellarmin beeindruckt hat. Wir wissen aber auch, daß nach ihrer Überzeugung zu dieser Harmonie notwendig das Böse gehört, so daß Bellarmin die kühne Aussage wagen konnte, im Ganzen des Kosmos sei eine sündige Seele besser als keine[2].

Es muß denn auch auffallen, daß Gott im Schöpfungsbericht vor der Erschaffung des Menschen feierlich mit sich zu Rate geht und ihn als sein Bild erschafft (V. 26 f.), daß er ihn aber trotzdem nicht »gut« findet, jedenfalls nicht ausdrücklich. Bei allen anderen Schöpfungswerken – Licht, Festland, Meer, Pflanzen, Gestirnen, Fischen, Vögeln, Landtieren – läßt der Erzähler Gott feststellen, sie seien gut geworden, nur beim Menschen nicht[3]. Ob er damit die bald folgende Aussage, die Erde sei von den Menschen mit »Gewalttat« angefüllt worden, schon vorbereiten will[4]? Kein anderer als der Mensch kann ja das Böse in Gottes gute Schöpfung hineingetragen haben. Zwar trifft nach den Aussagen des Alten Testaments Gottes Strafgericht – vor allem das Gericht der Flut – auch die Tierwelt und die Natur, jedoch geschieht das um des Menschen willen, von dem einzig und allein das Böse kommt.

Daß das Böse im Wesen des Menschen begründet ist, macht vor allem der ältere Erzähler, der »Jahwist«, mit seiner Erzählung vom Sündenfall (Gen 2f.) deutlich. Nach ihr ist sofort mit dem Menschen auch die Sünde da. Gleichsam in einem Atem werden beide Geschehnisse erzählt: die Erschaffung des ersten Menschen und dessen erste Sünde. Die Paradiessünde ist nicht nur die erste böse Tat, die die Bibel vom Menschen zu berichten weiß, sondern die erste Tat überhaupt.

Daß in der Sicht des biblischen Erzählers die Sünde zur Verfaßtheit des Menschen gehört, ergibt sich auch aus der Kürze und Bündigkeit der Sündenfallerzählung. Alles läuft mit unwahrscheinlicher Schnelligkeit ab. Die erste Versuchung führt sogleich auch zur ersten Sünde. Sobald die Schlange die Frau auf den verbotenen Baum aufmerksam gemacht hat, erwacht in dieser die Begierde, und im selben Augenblick ist die Tat auch schon geschehen. Von einer Regung des Gewissens, von einem inneren Kampf, von einem Widerstand gegen die Sünde findet sich in der Erzählung nicht die leiseste Andeutung.

Die von Augustinus entwickelte und von der katholischen Dogmatik bis in unsere Gegenwart verfochtene Vorstellung, wonach die »böse« Lust oder Begierde (Konkupiszenz) eine Folge der Ursünde und eine Begleiterscheinung der Erbsünde ist, steht also in offenem Widerspruch zur biblischen Erzählung. Diese sieht in der Begierde nicht die Folge, sondern die Voraussetzung der ersten Sünde. Auf die Suggestion der Schlange hin betrachtet die Frau den verbotenen Baum näher, findet ihn »begehrenswert« und ißt von seiner Frucht. Schon vor der ersten Sünde regt sich im Menschen die »böse« Begierde und tut ihr Werk.

Man kann die Anfälligkeit des Menschen für die Sünde auch nicht dadurch relativieren, daß man sie nur für den Zustand des Menschen nach der Ursünde gelten läßt und davor einen Urstand postuliert, in dem auf den Menschen »kein Schatten der Macht des Bösen fiel«[5].

Selbst bei einem buchstäblichen Verständnis der biblischen Sündenfallerzählung erscheint schon der »Urstand« des Menschen von der Macht des Bösen überschattet. Darüber hinaus hat sich heute allgemein die Einsicht durchgesetzt, daß die Erzählung von Genesis 3 nicht vom ersten Menschen im historischen Sinn berichtet, daß vielmehr »Adam« paradigmatisch für den Menschen schlechthin steht[6]. Die Lehre von einem Urstand, in dem der Mensch unter anderen Bedingungen lebte als heute, seien es natürliche oder übernatürliche, findet in der Heiligen Schrift keine Stütze[7].

Der Mensch, der aus Gottes Schöpferhand hervorging, ist somit kein anderer als der Mensch, der uns heute auf Schritt und Tritt begegnet. Und dieser ist es auch, der das Böse in die Welt brachte. Damit tritt das Böse in eine beunruhigende Nähe zum Schöpfergott, und es stellt sich die Frage, wie weit dieser das Böse in seiner Schöpfung mit eingeplant und mit gewollt hat.

An Versuchen, Gott von der Mitverursachung des Bösen in der Welt zu entlasten, hat es nicht gefehlt und fehlt es auch heute nicht. Die einen leugnen einen ursächlichen Zusammenhang zwischen Gott und dem Bösen oder schwächen ihn zumindest stark ab, indem sie von »Zulassung«, nicht von »Verursachung« oder ähnlichem sprechen; die anderen personifizieren die Ursache des Bösen und sehen den Verursacher in der Gestalt des Teufels. Beide Entlastungsversuche sind nicht neu, und es fragt sich, ob sie durch ihre Wiederholung an Glaubwürdigkeit gewonnen haben. Die Antwort auf diese Frage wird entscheidend davon abhängen, ob diese Versuche das Problem lösen oder es lediglich verschieben.

Die »Zulassung« des Bösen durch Gott

Als Vertreter dieser Lösung ist besonders der Dogmatiker L. Scheffczyk zu nennen, der das Problem thematisch angeht und gleichsam eine Lehre vom Bösen entwickelt[8].

Drei der gängigsten Erklärungen des Bösen kommen für Scheffczyk nicht in Betracht: Weder kann Gott selbst Ursache des Bösen sein, noch darf das Böse als gottwidriges Urprinzip verstanden werden, noch läßt sich der »schöpfungsmäßige Pessimismus« rechtfertigen, für den das Böse der geschaffenen Welt anhaftet, mit ihr gesetzt ist[9] oder in der Endlichkeit, der Unvollkommenheit und Schwäche der Schöpfung und besonders des Menschen begründet liegt[10]. Die Lehre der Kirche sagt vielmehr, daß Gott das Böse in keiner Weise wollte und eine völlig makellose Welt erschuf. Trotzdem muß er in irgendeiner Beziehung zum Bösen stehen; sonst könnte es das Böse in der von ihm geschaffenen Welt nicht geben. Diese Beziehung besteht aber nicht in der Verursachung, sondern in der Zulassung des Bösen. Dieser Begriff, auf den die Koexistenz von Gott und dem Bösen zurückgeführt wird, ist allerdings insofern rein negativer Art, als er lediglich besagt, daß Gott am Bösen unbeteiligt ist, aber nicht erklärt, wie dieses zustande kommt und warum Gott es zuläßt.

Die letzte Frage beantwortet Scheffczyk mit Augustinus: Gott erachtete es für besser, aus dem Bösen Gutes zu machen, als überhaupt nichts Böses zuzulassen[11]. Diese Zulassung setzt jedoch auf seiten der Geschöpfe eine bestimmte Verfassung und ein bestimmtes Verhalten voraus, die in der Endlichkeit und Unvollkommenheit der Schöpfung begründet sind; denn Gott hat nicht die beste aller möglichen Welten geschaffen. Nun ist zwar Unvollkommenheit an sich noch nichts Böses, und ebensowenig sind Endlichkeit und Unvollkommenheit der Schöpfung die Ursache des Bösen. Denn das würde bedeuten, daß das Fleisch zum Sitz der Sünde gemacht würde, womit Gott automatisch auch ihr Urheber wäre. Wohl aber sind Endlichkeit und Unvollkommenheit der Schöpfung die Bedingung dafür, daß das Böse in die Welt einbrechen konnte. Indes würde die Endlichkeit des Menschen nur naturhaftes Übel bedingen können. Das eigentlich Böse besteht für Scheffczyk darin, daß

> ein geistiges Wesen sich unter vollem Einsatz seiner eigenen Mächtigkeit gegen das Gute wendet. Diese Mächtigkeit des Geistes ist seine Freiheit[12].

Sünde kann also, so Scheffczyk, nur durch einen Akt der Freiheit entstehen. Mit dem freien Willen ist es gegeben, daß der Mensch das Gute bejahen oder verneinen kann. Somit hat die Sünde ihren Grund nicht in der Schwäche, sondern in der Stärke des Menschen, denn das Gut des freien Willens ist seine Stärke[13]. Läge der Grund für die Möglichkeit der Sünde in einer schöpfungsgemäßen Schwäche des Menschen, könnte auch der Schöpfer von Unvollkommenheit nicht freigesprochen werden. Zwar ging Gott ein Wagnis ein, als er den Menschen mit der Macht der Freiheit ausstattete. Aber in dieser Freiheit der Entscheidung zwischen Gut und Böse liegt für den Menschen die Chance der Selbstverwirklichung. Daß der Mensch sich für die negative Möglichkeit entscheidet und das Böse wählt, »war von Gott weder gewollt noch verursacht«[14].

Scheffczyks dogmatischer Entwurf wird manchen überzeugen, zum einen, weil er bei der Erklärung des Bösen – wenigstens vordergründig – ohne den Teufel auskommt[15], zum anderen, weil er die freie Willensentscheidung als unerläßliche Voraussetzung für das moralisch Böse ins Zentrum rückt. Jedoch bleiben starke Vorbehalte, die an der Tauglichkeit des Entwurfs zweifeln lassen. So wird vor allem die Frage nicht beantwortet, wie der Mensch dazu kommt, sich in Freiheit für das Böse zu entscheiden. Daß er es seit Anbeginn getan hat, leugnet ja auch Scheffczyk nicht. Wenn nun aber diese fatale Affinität zwischen dem – von Gott geschaffenen – Menschen und dem Bösen besteht, kann der Schöpfer dabei nicht einfach ausgeklammert werden. Der Rückzug auf eine bloße »Zulassung« des Bösen durch Gott ist als Entlastungsargument denkbar ungeeignet, wie schon Kant angemerkt hat[16]. Nicht nur, wer Böses tut, macht sich schuldig, sondern auch, wer Böses nicht verhindert. Dieser für das moderne Strafrecht selbstverständliche Grundsatz sollte ausgerechnet für den Gott der Liebe keine Gültigkeit haben?

Auch der Verweis auf den Gnadenbeistand Gottes, der das Böse zwar nicht verhindert, aber den Menschen in den Stand setzt, das Gute zu tun, hilft hier nicht weiter. Denn die Erfahrung beweist, daß auch in der Ordnung der Gnade das Böse seinen Fortgang nimmt. Dabei ist es ein schwacher Trost, wenn die Dogmatiker versichern, Christus habe die Frage nach dem Bösen »ein für allemal entschieden«. Zwar bedeute die Entmächtigung des Bösen durch Christus nicht,

> daß das Übel verschwunden ist, wohl aber, daß ihm nicht mehr der Charakter eines zwanghaften Verhängnisses zukommt, dem der Mensch wie in der antiken Tragödie verfällt[17].

Abgesehen von dem seltsamen Verständnis der antiken Tragödie, das sich hier artikuliert, muß gefragt werden, wie man es sich erklären kann, daß vor Christus auf der Menschheit – und das ist nach unseren heutigen Erkenntnissen ein Zeitraum von zwei bis drei Millionen Jahren – dieses zwanghafte Verhängnis zum Bösen gelegen hat, wenn der Mensch doch frei erschaffen wurde. Und wenn die Freiheit zur

Natur des Menschen gehört, warum ist dann erst durch Christus »der Raum der Freiheit zugänglich geworden«[18]?

Vor allem aber muß man sich fragen, wie es in einem solchen Entwurf mit der Allwissenheit Gottes bestellt ist. So Erhellendes die Dogmatik sonst zu diesem Thema zu sagen weiß, bei der Problematik des Bösen scheint die Allwissenheit Gottes keine Rolle zu spielen. Ohne Zweifel wußte Gott doch voraus, daß der Mensch das Geschenk der Freiheit mißbrauchen würde. Wie kann da von einem »Wagnis« gesprochen werden, das Gott einging, als er den Menschen mit Freiheit ausstattete[19]? Ein Wagnis kann ja nur der eingehen, für den der Ausgang des Unternehmens noch ungewiß ist. Im Grund besteht sogar ein innerer Widerspruch zwischen dem »Wagnis«, das Gott mit der Gabe der Freiheit an den Menschen einging, und der »Zulassung« des Bösen. Wenn Gott den Menschen konzipiert hat als ein Wesen, das sich zwischen gut und böse frei entscheiden kann, setzt das voraus, daß das Böse sozusagen in Gottes Rechnung mit einkalkuliert ist. Hier von »Zulassung« zu sprechen heißt, die Verantwortlichkeit Gottes zu mindern. Gott erschiene dann wie ein Straßenbauer, der seine Straße an einem Abgrund enden läßt und die Schuld an der folgenden Katastrophe mit dem Hinweis ablehnt, er habe sie nicht beabsichtigt; bei entsprechender Vorsicht hätte der Unfall vermieden werden können.

»Jenes Böse, das wir Teufel nennen«

Konsequenter handeln da jene, die den Teufel zum Urheber alles Bösen in der Welt machen. Diese Überzeugung war in den letzten Jahren mehrfach aus Rom zu hören, angefangen von der Audienzansprache Papst Pauls VI. vom 15. November 1972[20], in der er »die Abwehr jenes Bösen, das wir Teufel nennen«, als »eines der größten Bedürfnisse der Kirche« bezeichnete, den Teufel eine »schreckliche Realität« nannte und erklärte, wer die Existenz dieser Realität bestreite, stelle sich außerhalb der biblischen und kirchlichen Lehre[21], bis zu jenem merkwürdigen, von einem anonymen Experten verfaßten, aber von der römischen Glaubenskongregation »lebhaft« als »sichere Basis zur Bekräftigung der Lehre des Magisteriums« empfohlenen Studiendokument, in dem mit gewaltigem Aufwand an Zitaten aus der Bibel, den Kirchenvätern und kirchlichen Lehrdokumenten die Existenz der Dämonenwelt als eine »dogmatische Tatsache« und als unverzichtbarer Gegenstand des christlichen Glaubens deklariert wird[22].

Diese Auffassung wird auch von einzelnen deutschen Bischöfen, ja, wie es scheint, von der deutschen Bischofskonferenz insgesamt geteilt. Zwar führte der Besessenheitsfall von Klingenberg[23] vorübergehend zu einer gewissen Ernüchterung, die sich in der bekannten Erklärung des Bischofs von Würzburg vom 11. August 1976 niederschlug[24]. Aber den hier vertretenen Standpunkt konnte sich der deutsche Episkopat keineswegs insgesamt zu eigen machen, wie die zahlreichen anderslautenden Erklärungen der folgenden Wochen bewiesen. Im Herbst 1976 ließ der Erzbischof von Köln und Vorsitzende der deutschen Bischofskonferenz, Kardinal Joseph Höffner, durch sein Presseamt zwei Interviews verbreiten, in denen er unter Berufung auf die Theologen Rahner, Vorgrimler, Scheffczyk, Schlier und Ratzinger daran festhielt, daß an der herkömmlichen Teufelslehre nicht zu rütteln sei. So konnte es nicht überraschen, daß die Vollversammlung der katholischen Bischöfe, die vom 22. bis 25. September 1976 in Fulda tagte, den Teufelsglauben als »unaufgebbare Wahrheit« und als einen »Glaubensinhalt« bezeichnete.

> Wir können einfach nicht aus der Bibel herausstreichen, daß sie an vielen Stellen von Mächten und Gewalten, von Engeln und vom Teufel spricht,

stellten die Bischöfe fest. Wie diese an sich unbestreitbare Aussage zu verstehen ist, zeigt die anschließende Berufung auf das 4. Laterankonzil (1215), das – in Auseinandersetzung mit der dualistischen Lehre der Katharersekte – definiert hatte:

> Der Teufel und die anderen bösen Geister sind von Gott ihrer Natur nach gut erschaffen. Aber sie sind durch sich selbst schlecht geworden.

Zwar stellten die deutschen Bischöfe im gleichen Kontext die Forderung auf, es sei Aufgabe der Theologie,

> die unaufgebbare Wahrheit über das Böse und den Bösen so zu vermitteln, daß auch der heutige Mensch zu ihr einen verläßlichen Zugang findet.

Wie aber soll das geschehen, wenn durch die »unaufgebbare« Lehre vom Teufel alles schon präjudiziert ist?

Sicher waren diese und andere bischöfliche Stellungnahmen[25] vom Bestreben geleitet, ein gefährdetes vermeintliches Dogma zu retten und Zweifeln an der unfehlbaren Wahrheit der kirchlichen Verkündigung zu begegnen. Daß jedoch auch die Ratlosigkeit mitschwang, wie man ohne den Teufel das Böse in der Welt erklären könne, gab eine Predigt zu verstehen, die Bischof Rudolf Graber von Regensburg am 26. September 1976 in Altötting hielt. In ihr erklärte er unter anderem:

> Wenn es den Bösen nicht gibt, dann steckt das Böse ganz im Menschen. Dann ist der Mensch allein verantwortlich für die abgrundtiefe Schlechtigkeit, Bosheit, Gemeinheit und Grausamkeit. Dann ist er allein schuldig an den Morden im Archipel Gulag und an den Gaskammern von Auschwitz, an den unmenschlichen Folterungen und Qualen. Dann aber entsteht die Frage: Kann Gott den Menschen als ein solches Scheusal erschaffen haben? Nein, das kann Gott nicht, denn er ist Güte und Liebe. Wenn es keinen Teufel gibt, dann gibt es auch keinen Gott[26].

Während sonst die Würde des Menschen in der freien und verantworteten Willensentscheidung gesehen wird, manifestiert sich hier das Bestreben, dem Menschen diese Verantwortung abzunehmen und sie auf den Teufel zu übertragen. Dabei scheint der Prediger für einen Augenblick vergessen zu haben, daß nach kirchlicher Lehre auch der Teufel ein Geschöpf Gottes ist, das, als es sich für das Böse entschied, nach Meinung führender Theologen die schwerste Sünde beging, die je in der Welt begangen wurde[27]. Also hat Gott doch ein Scheusal erschaffen, wenn auch nicht in Gestalt des Menschen. So aber wird das Problem nicht gelöst, sondern lediglich verlagert. Da nämlich nach der herkömmlichen Dogmatik der Teufel nur das tun kann, was Gott ihm erlaubt, muß die Hölle von Auschwitz irgendwie doch vereinbar sein mit der Güte und Liebe Gottes, auch wenn der Mensch dafür nicht haften sollte. Die Frage, ob man nach Auschwitz noch glauben könne, stellt sich mit dem Teufel weit dringlicher als ohne ihn.

Die neuesten Stellungnahmen der deutschen Universitätstheologen, von denen manche als Berater der Bischöfe fungieren, bieten beim Thema Teufel ein unterschiedliches Bild. Karl Rahner kommt in seinem vielbeachteten »Grundkurs des Glaubens«[28] bei der Behandlung des Bösen völlig ohne Teufel aus, indem er das Böse mit der Freiheit und Subjekthaftigkeit des Menschen begründet, die als gegeben anzunehmen sind. Und für den Protestanten H.-M. Barth besitzt der Teufel nur als Projektion Wirklichkeit[29]. In der von J. Auer und J. Ratzinger herausgegebenen »Kleinen katholischen Dogmatik«[30] hingegen und weitgehend auch in den neuesten Beiträgen von W. Kasper und K. Lehmann[31] findet man die alten Thesen von Engelsünde, Urstand und Urstandsgaben des Menschen, Ursünde und darauf folgender Sündigkeit jedes Menschen[32], Mitwirkung des Satan an der menschlichen Sünde. Auch für Lehmann ist das Böse mit dem Teufel gekoppelt. Schon in einer Sendung des ZDF vom 25. Mai 1977 über dämonische Besessenheit hatte er erklärt:

> Das Böse entspringt zunächst der Bosheit des menschlichen Herzens. Aber es geht darin nicht auf. So gibt es eine Summe dämonischer Mächte oder, denken wir etwa an die Versuchungen Jesu, auch den Satan . . . Die Lehre der Kirche geht davon aus, daß es geschaffene, personale Wesen gibt, die durch eine eigene Entscheidung sich mit ihrer ganzen Existenz dem Bösen verschrieben haben, also Teufel geworden sind.

Demnach hätte das Böse zwei Ursachen: die Bosheit des menschlichen Herzens und das Wirken des Teufels. Dann wäre allerdings weiter zu fragen, woher die Bosheit des menschlichen Herzens kommt. Und wenn schon – in voller Übereinstimmung mit dem Zeugnis der Schrift – mit einer Bosheit des menschlichen Herzens unabhängig vom Teufel gerechnet wird, warum reicht das zur Erklärung des Bösen nicht aus, warum benötigt man noch zusätzlich den Teufel und nimmt dabei den Widerspruch in Kauf, daß sich das Böse im schwachen Menschen ohne geistigen Versucher offenbar nicht erklären läßt, der viel stärkere Engel jedoch das Böseste vom Bösen tat – ohne Versucher. Ein Problem, das von der Dogmatik sorgfältig umgangen wird[33].

Die Evolution und das Böse

Entscheidend ist nicht die Frage, ob es den Teufel gibt oder nicht[34], sondern ob es der Theologie gelingt, den Sprung ins 20. Jahrhundert zu wagen. Die Welt, in der wir heute leben, hat mit der eines Augustin oder Thomas von Aquin nur noch wenig gemein. Da ist es mit einigen Retuschierungen und zaghaften Anpassungsversuchen nicht getan. Vielmehr muß endlich ernst gemacht werden mit der Tatsache, daß Gott durch die Schöpfung spricht, daß er sich in der Schöpfung offenbart und daß zwischen dieser natürlichen und der übernatürlichen Offenbarung kein Widerspruch bestehen kann. Man darf also nicht so tun, als gingen die Erkenntnisse der heutigen Naturwissenschaften, vor allem die gesicherte Tatsache der Evolution, den Dogmatiker nichts an, weil sich dieser seine Einsichten von der Naturwissenschaft nicht »vorschreiben« lassen dürfe, als könne er vom naturwissenschaftlichen Weltbild abstrahieren und im elfenbeinernen Turm Theologie betreiben. Man verwahrt sich dagegen, daß das Weltbild »zum letzten Maßstab für theologische Glaubensaussagen« gemacht werde[35], scheint dabei aber zu vergessen, daß das Zweite Vatikanische Konzil von den Theologen ausdrücklich fordert, sich des Abstands zum Weltbild der biblischen Schriftsteller bewußt zu sein und den neuen Forschungen und Ergebnissen der Naturwissenschaften Rechnung zu tragen[36]. Das kann aber nicht mit halbherzigen, nicht selten zu grotesken Verrenkungen führenden Korrekturen geschehen, indem man etwa, nachdem die biblische Vorstellung von der Abstammung der ganzen Menschheit von einem ersten Menschenpaar unhaltbar geworden ist, postuliert, eine ganze Population könnte in den Anfängen der Menschheit gemeinsam gesündigt haben – und das Ganze nur, um das »Dogma« von der Erbsünde zu retten.

Der Eckstein, mit dem dieses Weltbild steht und fällt, ist die Vorstellung von einer ursprünglich vollkommenen Schöpfung, deren Ordnung durch die Sünde Adams gestört wurde. Dementsprechend fiel Christus die Rolle eines »Reparators« zu, der für die Sünde Adams sühnte und die durch ihn gestörte Ordnung, wenn auch nur begrenzt, wiederherstellte. Dieses Schema steht nicht nur im Widerspruch zum biblischen Zeugnis[37], sondern ebenso zu grundlegenden Erkenntnissen der modernen Wissenschaft.

Wie könnten wir noch an die Existenz einer vollkommenen Weltordnung zum Anbeginn der Zeiten glauben? Alles, was die moderne Naturwissenschaft uns über die Vergangenheit der Welt und des Menschen zu sagen hat, weist in eine völlig andere

Richtung! In dem Bild, das sich daraus ergibt, ist für ein einziges Menschenpaar, das mit all den Vorrechten ausgestattet wäre, mit denen die traditionelle Theologie sich beschäftigte, kein Platz mehr. Alle Versuche, nichtsdestoweniger diese Vorstellung zu retten, haben Schiffbruch erlitten und hinterlassen einen peinlichen Eindruck. . . . Unser modernes Weltbild, so unvollständig es auch sein mag, zwingt uns, die traditionelle Fragestellung als irrelevant zurückzuweisen[38].

Wer die Tatsache der Evolution ernst nimmt, wird weder an der physischen noch an der moralischen Anfälligkeit des Menschen Anstoß nehmen, denn beides liegt in seinem Wesen begründet. Man wird sich an die Erkenntnis gewöhnen müssen, daß es einen Widerspruch zwischen Evolutionstheorie und der Sicht des Menschen in der Sündenfallerzählung nicht gibt. Sünde ist, wie wir sahen, immer ein Angriff auf das Leben; nach dem einmütigen Zeugnis der Schrift bedeutet Sünde Tod (Gen 2,17; Röm 5,12; Joh 8,21 u. ö.). Der Tod aber mit all seinen Begleiterscheinungen ist aus einer evolutiven Welt nicht wegzudenken, denn Neues kann nur dort entstehen, wo Altes zurückgelassen wird. Diese konstitutive Todesverfallenheit der Schöpfung bezieht sich nicht nur auf den physischen Bereich. Hier sind die Überlegungen von P. Teilhard de Chardin aller Beachtung wert:

> Was ist aber die unvermeidliche Kehrseite jedes in einem Prozeß dieser Art[39] erzielten Erfolges, wenn nicht, daß er mit einem gewissen Anteil von Abfällen bezahlt werden muß? Disharmonie oder physischer Zerfall im Vor-Lebendigen, Leiden beim Lebendigen, Sünde im Bereich der Freiheit: keine in Bildung begriffene Ordnung, die nicht auf allen Stufen folgerichtig Unordnung einschließt. . . . Wenn (wie man, glaube ich, unvermeidlich einräumen muß) es für Gott, von unserer Vernunft her gesehen, nur eine mögliche Weise des Schaffens gibt – nämlich evolutiv, über den Weg der Einsmachung –, ist das Übel ein unvermeidliches Nebenprodukt, erscheint es als eine von der Schöpfung nicht zu trennende Qual[40].

Deshalb spricht Teilhard de Chardin auch von »einer Menschheit, die mit statistischer Notwendigkeit von Sünde durchtränkt ist«[41].

Weil diese moralische Schwachheit konstitutiv zum Menschen gehört, hat auch Christus ihn davon nicht befreit. Zwar steht nach Paulus der Mensch, der sich in der Taufe der Ordnung des Evangeliums unterworfen hat, nicht mehr unter der Knechtschaft der Sünde, sondern unter der Knechtschaft der Gerechtigkeit (Röm 6,17f.). Dennoch verbleibt auch im Getauften die »Begierde«, so daß er stets in Gefahr ist, in die Sünde zurückzufallen. Der Dienst der Gerechtigkeit und die Erlangung der Heiligkeit sind ihm als tägliche Aufgabe gestellt, weshalb Paulus die Gemeinde mahnt:

> Die Sünde soll euren sterblichen Leib nicht mehr beherrschen, und seinen Begierden sollt ihr nicht mehr gehorchen. . . . Wie ihr eure Glieder in den Dienst der Unreinheit und Gesetzlosigkeit gestellt habt, so daß ihr gesetzlos wurdet, so stellt jetzt eure Glieder in den Dienst der Gerechtigkeit, so daß ihr heilig werdet (Röm 6,12–19).

Heiligkeit wird damit nicht als Wirkung der Taufe hingestellt, sondern als Ziel, zu dem der Christ gelangen soll nach dem Beispiel und mit dem Beistand des Herrn.

2. Mit dem Bösen leben

Daß der Mensch sich darauf einrichten muß, mit der Sünde zu leben, und daß eine sündenlose Welt erst in einer metaphysischen Dimension zu erwarten ist, ist das einmütige Zeugnis der Heiligen Schrift.

»Was krumm ist, kann nicht gerade werden«

Im Alten Testament sind es vor allem die Propheten, die von der allgemeinen Sündenverfallenheit der Menschen sprechen, auch jener, die der besonderen Erwählung Gottes teilhaftig wurden. Allerdings weiß sich Israel in seinem sittlichen Leben von einem göttlichen Gesetz geleitet, und nie wird im Alten Testament der Gedanke ausgesprochen, dieses Gesetz übersteige die Kräfte des Menschen und sei deshalb unerfüllbar. Eine solche Feststellung trifft erst das Neue Testament, wenn es Petrus vor den Aposteln und Ältesten der Jerusalemer Gemeinde erklären läßt, niemand sei je imstande gewesen, das Joch des Gesetzes zu tragen (Apg 15,10). Im Alten Testament wird das Volk immer wieder ermahnt, das Gesetz zu halten (Ex 34,11; Dtn 4,6 u. ö.), was unsinnig wäre, wenn die Forderung nicht erfüllt werden könnte. Im Gegenteil, das Gesetz wird sogar als auf das menschliche Herz zugeschnitten und als leicht erfüllbar bezeichnet:

> Dieses Gebot, das ich dir heute gebiete, ist nicht zu schwer und nicht zu fern für dich. Es ist nicht im Himmel, so daß du sagen müßtest: Wer steigt für uns in den Himmel hinauf, um es uns zu holen und es uns zu verkünden, daß wir es befolgen. Es ist nicht jenseits des Meeres, so daß du sagen müßtest: Wer fährt für uns über das Meer, um es uns zu holen und uns zu verkünden, daß

wir es befolgen? Vielmehr ganz nahe ist dir das Wort, in deinem Mund und in deinem Herzen, um es zu befolgen (Dtn 30,11–14).

So schwebt denn auch dem frommen Juden der Mann als sittliches Ideal vor,

> der sein Gefallen hat am Gesetz Jahwes und über sein Gesetz sinnt Tag und Nacht (Ps 1,2).

Dennoch lassen die Texte des Alten Testaments nicht den Gedanken aufkommen, als wäre der vollkommene Gehorsam gegen den Willen Gottes je von einem Menschen verwirklicht worden. Sowohl die Geschichtsschreiber wie die Propheten sehen das Volk in einer unentrinnbaren Schuldverstrickung. Nicht nur die Frühzeit der Menschheit steht unter dem Verhängnis totaler und sich ständig noch steigernder Sündhaftigkeit (Gen 3–11), auch den Vätern und Gründern Israels, Abraham, Jakob, Mose, David, werden beschämende Fehler angelastet[1]. Offenbar ist die Sünde selbst für die Erwählten Gottes unvermeidlich. Um wie viel mehr ist sie es dann für gewöhnliche Sterbliche. Kein Wunder deshalb, daß nach der Predigt der Propheten die Sünde dem Volk zur zweiten Natur geworden ist und es vom Anfang seiner Geschichte an begleitet hat (besonders Ez 16; 20; 23)[2]. Jeremia sieht sich sogar zu der pointierten Feststellung veranlaßt, eher könne ein Mohr seine Haut wechseln oder ein Panther seine Flecken, als daß die Menschen vom bösen Tun zum guten wechseln könnten (Jer 13,23). So spricht sich auch in den Gebeten Israels der Glaube aus, daß kein Mensch vor Gott anders dastehen kann denn als Sünder:

> Wenn du der Sünden gedächtest, Jahwe,
> wer könnte dann bestehen? (Ps 130,3).

Und wiederum:

> Geh nicht ins Gericht mit deinem Knecht!
> Kein Lebender ist ja vor dir gerecht (Ps 143,2).

Die Überzeugung, daß es unter den Menschen keinen »Gerechten« gibt, ist Gemeingut des weisheitlichen Denkens in Israel. In der Ijob-Dichtung vertreten die Freunde Ijobs dieses Denken. Gegenüber Ijob, der sich für gerecht hält, wenden sie ein:

Ist wohl ein Mensch gerecht vor Gott,
vor seinem Schöpfer rein ein Mann? (Ijob 4,17)

Und von Sündern können wiederum nur Sünder abstammen:

Wie könnte ein Reiner von einem Unreinen kommen?
Nicht einer! (Ijob 14,4)

– eine theologische Ansicht, die wir schon in Psalm 51 kennengelernt
haben[3]. Deshalb ergeht immer wieder an den Gläubigen die Mahnung,
den Bösen in Geduld zu ertragen und das Gericht Gott zu überlassen:

Erhitze dich nicht über die Bösen,
und ereifere dich nicht über die Missetäter!

Denn wie das Gras verdorren sie schnell,
und wie das grüne Kraut verwelken sie.

Vertraue auf Jahwe und tue Gutes,
wohne im Land und halte die Treue! (Ps 37,1–3)

Hier wird deutlich ausgesprochen, daß alle Entrüstung über das Böse
und die Bösen nichts einbringt, daß nur das Tun des Guten weiter-
führt. So ermahnen denn die israelitischen Weisheitslehrer dazu, das
Böse hinzunehmen und keine unnützen Anstrengungen zu machen,
um die Welt zu verändern und zu verbessern:

Was krumm ist, kann nicht gerade werden,
und was fehlt, kann nicht gezählt werden (Koh 1,15).

Das ist zunächst eine ganz neutrale Feststellung, ohne jeden Bezug auf
eine göttliche Weltlenkung. Daß aber diese Ordnung auf Gott zurückgeführt wird, entnehmen wir einer anderen Aussage derselben Weis-
heitsschrift des »Predigers«:

Betrachte das Walten Gottes:
Wer kann gerade machen, was er gekrümmt hat? (7,13)

– eine eindringliche Warnung, im Widerstreben gegen die von Gott
gesetzte Ordnung das Gute erzwingen zu wollen. Der Weise läßt sich
nicht zu einer hitzigen Auseinandersetzung mit dem Bösen hinreißen,
sondern steht über der Sache (Spr 19,11).

»Du sollst das Böse ausrotten«

Ein solch gelassenes Hinnehmen des Bösen konnte sich wohl der »Weise« gestatten, nicht aber eine Gesellschaft, die inmitten einer feindlichen Umwelt überleben wollte. Die Überzeugung, daß das Böse nicht auszurotten sei, braucht noch nicht zu bedeuten, daß man sich nicht nach Kräften dagegen zur Wehr setzt. Natürlich wurden auch im alten Israel Vergehen geahndet, und von der Todesstrafe machte man einen erstaunlich bedenkenlosen Gebrauch. Sie stand auf Mord, Vergehen gegen Gott und Kult, grobe Pietätsverletzung gegenüber den Eltern, Vergehen gegen das gesunde Familien- und Geschlechtsleben sowie auf Menschenraub[4]. Allerdings ist dabei zu bedenken, daß das theokratische Denken des alten Israel in der Gesetzgebung eine Trennung von religiösem und profanem Bereich nicht kannte, daß das mosaische Gesetz vielmehr Personen-, Sach- und Strafrecht miteinschloß.

Das Deuteronomium begründet die Todesstrafe nicht selten mit der Formel: »Du sollst das Böse aus deiner Mitte ausrotten« (oder: wegschaffen, 13,6 u. ö.). Das todeswürdige Vergehen wurde als ein Angriff auf das unter dem Anspruch Jahwes stehende Volk betrachtet.

Daneben kannte das alte Israel für den kultischen Bereich den Ausschluß aus der Gemeinde, eine Art Exkommunikation. Diese ist gemeint mit der vor allem im Buch Leviticus öfters wiederkehrenden Formel: »Er soll ausgemerzt (wörtlich: herausgeschnitten) werden aus seiner Verwandtschaft« (Lev 7,20 u. ö.) oder »aus seinem Volk« (Lev 17,4 u. ö.). Zwar hat man diese Formel vielfach als Todesurteil verstanden. Sie meint jedoch den Bann, die Entfernung des Sünders aus der Kultgemeinschaft und damit aus der Nähe Gottes, was allerdings nach israelitischem Verständnis soviel bedeutete wie Verderben und Tod[5]. Im Unterschied zur eigentlichen Todesstrafe, mit der Vergehen gegen den Dekalog geahndet wurden, richtete sich der Bann gegen Vergehen, die der sakralen Sphäre angehören (zum Beispiel Unterlassen der Beschneidung: Gen 17,14; Arbeiten am großen Versöhnungstag: Lev 23,30).

Es gab demnach im nachexilischen Judentum eine Tendenz, das Böse dadurch zu bewältigen, daß man den Sünder aus der Gemeinde ausschloß und ihn damit dem Verderben preisgab. Dieses Verhalten ist verständlich, wenn man bedenkt, daß hier eine kleine Gemeinde ums

Überleben kämpfte. Zumindest die religiös führenden Kreise glaubten dieses Ziel am ehesten dadurch erreichen zu können, daß man alles Heidnische, Fremdländische, Gesetzwidrige, Böse vehement von sich wies. Es genügt, im Esrabuch (Kap 9 f.) den Bericht über den Kampf des Reformators Esra (um 400 v. Chr.) gegen die Mischehen zu lesen, um sich von dieser radikalen Richtung ein Bild zu machen: Gnadenlos werden alle, Priester wie Leviten und Laien, gezwungen, ihre ausländischen Frauen zu verstoßen.

Aber nicht nur die Durchsetzung der Gemeinde mit heidnischen Elementen, auch die zunehmende Proselytenbewegung machte den Integralisten zu schaffen. Die Schrift des Tritojesaja (Jes 56–66) gibt ein anschauliches Bild von den heftigen Auseinandersetzungen zwischen den Reinheitsfanatikern und den Heiden, die sich von der jüdischen Religion angezogen fühlten und zum Jahweglauben übertraten, aber von der Gemeinde nicht akzeptiert wurden. Und Jona, der von Gott in die Weltstadt Ninive geschickt wurde, um dort Buße zu predigen, versucht, sich dem göttlichen Auftrag zu entziehen. Als Jude, der durch die Schule der Propheten gegangen ist, weiß er, daß die Umkehr der Stadt Jahwe veranlassen wird, ihr zu verzeihen; das aber ist ein unerträglicher Gedanke für ihn, und nur mit drastischen Mitteln gelingt es Jahwe, Jona seinem Willen gefügig zu machen. Deutlich polemisiert der Erzähler anhand der Jonafigur gegen eine zu seiner Zeit im Judentum um sich greifende nationalpartikularistische Enge und ein falsches Erwählungsbewußtsein[6].

Diese Polarisierung verschärfte sich noch in Zeiten der Bedrohung durch den Hellenismus. Eine Trennung von »Guten« und »Bösen«, »Gerechten« und »Ungerechten« wurde nun nicht nur für das Diesseits gefordert, sondern auch für das Jenseits erwartet[7].

Eine letzte Zuspitzung erfuhr der Geist der Trennung in der Gemeinde von Qumran. Die Mitglieder dieser ordensähnlichen Sekte bezeichneten sich als »Männer der Heiligkeit« oder als »Rat der Heiligkeit« im Gegensatz zu den »Männern des Truges«. In den »Rat der Heiligkeit« trat man ein, um auf dem »Weg der Vollkommenheit« zu wandeln (1 QS 8,21). Wer von diesem Weg abwich, wer ein Wort aus dem Gesetz des Mose absichtlich oder aus Nachlässigkeit übertrat, sollte aus der Gemeinschaft ausgeschlossen und gemieden werden (1 QS 8,21–24). Diese letzte Forderung galt erst recht in bezug auf die Außenstehenden, die »Söhne der Finsternis«, die von den Gemeindegliedern als Feinde zu behandeln waren. Jeglicher Kontakt mit ihnen war verboten:

> Niemand darf sich mit ihm (dem Mann des Frevels) zusammentun in seiner Arbeit und in seinem Besitz . . . Vielmehr soll er sich fernhalten von ihm in jeder Sache . . . Und keiner von den Männern der Gemeinschaft darf Antwort geben, wenn er von ihnen gefragt wird, betreffs irgendeines Gesetzes oder Gebotes. Und keiner soll etwas essen von ihrem Besitz oder trinken oder etwas aus ihrer Hand empfangen, außer gegen Bezahlung (1 QS 5, 14–17).

Noch viel weniger durfte man dem Frevler von den Geheimnissen der göttlichen Offenbarung etwas anvertrauen (1 QS 9,16f.). Vielmehr wurde es als sittliche Pflicht der Mitglieder der Gemeinde hingestellt,

> jeden zu lieben, den er (Gott) erwählt hat, und jeden zu hassen, den er verworfen hat, . . . zu hassen alle Söhne der Finsternis, jeden nach seiner Sündhaftigkeit (1 QS 1,4.10).

»Schafft den Bösen fort aus eurer Mitte!«

Die eben zitierte Qumranvorschrift wäre im Neuen Testament undenkbar. Weder aus dem Munde Jesu könnte man sich ein solches Gebot vorstellen noch als Äußerung eines Evangelisten, des Paulus oder eines anderen neutestamentlichen Schriftstellers. Denn eine solche Absonderung, die einem Rückzug aus dieser »bösen« Welt verdächtig nahekommt, liefe dem Geist der Predigt Jesu strikt zuwider, und eben diese Predigt war für die junge Kirche bei der Bewältigung und Beurteilung des Bösen maßgeblich, selbst wenn sie in den einzelnen Gemeinden mit verschiedenen Nuancierungen ausgelegt wurde. Zwar kennt auch das Neue Testament die Aussperrung des Sünders, aber sie erscheint doch in einem anderen Kontext als etwa in der Qumransekte: als *ultima ratio*, wenn alle Versuche, den Sünder zurückzugewinnen, gescheitert waren.

Das wichtigste Zeugnis für diese Haltung liefert Mattäus mit seinem Wort von der brüderlichen Zurechtweisung:

Wenn dein Bruder sich verfehlt, dann gehe hin und weise ihn unter vier Augen zurecht. Hört er auf dich, so hast du deinen Bruder gewonnen (18,15)[8].

Diese Forderung ist kein unmittelbares Gebot Jesu, vielmehr spiegelt sich darin bereits die Gemeindeordnung der judenchristlichen Gemeinde des Mattäus wider, wie vor allem die Fortsetzung erkennen läßt:

Hört er aber nicht, dann nimm noch einen oder zwei mit dir, damit aus zweier oder dreier Mund jede Sache festgestellt werde. Hört er aber auch auf sie nicht, dann sage es der Gemeinde. Hört er aber auch auf die Gemeinde nicht, dann gelte er dir wie ein Heide und Zöllner (V. 16f.).

Demnach sollen alle gebotenen Versuche unternommen werden, um den Schuldigen zur Einsicht und zur Umkehr zu bringen. Erst wenn diese Versuche nichts fruchten, soll er behandelt werden wie ein »Heide und Zöllner«, das heißt als öffentlicher Sünder.

Offenbar wurde in der judenchristlichen Gemeinde des Mattäus die jüdische Praxis des Synagogenbanns[9] geübt, also der vorübergehende Ausschluß eines Sünders aus der Gemeinde. Diese Praxis ist allerdings nicht zu verwechseln mit den Isolierungstendenzen der Gemeinde von Qumran. Denn bei Mattäus geht es nicht darum, das Böse zu eliminieren, indem man den Schuldigen beseitigt; der Zweck des Verfahrens liegt vielmehr in der Besserung des Betroffenen. Der Synagogenbann diente somit als Erziehungsmittel, ob es sich nun um den einfachen Bann handelte, der für dreißig Tage, oder um den verschärften Bann, der für unbestimmte Zeit verhängt wurde. Die zweite Form scheint selten angewendet worden zu sein, und zwar dann, wenn der befristete Bann trotz Verlängerung um weitere dreißig Tage unwirksam geblieben war.

Etwas anders liegen die Dinge im 5. Kapitel des 1. Korintherbriefs. Wenn Paulus den Blutschänder in der Gemeinde dem Satan übergibt

zum Verderben des Fleisches, damit der Geist gerettet werde am Tag des Herrn (V. 5),

steht dahinter offenbar die jüdische Vorstellung von dem sich unfehlbar erfüllenden Fluch. Paulus rechnet damit, daß dem Betroffenen

Unheil zustößt, Krankheit oder Tod. Aber da nach jüdischem Verständnis Vergehen, die im Diesseits bereits abgegolten wurden, beim Endgericht außer Betracht bleiben, durfte man damit rechnen, daß auch der Blutschänder letztlich gerettet wird.

Eine ganz ähnliche Formulierung finden wir im 1. Timotheusbrief, wo ebenfalls zwei Männer »dem Satan übergeben« werden (1,20). Hier sind es Hymenäus und Alexander, die im Glauben »Schiffbruch erlitten haben«. Dem pastoralen Anliegen des Briefs entsprechend wird die pädagogische Absicht der Exkommunikation deutlich unterstrichen: »damit sie erzogen werden, nicht mehr zu lästern«. Nicht die Aussonderung, sondern die Besserung der beiden ist der Zweck der Maßnahme.

Die Aufforderung des Paulus, mit Unzüchtigen, Wucherern, Götzendienern, Lästerern, Trunkenbolden und Räubern keine (eucharistische?) Tischgemeinschaft zu pflegen (1 Kor 5,11) und den Bösen aus der Gemeinde auszustoßen (»Schafft den Bösen fort aus eurer Mitte«, V. 13), bedeutet jedoch keineswegs den Auszug aus dieser »bösen« Welt. Nicht ohne Ironie gibt der Apostel zu verstehen, daß der Wunsch, jeglichen Kontakt mit dem Bösen dieser Welt zu vermeiden, zum totalen Exodus führen müßte (V. 10). Das aber kann nicht der Sinn des Christenlebens sein. Die Gemeinde lebt in dieser Welt, aber es ist weder ihr Recht noch ihre Aufgabe, über »die draußen« zu Gericht zu sitzen; das hat sie nur in ihren eigenen Reihen zu tun[10]. Nicht die Ausrottung alles Bösen ist ihr aufgegeben, sondern die (vorübergehende) Exkommunikation eines einzelnen fehlbaren Gemeindeglieds.

Damit übereinstimmend heißt es im Galaterbrief:

> Wenn einer sich zu einer Verfehlung hinreißen läßt, so sollt ihr, die ihr euch vom Geist leiten laßt, ihn im Geist der Sanftmut wieder auf den rechten Weg bringen (6,1).

Die Briefe des Apostels, gleich ob sie an die Gemeinden in Korinth, Rom oder Galatien gerichtet sind, sind voll von Menschlich-Allzumenschlichem. Da gibt es alle möglichen »Werke des Fleisches« wie Schwachheit, Unzucht, Ausschweifung, Streit, Eifersucht, Neid, Fressen und Saufen, und Paulus wird nicht müde, zu bitten, zu mahnen, zu ermuntern. Aber er baut darauf, daß das Böse nicht durch Bekämpfung oder Verdrängung bewältigt wird, sondern durch innere Erneuerung.

Jesus und die Sünder

Für die synoptischen Evangelien ist die Existenz des Bösen in der Welt so selbstverständlich, daß über das Warum kaum reflektiert wird. Ob nun wie bei Markus alle Menschen unterschiedslos als böse gelten, weil nur Gott allein gut ist (10,18)[11], oder ob wie bei Mattäus unterschieden wird zwischen »Bösen und Guten, Gerechten und Ungerechten« (5,45)[12], immer wird der Mensch als sittlich unzulänglich charakterisiert. Und Jesu Forderung, die Feinde zu lieben und für die Verfolger zu beten, richtet sich an seine »Jünger« (wenn auch im weitesten Sinn des Wortes) im Gegensatz zu den »Zöllnern« und »Heiden« (V. 46f.); seine Mahnung an sie, vollkommen zu sein, wie ihr Vater im Himmel vollkommen ist (V. 48), gibt zu verstehen, daß sie diesem Anspruch nicht nur nicht entsprechen, sondern auch nie entsprechen können.

Nach den synoptischen Evangelien läßt Jesus keinen Zweifel an der Sündhaftigkeit aller Menschen: Alle bedürfen der Umkehr (Mk 1,15), nicht nur jene, die das Unheil trifft (Lk 13,1–5). Und wenn im Gleichnis vom verlorenen Schaf dem einen Sünder, der umkehrt, 99 Gerechte gegenübergestellt werden, die der Umkehr nicht bedürfen (Lk 15,4–7), so ist die Zahlenrelation nicht wörtlich zu nehmen, was der Gleichnissprache grob zuwiderliefe. Die zentrale Aussage, die das Gleichnis verdeutlichen soll, ist die Freude im Himmel über auch nur einen Sünder, der umkehrt. Weil aber alle Sünder sind, bedürfen auch alle der Verzeihung Gottes, um die Jesus die Jünger täglich zu beten heißt (Mt 6,12; Lk 11,4). Und wie im Alten Testament werden auch in den Evangelien gerade von den Erwählten beschämende Schwächen berichtet (Mk 14,66–72 par.: Verleugnung des Petrus; Mk 10,35–37 par.; Lk 22,24: Rangstreit der Jünger; Mk 14,10f. par.: Verrat des Judas).

So hören wir denn in den Evangelien auch nie, Jesus habe sich über menschliche Sünden gewundert. Er nimmt es hin, daß sich »alle möglichen Zöllner und Sünder« an ihn heranmachen (Lk 15,1), und wenn auch von einzelnen Bekehrungen berichtet wird (Lk 7,36–50; 19,1–10), so unternimmt Jesus doch keinen grundsätzlichen Versuch, die Gesellschaft, in der er lebt, zu verändern. Er sieht sich zu den Sündern geschickt wie ein Arzt zu den Kranken (Lk 5,31 f.), der genau weiß, daß er die Krankheit nicht aus der Welt schaffen wird, der vielmehr hilft, wo und soweit er helfen kann.

Deshalb kam für Jesus eine Absonderung oder Distanzierung von den Sündern nicht in Frage. Bereits die älteste Evangelienüberlieferung bezeugt, Jesus habe bei seiner Umgebung im Ruf gestanden, ein »Freund der Zöllner und Sünder« zu sein (Mt 11,19 par.)[13]. Was damit gemeint ist, illustriert im Lukasevangelium (19,1–10) die Erzählung vom Oberzöllner Zachäus in Jericho, bei dem Jesus auf seinem Weg nach Jerusalem Unterkunft sucht und auch findet:

> Als die Leute es sahen, murrten sie alle und sagten: Bei einem Mann, der Sünder ist, ist er eingekehrt, um Herberge zu nehmen (V. 7).

Gerade Lukas schenkt der Tisch- und Hausgemeinschaft Jesu mit den Sündern seine Aufmerksamkeit. Er erzählt die Geschichte von der Dirne, die Jesu Füße mit ihren Tränen wäscht, mit ihren Haaren trocknet, sie küßt und mit Myrrhe salbt (7,36–50). Und bei Lukas findet sich der lapidare Vorwurf der Pharisäer und Schriftgelehrten:

> Dieser nimmt Sünder an und ißt mit ihnen (15,2)

– ein Vorwurf, auf den die Gleichnisse vom verlorenen Schaf (15,3–7), von der verlorenen Drachme (15,8–10) und vom verlorenen Sohn (15,11–32) antworten. Aber schon Markus stellt die Berufung des Zöllners Levi und das Gastmahl, zu dem sich Jesus mit seinen Jüngern im Haus des Levi »mit vielen Zöllnern und Sündern« niederläßt, an den Anfang seines Evangeliums (2,14–17).

3. Das Böse durch das Gute überwinden

»Ihr sollt dem Bösen nicht entgegentreten«

Es gehört zum Erstaunlichsten an der Predigt Jesu, daß er nie zur Bekämpfung des Bösen aufruft, ja sie sogar verbietet. Seine Grundforderung in der Bergpredigt:

> Ich aber sage euch, ihr sollt dem Bösen
> nicht entgegentreten (Mt 5,39),

hat etwas Schockierendes. Dabei macht es keinen grundsätzlichen Unterschied, ob mit »dem Bösen« der böse Mensch oder das Böse gemeint ist. Der Fortgang des Textes läßt eher an die erste Möglichkeit denken, denn da ist die Rede von einem gewalttätigen Menschen:

> Wer dich auf die rechte Wange schlägt,
> dem halte auch die andere hin!

Dabei distanziert sich Jesus ausdrücklich vom alttestamentlichen Gesetz der Talion[1]:

> Ihr habt gehört, daß gesagt ist:
> Auge um Auge, Zahn um Zahn (V. 38).

Dieses Gesetz, nach dem Gleiches mit Gleichem vergolten werden soll, mag zu seiner Zeit ein Fortschritt gewesen sein. Dennoch barg es die Gefahr in sich, daß es, statt dem Bösen Einhalt zu gebieten, zu einer Eskalation des Bösen führte. Denn jeder Schlag provoziert einen Gegenschlag. Mit diesem wäre dem Gesetz zwar Genüge getan, schwerlich aber der Gerechtigkeit, ganz abgesehen davon, daß der Gegenschlag in der Regel weitere Schläge auslöst.

Deshalb gibt es für Jesus nur einen Weg, dem Bösen zu begegnen: Das Böse muß daran gehindert werden, sich weiter auszubreiten. Und dies geschieht eben dadurch, daß der Geschlagene nicht zurückschlägt. Dann bleibt es bei der einen bösen Tat und kommt nicht zu der fatalen Kettenreaktion. Die einzige wirksame Bekämpfung des Bösen besteht offenbar darin, daß man es nicht bekämpft. Das ist zweifellos auch der Sinn der Seligpreisung in der Bergpredigt nach Mattäus:

> Selig, die keine Gewalt anwenden,
> denn sie erben das Land (5,5),

was bedeutet, daß sie das Gottesreich auf Erden aufrichten[2].

Diese Forderung hat Jesus in mehreren Gleichnissen näher erläutert, besonders im Gleichnis vom Unkraut unter dem Weizen (Mt 13,24–30):

> [24]Mit dem Himmelreich ist es wie mit einem Mann, der guten Samen auf seinen Acker säte. [25]Während aber die Leute schliefen, kam sein Feind, säte Unkraut unter den Weizen und ging davon. [26]Als die Saat aufsproßte und Frucht ansetzte, da erschien auch das Unkraut. [27]Da traten die Knechte des Hausherrn herzu und sagten zu ihm: Herr, hast du nicht guten Samen auf deinen Acker gesät? Woher hat er denn das Unkraut? [28]Er sagte zu ihnen: Das hat ein Feind getan. Die Knechte sagten zu ihm: Willst du, daß wir hingehen und es zusammenlesen? [29]Er aber sagte: Nein. Ihr könntet, wenn ihr das Unkraut zusammenlest, zugleich auch den Weizen ausreißen. [30]Laßt beides miteinander wachsen bis zur Ernte. Wenn dann die Ernte da ist, sage ich zu den Schnittern: Lest zuerst das Unkraut zusammen und bindet es in Bündel zum Verbrennen, den Weizen aber sammelt in meine Scheune.

Das Gleichnis richtet sich an eine Gemeinde, die bereits die Erfahrung des Bösen in ihrer Mitte gemacht hat[3]. Sie fragt nach der Ursache des Bösen (woher das Unkraut kommt). Mehr aber noch beunruhigt sie die Frage, wie sie sich dem Bösen gegenüber verhalten soll. Soll sie ihm nicht den gnadenlosen Kampf ansagen, um es – im Sinn des Deuteronomiums – auszurotten? Der Hausherr lehnt den Vorschlag der Knechte, das Unkraut auszureißen, mit der Begründung ab, daß auch der Weizen dabei Schaden nehmen könnte. Das heißt doch wohl, daß der Eiferer bei seinem Willen, das Böse aus der Welt zu entfernen, leicht auch das Gute gefährden könnte, nicht zuletzt deswegen, weil eine klare Unterscheidung nicht immer möglich ist. Wie Lolch und Weizen sich zunächst zum Verwechseln ähnlich sehen, so kann etwas Gutes von den Menschen leicht als böse angesehen werden[4]. Wieviel Gutes im Ansatz zerstört wurde, weil man dahinter Böses witterte, kann gerade auch die Geschichte der Kirche mit ihren Häretiker- und Hexenprozessen verdeutlichen. – Für Jesus gab es nur die Möglichkeit, das Böse neben dem Guten »wachsen« zu lassen und die Scheidung dem Ende der Zeiten anheimzustellen.

Einem ähnlichen Thema gilt das Gleichnis vom Fischnetz (Mt 13,47–50): Das Reich Gottes gleicht einem Netz, das man ins Meer warf und das Fische aller Art zusammenbrachte, gute und schlechte. Zwar wird, nachdem das Netz sich gefüllt hat, von den Fischern eine Scheidung der guten und der schlechten Fische vorgenommen: Die guten werden gesammelt, die schlechten weggeworfen. Mattäus deutet auch dieses Gleichnis auf das Endgericht. Jedoch lag die ursprüngliche Pointe nicht in diesem endzeitlichen Vorgang, sondern, wie beim Gleichnis vom Unkraut, in dem jetztzeitlichen Nebeneinander von Gutem und Bösem, das hingenommen und ertragen werden muß[5].

Allerdings kann es sich hierbei nach dem Neuen Testament nicht um ein passives, untätiges oder gar resigniertes Hinnehmen des Bösen handeln. Vielmehr sind die Jünger Jesu aufgerufen, aktiv zur Überwindung des Bösen beizutragen. Schon das alte Israel war belehrt worden, daß es sinnvoller sei, das Gute zu tun, als sich über die Bösen zu ärgern und gegen sie anzugehen:

> Rege dich nicht auf über die Bösen
> und ereifere dich nicht wegen der Übeltäter . . .
> Vertraue auf Jahwe und tue das Gute (Ps 37,1.3).

Das Wort der Bergpredigt: »Ihr sollt dem Bösen nicht widerstehen«, kann von seinem Kontext her nur in diesem Sinn verstanden werden. Die Jünger Jesu werden verpflichtet, ihre Feinde zu grüßen (5,47), für sie zu beten, sie zu lieben (5,44), und Liebe ist nach biblischem Verständnis Tat. Mitten unter den Wölfen (Mt 10,16 par.) sollen sie das Wort verkünden, Dämonen austreiben, Kranke heilen, Tote auferwekken, den Friedensgruß entbieten (Mt 10,5–15 par.) und durch die Kraft und das Licht, das sie in die Welt ausstrahlen, Gott und seine Güte in der Welt sichtbar machen (Mt 5,13–16).

»Besiege das Böse durch das Gute«

Auch Paulus mahnt zwar mit dem ganzen Gewicht seiner apostolischen Autorität, das Böse zu verabscheuen und dem Guten anzuhangen (Röm 12,9). Aber gerade diese entschiedene Absage an das Böse verbietet jedes Zurückschlagen gegen das Böse:

> Segnet, die euch verfolgen; segnet und verflucht nicht! . . .
> Vergeltet niemand Böses mit Bösem!
> Seid allen Menschen gegenüber auf Gutes bedacht (V. 14.17).

Im Sinn der Predigt Jesu hat sich jedoch die frühchristliche Katechese nicht damit begnügt, negativ das Vergelten des Bösen mit Bösem zu verbieten. Obwohl auch darin schon ein Beitrag zur Überwindung des Bösen liegt, wurde darüber hinaus doch immer auch die positive Tat gefordert. So schreibt schon Paulus in seinem frühesten uns erhaltenen Brief (51/52 n. Chr.):

> Seht zu, daß keiner dem anderen Böses mit Bösem vergilt, sondern bemüht euch immer füreinander und für alle um das Gute (1 Thess 5,15).

Und mehrere Jahrzehnte später fordert der Verfasser des 1. Petrusbriefs:

> Vergeltet nicht Böses mit Bösem,
> noch Kränkung mit Kränkung!
> Segnet vielmehr, denn dazu seid ihr berufen (3,9).

Wie dieses Gute, mit dem das Böse erwidert werden soll, aussieht, zeigt Paulus ganz konkret in der oben erwähnten Katechese des Römerbriefs:

> Wenn dein Feind hungert, so speise ihn,
> wenn er dürstet, so tränke ihn (12,20).

Schließlich faßt der Apostel alles, was der Christ zur Überwindung des Bösen in der Welt tun kann, zusammen in der zeitlosen Formel:

> Laß dich nicht besiegen vom Bösen,
> sondern besiege das Böse durch das Gute (V. 21).

Der Mensch hat nicht die Macht, das Böse aus der Welt zu schaffen. Aber es steht in seiner Macht, aus Liebe das Gute zu tun, und diese Fähigkeit des Menschen ist beinahe unbegrenzt. Auch wenn ihm die Hände gebunden sind, das Böse zu verhindern, so sind sie ihm nicht gebunden, das Gute zu mehren und damit die Übermacht des Bösen zu brechen.

Jeder, der Gutes tut, geht damit, ob wissentlich oder unwissentlich, gegen das Böse an. Mit dieser Einsicht steht Paulus keineswegs vereinzelt da. Unter den abendländischen Denkern, die oben zu Wort kamen, hat sie vor allem Kant vertreten, wenn auch von anderen Voraussetzungen her. Das radikal Böse ist nach Kant mit keinerlei menschlichen Mitteln auszurotten. Das einzige, was der Mensch leisten kann und muß, ist dies, durch Entwicklung stärkerer Gegenkräfte dem Bösen ein vermindertes Gewicht zu geben[6].

Die Gewalt der Friedfertigen

Der unterbleibende Gegenschlag gegen das Böse hat nichts mit Lauheit, Lahmheit und Passivität zu tun, sondern ist deren genaues Gegenteil: voller Aktivität und Dynamik, ja voller Gewalt, aber jener Gewalt, die der Prior von Taizé, Roger Schutz, die »Gewalt der Friedfertigen« nennt. Diesen »Gewalttätigen« wird im Evangelium zugesagt, daß sie das Himmelreich an sich reißen (Mt 11,12)[7]. Von der Ethik des Neuen Testaments her ist es die Form der Gewalt, die den Jüngern Jesu aufgetragen ist. Roger Schutz erläutert dazu:

> Jeder Mensch, Christ wie Nichtchrist, trägt in sich eine Neigung zur Gewaltsamkeit, zur Gewalttätigkeit. Der Unterschied besteht darin, welchen konkreten Gebrauch er von dieser Neigung macht.
> Unter Christen begegnen wir zwei einander widersprechenden Verhaltensformen. Bei den einen wird Gewaltsamkeit verdrängt und verwandelt sich in einen unirdischen »Angelismus«. Das Ergebnis ist eine pietistische Passivität, ein Mangel an Bereitschaft für die, welche Unrecht leiden. Beten genügt. Mit allem anderen beschmutzt man sich allzu leicht die Hände.
> Auf der Gegenseite stehen andere Christen, die eine zerstörerische Gewalttätigkeit bejahen, selbst mit bewaffneter Hand, wenn

sie so wirksam ist. Sie sehen keine andere Möglichkeit mehr, ihre Absage an die Unterdrückung der Armen durch die Mächtigen hinauszuschreien, namentlich wenn diese selbst zu einer verhüllten Gewalttätigkeit greifen.

Beide Wege sind für Schutz unannehmbar. Er sucht einen dritten »zwischen lauer Tatenlosigkeit und zerstörerischer Gewaltsamkeit«, und er findet ihn in der

> Gewaltsamkeit der Friedfertigen. Sie ist schöpferisch. Sie ist es, welche die Menschen revolutioniert . . . Welche Herausforderung bedeutet ein Christ, der inmitten der Welt der Ungerechtigkeit, der Trennung zwischen Mensch und Mensch und des Hungers, eine lebende Hoffnung wird! Frei von allem Haß wirkt seine Gegenwart aufbauend und schöpferisch. Diese Herausforderung ist voll brennender Liebe; sie ist eine Gewaltsamkeit als bleibende Lebensform [8].

Das verpflichtende Beispiel solchen Verhaltens ist für den Christen immer Jesus selbst. Er ging gegen die Unwissenheit und Verlorenheit seiner Mitmenschen an, indem er sie belehrte – wie oft betonen die Evangelien, Jesus habe gelehrt (Mk 2,13 u. ö.), er habe das Volk gelehrt, »wie er gewohnt war« (Mk 10,1). Er ging gegen die Krankheit an, indem er sie heilte (Mk 1,34 u. ö.). Er ging gegen die Sünde an, indem er sie verzieh (Mk 2,5 par.; Lk 7,47; vgl. 23,34) und selber keine Sünde beging (Joh 8,46; 1 Petr 2,22). Er ging gegen das Böse an, indem er nur Gutes tat (Mk 3,4; Apg 10,38). Er ging gegen den Haß an (Joh 7,7; 15,18), indem er liebte bis in den Tod (Röm 5,8; 8,37). Statt die böse Welt zu richten, rettete er sie (Joh 3,17).

Das ganze Leben und Sterben Jesu wird nur begreifbar vor dem Hintergrund des Bösen. Die Liturgie spricht von einer *felix culpa*, einer »seligen Schuld« der Menschheit, weil sie Gott zu einer noch größeren Tat der Liebe veranlaßte. Damit wird das Handeln Gottes in Jesus zum allein gültigen Maß für den Menschen. Wie das Böse Gott zur Liebe provozierte, so soll auch der Mensch sich durch das Böse zur Liebe provozieren lassen.

Augustinus hatte diese Funktion des Bösen in die Formel gefaßt:

> Gott hielt es für besser, aus dem Bösen Gutes zu machen, als nichts Böses zuzulassen [9].

Das zeigt die Bibel an zahlreichen Beispielen, angefangen von der Josefgeschichte, deren Sinn der Erzähler darin sieht, daß die Brüder Josef Böses anzutun gedachten, daß Gott das Böse aber zum Guten wendete[10], bis hin zum Verrat des Judas.

Aber auch die Heiligen und Märtyrer, dazu die Vielzahl der Kleinen und Unbekannten, von denen keine Chronik berichtet, haben in dem Bösen und in der Gewalt, die ihnen widerfuhren, den Willen Gottes gesehen. So erkannten sie in dem Bösen, das ihnen die Menschen taten, das Gute, zunächst im Hinblick auf ihr eigenes Schicksal, das für sie eben nicht den Triumph der Sinnlosigkeit bedeutete, dann aber auch für ihre Mitwelt. Wir brauchen nur an Gestalten wie Elisabeth von Thüringen oder Franz von Assisi, Thomas Morus oder Vinzenz von Paul, Alfred Delp oder Dietrich Bonhoeffer zu denken.

Die Frucht des Geistes

Mehrfach war oben von den Lasterkatalogen des Neuen Testaments die Rede, in denen verschiedene menschliche Fehlhaltungen aufgezählt werden. Im Brief an die Galater läßt Paulus auf einen solchen Lasterkatalog einen Tugendkatalog folgen (5,22f.), allerdings nicht in der Form, daß jedem Negativum das jeweilige Positivum entgegengesetzt würde. Eine solche paarweise Zuordnung hätte schwerlich den Intentionen des Apostels entsprochen. Denn während er die Laster als »Werke des Fleisches« (τὰ ἔργα τῆς σαρκός) zusammenfaßt, spricht er bei den Tugenden von »der Frucht des Geistes« (ὁ καρπὸς τοῦ πνεύματος), wobei der Gegensatz »Werke« (in der Mehrzahl) und »Frucht« (in der Einzahl) auffällt. Offenbar wollte Paulus die Tugenden weniger als eigene Leistung des Menschen denn als empfangene Gabe charakterisieren, und dem entspricht auch der gewählte Singular (»Frucht«): die Einheit des neuen, geistgewirkten Lebens gegenüber »dem zersplitterten Vielerlei des Fleischeslebens«[11]. Welche Tugenden als Gegenkräfte gegen das Böse werden nun genannt?

> Die Frucht des Geistes ist Liebe, Freude, Friede, Langmut, Freundlichkeit, Güte, Vertrauen, Sanftmut, Selbstbeherrschung.

Auf den ersten Blick eine bunte Mischung von Verhaltensweisen, die zum Teil nah beieinander liegen, zum Teil aber auch nichts miteinander zu tun zu haben scheinen und sowohl im Neuen wie im Alten Testament recht unterschiedliche Rollen spielen.

Daß die Liebe als der offenbar alles andere umfassende Begriff den Auftakt macht, ist kaum anders zu erwarten. Aber schon die »Freude« an der zweiten Stelle überrascht. Gewiß ist mit ihr nicht nur eine vorübergehende Stimmung gemeint, aber auch nicht unbedingt die übernatürliche »Freude im Herrn«, von der Paulus im Philipperbrief spricht (4,4). Für den Apostel ist Freude immer wieder mit dem Leben in der Gemeinde verknüpft, wo sie aus dem gegenseitigen Dienst am Nächsten erwächst. Dazu gehört vor allem jene natürliche Fröhlichkeit, zu der das Alte Testament so beharrlich auffordert:

Und du sollst fröhlich sein (Dtn 12,18 u. ö.).

Die Fröhlichkeit erscheint damit als Auftrag Gottes und erweist sich als unwiderstehliche Kraft des Guten. Der fröhliche – und das ist nicht der lustige und schon gar nicht der ausgelassene – Mensch zieht die anderen zum Guten hin. Es ist bekannt, daß der heilige Johannes Bosco seine einzigartige Macht über die Herzen vor allem junger Menschen seiner alle Widerstände überwindenden Fröhlichkeit verdankte. Der fröhliche Mensch ist ein freier Mensch und Fröhlichkeit vielleicht die größte Wohltäterin der Menschheit.

Mit der Freiheit des Menschen hat es auch die an letzter Stelle genannte Tugend, die ἐγκράτεια zu tun. »Selbstzucht«, »Enthaltsamkeit«, »Selbstbeherrschung« sind nur unvollkommene Übersetzungen des griechischen Begriffs, der in der griechischen Ethik, etwa bei Sokrates, aber auch in der hellenistischen Philosophie, eine zentrale Rolle gespielt hat, im Neuen Testament jedoch ganz in den Hintergrund getreten ist, wohl deshalb, weil er nur in einer autonomen Ethik einen so hohen Rang einnehmen konnte. Nach den im vorhergehenden Lasterkatalog genannten sexuellen Ausschweifungen wird man bei dem Begriff zunächst an sexuelle Enthaltsamkeit denken, was durchaus paulinisch gedacht wäre. Nun steht dasselbe Wort aber auch an jener bekannten Stelle des ersten Korintherbriefs, an der sich Paulus mit dem Läufer im Stadion und mit dem Wettkämpfer überhaupt vergleicht (9,24f.). Und hier wird die umfassende Bedeutung des Begriffs deutlich. Sportliche Leistung ist nicht das Ergebnis sexueller Enthaltsamkeit oder totaler Askese, sondern einer möglichst vollkommenen Körperbeherrschung. Im nicht übertragenen Sinn dürfen wir die von Paulus gemeinte »Selbstbeherrschung« also verstehen als die Haltung des Menschen, der von keinem Menschen und keiner Sache beherrscht wird und insofern wahrhaft frei ist, aber nicht aufgrund einer selbsterrungenen, sondern einer von Gott geschenkten Freiheit. Ganz in diesem Sinn schrieb Pater Delp aus dem Gefängnis in Tegel ein halbes Jahr vor seiner Hinrichtung: »Einen schönen Raum der inneren Freiheit hat mich Gott gewinnen lassen.«[12] Eine solche Freiheit befähigt den Menschen, von sich selbst abzusehen und sich ganz den Mitmenschen zuzuwenden. Damit wird sie zur Grundlage aller echten Menschlichkeit.

Hier haben auch die begrifflich nicht scharf voneinander zu trennenden Tugenden, die Paulus gerne in der einen oder anderen Art miteinander kombiniert, ihren Ort: Güte, Freundlichkeit, Geduld und Sanftmut. Keinesfalls sollte man sie verwechseln mit einem lahmen Hinnehmen des Bösen oder dem verzeihenden, weil verstehenden Akzeptieren des fehlerhaften Mitmenschen. Vielmehr setzen diese Tugenden ein hohes Maß von Aktivität voraus, von Kraft, Ausdauer und nie erlahmendem Bemühen um den Nächsten. Was sie von verwandten Formeln stoisch-kynischer Tradition unterscheidet, ist das maßstabsetzende Vorbild Gottes, an dem sich jedes menschliche Verhalten zu orientieren hat. Der Gott des Alten und des Neuen Testaments ist ein Gott der Langmut, der bereit ist zu vergeben, und immer wieder wird das vom Menschen geforderte sittliche Verhalten auf das Verhalten Gottes dem Menschen gegenüber zurückgeführt. Auch die radikalste Ablehnung der bösen Tat darf nicht zur endgültigen Verdammung des Täters führen. Dessen Motive müssen erforscht, mitverursachende Faktoren berücksichtigt werden, und vor allem: Er muß mit Verzeihung rechnen können, weil er nur so die Chance des Neuanfangs hat. Im Glauben an das Gute auch im gescheiterten Menschen gewinnt der Satz des Thomas von Aquin, das Böse könne nur im Guten sein, plötzlich eine überraschende Aktualität. Und nicht weniger bedenkenswert ist, was Augustinus über das richtige Verhalten einem »bösen« Menschen gegenüber schreibt:

Wo mir die Gesinnung eines Menschen unbekannt oder ungewiß ist, halte ich es für das beste, das Günstigere anzunehmen, statt auf Unbestimmtes hin Beschuldigungen zu erheben. Vielleicht hat er aus Liebe getan, was er tat. Daher ist es meine Pflicht, einem Menschen mit herzlichem Wohlwollen zu begegnen, auch wenn ich seine Haltung mißbilligen muß. Es scheint mir richtig, wo er das Richtige verfehlt hat, ihn lediglich in Milde aufmerksam zu machen, statt ihn hart zu beurteilen[13].

Allgemein das Vertrauen zwischen Mensch und Mensch ist mit der πίστις gemeint. Das Wort bedeutet hier nicht, wie sonst in der Regel bei Paulus, den Glauben im theologischen Sinn, es bezieht sich an dieser Stelle überhaupt nicht auf das Verhältnis zwischen Gott und Mensch. In einem Katalog von Tugenden muß es eher die Bedeutung von »Treue« oder, noch besser, von »Zutrauen« oder »Vertrauen« haben. Zielt dieses Verhalten wohl zunächst auf den zwischenmenschlichen Bereich ab, so ist hier doch auch die Forderung nach einer positiven Grundeinstellung des Christen zur Wirklichkeit herauszuhören, mag diese noch so fragwürdig sein. Dieses Seinsvertrauen ist es wohl auch, das einen unbefangenen Zugang und eine positive Haltung zum Leben erst ermöglicht, wozu weder der Asket noch der Nihilist noch der Utopist je in der Lage wäre. Nun läßt sich zwar nicht bestreiten, daß auch dem Nichtchristen ein solch positives Urvertrauen grundsätzlich möglich ist; es genügt, an Bertrand Russell, Ernst Bloch und Albert Camus zu erinnern[14]. Der Christ jedoch hat im Leben und Sterben Jesu ein unmittelbares Vorbild, das über alle ethischen Maximen erhaben ist. Wenn es überhaupt ein Spezifikum christlicher Ethik gibt, dann dies, daß der Christ in der persönlichen Nachfolge Jesu zu einer von Grund auf neuen Lebenseinstellung findet, die auch seine Haltung gegenüber dem Bösen und der menschlichen Anfälligkeit für das Böse entscheidend prägt: als Wunsch, das menschliche Leben in der gottgewollten Form gegen alle Widerstände gelingen zu lassen.

Als Frucht des Geistes wird schließlich auch der Friede genannt. Wieviel er für die Überwindung des Bösen leisten könnte und wieviel Böses in der Geschichte der Völker und der Kirche deshalb geschah, weil es an Bereitschaft zur Verständigung im Frieden fehlte, bedarf nicht vieler Worte. Sicher wäre es eine unzulässige Einschränkung, wenn man den Frieden, von dem der Galaterbrief spricht, in einem verinnerlichten Sinn als »Seelenfrieden« oder als Frieden des Menschen mit Gott verstehen wollte. Es entspricht durchaus dem Geist des Neuen Testaments, im Frieden unter den Menschen die unerläßliche Bedingung für das Gedeihen von Gemeinde und Volk zu sehen. Und dafür werden aktive Anstrengungen erfordert; ein schwächliches Nachgeben »um des lieben Friedens willen« ist gewiß nicht der Sinn des Wortes Frieden im Neuen Testament. Ganz konkret bedeutet das die Ausschöpfung aller Möglichkeiten, um eine Konfrontation zu vermeiden oder abzubauen und nicht aus falschem Stolz oder aus Angst, es könnte als Schwäche ausgelegt werden, einer friedlichen Lösung aus dem Weg zu gehen. Nicht umsonst werden in der Bergpredigt die Friedensstifter und nicht die, die in Frieden leben, selig gepriesen (Mt 5,9).

Allerdings hat das Wort Friede im Neuen Testament noch eine weitere, letztlich eschatologische Dimension. Wenn die Jünger Jesu beim Eintreten in ein Haus den Frieden entbieten (Lk 10,5); wenn der Friede ein fester Bestandteil in den Grußformeln der paulinischen Briefe ist; wenn »Friede« dem »Leben« gleichgestellt und dem »Tod« und »Fleisch« entgegengesetzt wird (Röm 8,6) oder in die Nähe der σωτηρία, des Heils, rückt (Offb 12,10), dann manifestiert sich darin der »heile« Zustand des Menschen oder sein Wunsch nach diesem Zustand. In diesem »Heilsein« des Menschen ist aber bereits die Kraft Gottes am Werk.

An den ersten Platz unter den Früchten des Geistes hat Paulus die Liebe gestellt. Ihr soll hier das letzte Wort gelten. Im Zusammenhang mit dem Neuen Testament drängt sich spontan die Rede von der »christlichen« Liebe auf, die gerne vergißt, daß Liebe nichts spezifisch Christliches, sondern etwas Allgemeinmenschliches ist. Zwar hat Gott den Menschen in Jesus Christus das höchste Beispiel der Liebe gegeben, an dem sich der Christ immer zu orientieren hat. Dennoch steht das Gebot:

Du sollst den Nächsten lieben wie dich selbst

im Alten Testament (Lev 19,18). Schon das alte Israel sah darin den Inbegriff aller Sittlichkeit.

Umgekehrt: Ist die Lieblosigkeit nicht eigentlich *das* Böse? Wenn heute vom Bösen die Rede ist, denken die meisten Menschen spontan an Terrorismus, Gewalttat, Mord, Diktatur, Unterdrückung, Ausbeutung, Folter. Das hängt mit dem Spektakulären zusammen, das diesen Manifestationen des Bösen eigen ist, und der Publizität, die ihnen seitens der Massenmedien zuteil wird. Dennoch sind von diesen extremen Formen des Bösen immer nur einzelne oder vergleichsweise kleine Gruppen betroffen. Alle Menschen aber werden tagaus tagein Opfer des Bösen, wenn es sich in »sanfteren« Formen äußert: in Lieblosigkeit, Unduldsamkeit, Rechthaberei, Verleumdung, Betrug. Diese Formen des Bösen, die heute selbst die innerkirchlichen Auseinandersetzungen kennzeichnen, sollten nicht weniger ernst genommen werden als jene anderen, da sie das zwischenmenschliche Klima stören und vergiften, andererseits aber oft schon durch ein Minimum an gutem Willen gemindert werden können.

Wenn es um die Liebe geht, versagen alle Worte. Gewiß hat Paulus im 13. Kapitel des 1. Korintherbriefs eine unüberbietbare Beschreibung der Liebe gegeben, neben der uns jeder andere Preis hohl und nichtssagend vorkommt:

> Die Liebe erträgt alles, sie glaubt alles,
> sie hofft alles, sie duldet alles (V. 7).

Wer das ganze Hohelied auf die Liebe liest, wird in ihm alle »Früchte des Geistes« wieder antreffen.

Dennoch muß jeder Mensch empfinden, daß über die Liebe letztlich nicht gesprochen, daß sie nur getan werden kann. Das Böse in der Welt haben nicht jene überwunden, die über die Liebe sprachen oder schrieben, sondern jene, die das Beispiel der Liebe gaben. Der jüdische Arzt Janusz Korczak steht hier ebenso wie der Franziskaner Maximilian Kolbe nur stellvertretend für Ungezählte. Wenn der Christ sich an solchen Vorbildern mißt, wird er sehr bescheiden werden. Eine euphorische Siegesgeschichte zu schreiben, besteht kein Anlaß, und auch dem Neuen Testament ist die Pose des Siegers fremd. Wohl aber ist es nicht unbescheiden zu sagen, daß dem Christen aus seinem Glauben zusätzliche Kräfte erwachsen.

Auch ein »Prinzip Hoffnung«

Damit ist nicht bestritten, daß sich die von Paulus genannten Früchte des Geistes auch bei einem Nichtgläubigen oder Atheisten finden können. Der Vorzug des Glaubenden liegt auch nicht darin, daß er das Leben optimistischer oder gelassener betrachtet, weil es für ihn nicht das Letzte ist und er mit einem Ausgleich »im Himmel« rechnet, wo alles Böse aufgehoben ist. Der Gläubige leidet unter dem Bösen genauso wie jeder andere Mensch. Aber aufgrund seines Glaubens weiß er sich in der Bedrohung durch das Böse von seinem Gott gehalten und getragen.

Schon aus dem alten Israel sind uns Zeugnisse unbeirrten Vertrauens und sieghafter Hoffnung angesichts feindlicher Drangsal überliefert, so in jenem einzigartigen Lied im 3. Kapitel des Habakuk-Buches[15]:

> Trägt auch der Feigenbaum nicht
> und ist kein Ertrag an den Reben,
> schlägt auch fehl die Frucht des Ölbaums
> und bringt der Acker kein Brot,
> sind auch die Schafe aus der Hürde verschwunden
> und steht in den Ställen kein Rind mehr,
> will ich trotzdem in Jahwe frohlocken,
> will jubeln im Gott meines Heils.
> Jahwe, der Herr, ist meine Kraft.
> Er macht meine Füße den Hinden gleich
> und läßt mich auf Höhen schreiten (V. 17–19).

Der Glaubende ist von einer unbeirrbaren Zuversicht zu seinem Gott erfüllt, die ihn – wie einst den Vater Abraham – hoffen läßt »wider alle Hoffnung« (Röm 4,18). Hoffnung kann es ja nur dort geben, wo der gute Ausgang aus einer ausweglosen Lage oder die Erfüllung von Sehnsucht und Glück nicht in Sicht ist.

> Auf Hoffnung hin sind wir gerettet worden. Eine Hoffnung aber, die man sieht, ist keine Hoffnung. Denn was einer sieht, weshalb hofft er es noch? (Röm 8,24)

Nicht das Wissen um eine künftige Erfüllung, sondern die Hoffnung verleiht dem Glaubenden Ruhe, Sicherheit und Freiheit gegenüber dem Bösen[16]. Er weiß im Glauben, daß nicht das Böse das letzte Wort hat, sondern das Gute. Diese überlegene und sieghafte Sicherheit ist es, die uns an zahlreichen Märtyrern so beeindruckt. Sie spricht sich in allen Briefen aus, die Thomas Morus (1478–1535) unmittelbar vor und während seiner Gefangenschaft im Tower von London vor allem an seine Lieblingstochter Margret schrieb:

> Du darfst dich nicht betrüben lassen durch das, was mir etwa in dieser Welt noch zustoßen könnte. Nichts geschieht gegen den

Willen Gottes. Das Schicksal, das er für mich bereit hält, kann nur das beste sein, mag es nach menschlichen Maßstäben noch so hart erscheinen [17].

Gerade diese enge Verbindung von Hoffnung und Glaube macht den Unterschied aus zu allen Formen der Hoffnung, die im profanen Bereich gelebt werden. Hier bleiben die Hoffnungen ungewisse Erwartungen, für den Glaubenden aber ist Hoffnung etwas Gewisses, Zuverlässiges. Sie steht am Ende einer Kette von Erfahrungen, die bei negativen Erlebnissen ihren Anfang hat:

> Wir wissen, daß die Trübsal Geduld wirkt, Geduld aber Bewährung, Bewährung aber Hoffnung. Die Hoffnung aber erweist sich nicht als eitel (Röm 5,3–5).

Hoffnung und Glaube sind auf die Zukunft gerichtet und rechnen fest mit ihr. Sicher ist es kein Zufall, daß gerade das jüdische Volk, das mehr als alle anderen Völker immer wieder bis in unsere Tage Bedrohung und Vernichtung erfahren mußte, niemals den Glauben an die Zukunft aufgegeben hat. Noch heute läßt es sich von jener Hoffnung leiten, die die Propheten Israels unermüdlich ihrem bedrängten Volk vor Augen gestellt haben [18].

Aber diese Hoffnung ist nicht identisch mit jenen politischen und sozialen Utopien, die seit der Aufklärung und der Französischen Revolution eine neue Erde, eine glückliche Menschheit in einer klassenlosen Gesellschaft versprechen, wenn erst einmal die notwendigen wirtschaftlichen und gesellschaftlichen Voraussetzungen geschaffen sind. Die biblische Verheißung hat auch nichts zu tun mit dem »Prinzip Hoffnung«, das Ernst Bloch proklamiert hat [19]. Denn ihm geht es mehr um den Weg als um das Ziel; der Mut zum Aufbruch ins Unversicherbare ist ihm wichtiger als der Ausgang. Blochs Hoffnung gründet im Menschen, nicht in Gott. Ja, es ist sogar das Wesen dieser Hoffnung, Gott zu überholen, denn erst wo Gott verschwunden ist, kann sich der Mensch verwirklichen. Und Blochs Hoffnung ist Hoffnung auf den Menschen. Die Hoffnung der Bibel aber ist Hoffnung auf Gott, und allein aus ihr schöpft der glaubende Mensch die Kraft, die Wirklichkeit mit all dem Widrigen und Bösen, das sie birgt, zu bewältigen.

So sehr diese Hoffnung schon in den heiligen Schriften Israels grundgelegt ist, ihre letzte Kraft und Fülle gewinnt sie für den Christen erst im Mysterium der Auferstehung. Der Glaube an die Auferstehung Jesu und die Hoffnung auf die eigene Auferweckung sind für den Christen der unverrückbare Grund, im Bösen nur einen Durchgang zu sehen.

> Es wird gesät in Schwachheit,
> es wird auferweckt in Kraft (1 Kor 15,43).

Dieser Glaube, daß Gott alles neu machen wird (Offb 21,5), hebt nichts von der Unerträglichkeit des Bösen auf, nichts von der verzweifelten Hilflosigkeit, mit der wir oft nach einem Ausweg suchen. Aber er nimmt uns die lähmende Angst und das bittere Gefühl, dem Bösen hoffnungslos preisgegeben zu sein.

Das unterscheidend Christliche

Dieser Glaube bedeutet aber auch eine Verpflichtung. Die Welt legt an den Christen einen strengeren Maßstab an. Sie erwartet von ihm, daß er sich im Umgang mit dem Bösen am Beispiel Jesu orientiere. Jesu ganzes Wirken in Wort und Tat war ja ein unablässiges Bemühen, den Menschen die Liebe Gottes sichtbar zu machen. Er klagte nicht an, er warf nicht den ersten Stein, er richtete nicht, er rächte sich nicht für Unbill und Haß. Vielmehr heilte er die Kranken; er trieb die Dämonen aus, das heißt, er befreite die von Ängsten und Zwängen gebundenen Menschen zu sich selbst; er öffnete ihnen die Augen, daß sie sehend wurden und zum Glauben fanden; er verzieh dem Sünder das Böse, wenn dieser Bereitschaft zu Umkehr und Reue zeigte.

So oft wird heute gefragt, worin sich eigentlich der Christ von anderen Menschen unterscheide. Vielleicht liegt mehr als in allen Bekenntnisformeln und Glaubenssätzen das unterscheidend Christliche in der Art, wie der Christ dem Bösen begegnet.

Anmerkungen

Zum Thema

1 So etwa W. Pannenberg, Aggression und die theologische Lehre von der Sünde, Zeitschr. f. Evang. Ethik 21, 1977, 161–173.
2 Ebd. 170.
3 Summa contra Gentiles II, 71.
4 H. Haag u. a., Teufelsglaube, Tübingen 1974.

I. Die Antwort der Bibel

1. Was nennt die Bibel böse?

1 Das Wort kommt im Hebräischen in drei Formen vor. In der Maskulinform raᶜ wird es adjektivisch (»böse«) und substantivisch (»das Böse«) verwendet. Da aber das Hebräische kein Neutrum kennt und dafür sehr oft die Femininform gebraucht wird, finden wir für das Substantiv »das Böse« häufig die Femininform von raᶜ : rāᶜāh. Schließlich gibt es das Verbum rāᶜaᶜ »böse sein«, in der Kausativform »böse handeln«. In allen drei Formen zusammen kommt der Stamm in der hebräischen Bibel 781 mal vor (THAT II, 795).
2 Im Sprachgebrauch des Neuen Testaments überschneiden sich beide Begriffe weitgehend, sind aber nicht deckungsgleich. So wird z. B. πονηρός viel häufiger als κακός in der substantivischen Form gebraucht (vor allem ὁ πονηρός = der Teufel, s. u.). In der Septuaginta (der ältesten griechischen Übersetzung des Alten Testaments) wird das hebräische raᶜ 266mal mit πονηρός, 227 mal mit κακός wiedergegeben (ThWNT III, 477).
3 Dazu R. Knierim, Die Hauptbegriffe für Sünde im Alten Testament, Gütersloh 1965, und die entsprechenden Artikel desselben Verfassers in THAT I, 541–549; II, 243–249; 488–495.
4 Vgl. H. Haag, ThWAT II, 1050–1061.
5 Zum Verständnis des Bösen im Neuen Testament sei grundsätzlich verwiesen auf G. Baumbach, Das Verständnis des Bösen in den synoptischen Evangelien, Berlin 1963, und M. Limbeck, Teufelsglaube 319–388.

6 Siehe unten S. 64f.

7 Baumbach 65. – Eine wieviel stärkere Beachtung Mt dem Bösen schenkt, zeigt sich schon darin, daß das Wort πονηρός, das bei Mk nur zweimal vorkommt (ohne daß ein häufigeres Vorkommen von κακός o. ä. zu konstatieren wäre), sich bei Mt 26mal findet (Baumbach 56).

8 Siehe unten S. 100f.

9 Limbeck, Teufelsglaube 330.

10 Daneben auch seltener die bedeutungsgleiche Form ἁμάρτημα.

11 Siehe oben S. 36.

12 Die Sünde »kam in die Welt« (Röm 5,12), in der sie »herrscht« (5,21), »auflebt« (7,9), ihren Sold zahlt (6,23); ihr ist alles unterworfen (Gal 3,22), die Menschen »dienen« ihr (Röm 6,6), sind ihre »Sklaven« (6,17.20), der irdische Leib gehört ihr (6,6).

13 Sünde (ἁμαρτία) bei Mk siebenmal, bei Mt sechsmal, sündigen (ἁμαρτάνειν) bei Mk nie.

2. Woher kommt das Böse?

1 P. Volz, Das Dämonische in Jahwe, Tübingen 1924.

2 Die Erzählung ist in zahlreichen Studien untersucht worden. Zu verweisen ist besonders auf Karl Elliger, Der Jakobskampf am Jabbok, ZThK 48, 1951, 1–31 = Kleine Schriften zum Alten Testament, München 1966, 141–173; H.-J. Stoebe, Der heilsgeschichtliche Bezug der Jabbok-Perikope, EvTh 14, 1954, 466–476; W. Dommershausen, Israel: Gott kämpft, TrThZ 78, 1969, 321–334; H.-J. Hermisson, Jakobs Kampf am Jabbok, ZThK 71, 1974, 239–261.

3 Es ist der »Jahwist« (10. Jh. v. Chr.). So wird er von der Fachwissenschaft genannt, weil er für Gott schon vor der mosaischen Offenbarung (Ex 3) den Namen Jahwe gebraucht. Ihm ist der größte Teil der Geschichte zuzuschreiben. – Zur literarischen und theologischen Eigenart des Jahwisten siehe besonders G. von Rad, Theologie des Alten Testaments I, München ⁶1969, bes. 154–174; H. Cazelles, DBS VII, 791–800; H. W. Wolff, Das Kerygma des Jahwisten, EvTh 24, 1964, 73–98 = Gesammelte Studien zum Alten Testament, München 1964, 345–373; L. Ruppert, Der Jahwist – Künder der Heilsgeschichte, in: J. Schreiner (Hg.), Wort und Botschaft, Würzburg 1967, 88–107; H. Schulte, Die Entstehung der Geschichtsschreibung im Alten Israel, Berlin 1972; J. de Pury, Promesse divine et légende cultuelle dans le cycle de Jacob, Paris 1975, I, 117–165; H. H. Schmid, Der sogenannte Jahwist, Zürich 1976.

4 Zu dieser Perikope J. de Groot, The Story of the Bloody Husband, OTS 2, 1943, 10–17; H. Junker, Der Blutbräutigam, in: Alttestamentliche Studien F. Nötscher gewidmet, Bonn 1950, 120–128; H. Kosmala, The »Bloody Husband«, VT 12, 1962, 14–28; L. F. Rivera, El »esposo sangriento«, Revista Bíblica 25, 1963, 129–136; J. Morgenstern, The »Bloody Husband« Once Again, HUCA 34, 1963, 35–70; W. Beltz, Religionsgeschichtliche Marginalie zu Ex 4,24–26, ZAW 87, 1975, 209–211.

5 Siehe hierzu F. Hesse, Das Verstockungsproblem im Alten Testament, Berlin 1955; J. Gnilka, Die Verstockung Israels, München 1961; J. M. Schmidt, Gedanken zum Verstockungsauftrag Jesajas, VT 21, 1971, 68–90; H. Räisänen, The Idea of Harde-

ning, Helsinki 1972; O. H. Steck, Bemerkungen zu Jesaja 6, BZ 16, 1972, 188–206; ders., Rettung und Verstockung, EvTh 33, 1973, 77–90; siehe außerdem Anm. 6.

6 Den heilsgeschichtlichen Zusammenhang hat vor allem G. von Rad, Theologie des Alten Testaments II, München⁶ 1975, 158–162 betont. Vgl. jedoch die Nuancierung dieser Sicht bei R. Kilian, Der Verstockungsauftrag Jesajas, in: Bausteine biblischer Theologie, Festschrift Botterweck, Bonn 1977, 209–225.

7 Nur diesem Aspekt der Sünde soll hier anhand besonders eindrücklicher Beispiele nachgegangen werden. An Darstellungen der biblischen Lehre über die Sünde seien genannt: E. Beaucamp u. a., Artikel Péché, DBS VII, 407–567; G. Quell u. a., Artikel ἁμαρτία, ThWNT I, 267–320; C. R. Smith, The Bible Doctrine of Sin and the Ways of God with Sinners, London 1953; J. Becker, Das Heil Gottes. Heils- und Sündenbegriffe in den Qumrantexten und im Neuen Testament, Göttingen 1964; R. Knierim, Die Hauptbegriffe für Sünde im Alten Testament, Gütersloh 1965; P. Schoonenberg, Theologie der Sünde, Einsiedeln 1966; K. Koch, Artikel ḥāṭāʾ, ThWAT II, 857–870 (mit weiterer Literatur).

8 Vgl. Gen 12,1–3; Dtn 8,1–3; Ps 147,19f. u. ö.

9 Über ihre fälschliche Identifizierung mit dem Satan siehe unten S. 91.

10 Aus einer grammatischen Inkonsequenz des hebräischen Textes kann man schließen, daß für »Sünde« (im Hebräischen feminin) ursprünglich ein Maskulin, wahrscheinlich der Name eines Dämons, gestanden hat.

11 Vgl. auch 15,3.14 u. ö.

12 Zum Beispiel 1 Kön 16,13.19.26; 2 Kön 3,3; 10,29 u. ö.

13 Siehe hierzu von Rad, Theologie I, 348–351.

14 Zu V. 6 (»An dir allein habe ich gesündigt«) vgl. das Bekenntnis Davids 2 Sam 12,13.

15 Vgl. zu diesem Verständnis O. Loretz, Qohelet und der Alte Orient, Freiburg 1964, 267f.

16 R. Smend, Die Weisheit des Jesus Sirach erklärt, Berlin 1906, XXXIII, zitiert bei M. Hengel, Judentum und Hellenismus, Tübingen ²1973, 252.

17 Vgl. zum Folgenden vor allem M. Limbeck, Artikel Sünde im Neuen Testament, BL 1672–1674, und Teufelsglaube 319–388.

18 Siehe oben S. 36f.

19 Vgl. dazu StB III, 92–96; IV, 466–483; J. Schmid, Artikel Böser Trieb, LThK II, 618–620; R. A. Stewart, Rabbinic Theology, London 1961, 81–85; A. Nissen, Gott und der Nächste im antiken Judentum, Tübingen 1974, 136–140; E. E. Urbach, The Sages – Their Concepts and Beliefs, Jerusalem 1975, I, 471–483; beide mit weiterer Literatur.

20 »Der Sitz des ›bösen Triebes‹ ist – ebenso wie der des ›guten Triebes‹ – das ›Herz‹, das Zentrum des ganzen Menschen in seinem Wollen und Handeln« (Nissen 136 Anm. 164).

21 Berachot 54a.

22 Dies geben zahlreiche Äußerungen von Rabbinen zu verstehen; siehe z. B. Sukka 52.

23 Siehe unten S. 136–139.

24 Deshalb finden wir in den rabbinischen Texten auch die Äußerung, Gott bereue, den bösen Trieb geschaffen zu haben (Berachot 52 b).

25 Berachot 61 b; vgl. Urbach 475.

26 Zur Zeit Jesu diskutierten die Rabbinen darüber, ob der böse Trieb von der Emp-

fängnis oder von der Geburt an im Menschen sei. Die zweite Ansicht überwiegt, denn – so wird geltend gemacht – wenn der böse Trieb von der Empfängnis an im Menschen wäre, würde er sich schon im Mutterleib auswirken, und das Kind würde sich vorzeitig gewaltsam einen Weg aus dem Mutterleib bahnen (Bereschit R. zu 8,21).

27 Vgl. etwa die Übersicht bei W. Trilling, Das wahre Israel. Studien zur Theologie des Matthäusevangeliums, München ³1964, 213 f.

28 Vgl. H.-J. Degenhardt, Lukas – Evangelist der Armen, Stuttgart 1965.

29 Siehe F. Büchsel, ThWNT III, 170–172; S. Lyonnet, DBS VII, 500–502; ders., L'histoire du salut selon le chapitre VII de l'Epître aux Romains, Biblica 43, 1962, 117–151; O. Michel, Der Brief an die Römer, Göttingen ⁴1966, 172–174.

30 Siehe oben S. 62–64.

31 Von insgesamt 16 Belegstellen weisen nur drei den Plural auf (8,24; 9,34; 20,23) und entsprechen damit jüdischem oder frühchristlichem Sprachgebrauch.

3. Satan und das Böse

1 Es handelt sich um die Bücher Samuel und Könige. Diese Darstellung der israelitischen Königszeit von Saul bis zum Babylonischen Exil wurde um 300 v. Chr. nach neuen theologischen Gesichtspunkten bearbeitet. Die Neufassung trägt in den christlichen Bibelausgaben die Bezeichnung 1. und 2. Buch der Chronik.

2 Das entspricht dem profanen Sinn des Wortes Satan: »Feind« oder »Widersacher«, der sich einem Menschen oder auch Gott entgegenstellt (z. B. 1 Kön 5,18; 11,14.23.25; Sir 21,27; 2 Sam 19,23; Mk 8,33 par.).

3 Das Neue Testament kennt zwei Bezeichnungen für Satan: den hebräischen Namen σατανᾶς (36mal) und das griechische Wort διάβολος (37mal), was eigentlich »Verleumder« heißt (vgl. dazu die Rolle Satans im Ijob-Prolog) und woher sich unser Wort »Teufel« ableitet.

4 Aus den Chasidim entwickelten sich, aufgrund einer später erfolgten Spaltung, die beiden wichtigsten jüdischen Religionsparteien: die Pharisäer und die Essener.

5 Vgl. H. Renckens, Urgeschichte und Heilsgeschichte, Mainz ³1964, 138–148.

6 Beides sind jüdische Schriften, die nach der Zerstörung Jerusalems 70 n. Chr. die Frage nach der Gültigkeit der göttlichen Verheißung angesichts der menschlichen Sündigkeit stellen. Von »syrischer Baruchapokalypse« wird gesprochen, weil die ursprünglich hebräisch geschriebene Schrift nur in syrischer Übersetzung vollständig erhalten ist. Deutsche Übersetzung: Rießler 255–309 und 55–113.

7 Vgl. W. Harnisch, Verhängnis und Verheißung der Geschichte, Göttingen 1969, 51–57.

8 Weil die Schriften dieser Gattung in der Regel keine Einheit darstellen, sondern eine längere Vor- und Nachgeschichte haben, in der viele verschiedenartige Elemente aufgenommen wurden, bieten sie keine systematische und widerspruchslose Darstellung der himmlischen Welt und des Ursprungs des Bösen. Hinzu kommt, daß die Verfasser dieser Schriften ihrer Phantasie freien Lauf ließen. Um den Offenbarungen, die sie angeblich empfangen hatten, Ansehen zu verschaffen, gaben sie ihre Schriften als das Werk einer großen Gestalt der Vorzeit, in diesem Fall des Henoch

(Gen 5,18–24), aus. – Henoch war ein Nachkomme Sets. Da in der Bibel von seinem Tod nichts berichtet wird, rankten sich bald um seine Gestalt die üppigsten Legenden. Weil das 1. Henochbuch (2. Jh. v. Chr.) vollständig nur in äthiopischer Sprache erhalten ist, wird es auch äthiopisches Henochbuch (Hen [aeth]) genannt. Ursprünglich war es hebräisch oder aramäisch abgefaßt. Deutsche Übersetzung: Rießler 355–451.

9 Die Legende von der Geilheit der Engel wird im jüdischen Schrifttum dieser Zeit in verschiedenen Varianten angeboten. Im Jubiläenbuch steigen die Engel in guter Absicht auf die Erde, um die Menschen Recht und Gerechtigkeit zu lehren (4,17), lassen sich dann aber von der Schönheit der Menschentöchter betören (5,1–11). In den »Testamenten der Zwölf Patriarchen« lassen sich die Engel von den Frauen so bezaubern, daß sie sich ihnen in Männergestalt nähern, während diese mit ihren Männern Umgang haben, was bewirkt, daß die Frauen Riesen gebären (TestRub 5).

10 Das Jubiläenbuch ist eine jüdische Schrift aus dem 2. Jahrhundert v. Chr., die die biblische Geschichte von Gen 1 bis Ex 12, unter Verwendung von Stoffen aus dem jüdischen Legendengut (Midrasch) und Volksglauben, frei nacherzählt. Ihren Namen hat die Schrift daher, daß sie diese Geschichte in »Jubelperioden« von 7 × 7 Jahren einteilt. Deutsche Übersetzung: Rießler 539–666.

11 Bezeichnend ist die Formulierung »Geist der Krankheit« Lk 13,11 in der Geschichte von der Heilung der Frau, die nicht aufrecht gehen konnte.

12 Zu den Krankenheilungen Jesu siehe G. Theissen, Urchristliche Wundergeschichten, Gütersloh 1974, bes. 94–102. 273–297; E. Schillebeeckx, Jesus. Die Geschichte von einem Lebenden, Freiburg 1975, 159–177 (mit Literatur); K. Kertelge, Die Wunder Jesu in der neueren Exegese, in: Theologische Berichte, Zürich 1976, 71–105; F. Annen, Die Dämonenaustreibungen Jesu in den synoptischen Evangelien, ebd. 107–144; U. Busse, Die Wunder des Propheten Jesus. Die Rezeption, Komposition und Interpretation der Wundertradition im Evangelium des Lukas, Stuttgart 1977.

13 So heißt in der Bibel der Wüstendämon, zu dem am großen Versöhnungstag der Sündenbock getrieben wurde (Lev 16).

14 Das hebräische Wort maśṭēmāh bedeutet »Feindschaft«.

15 Das »Leben Adams und Evas« ist eine im 1. Jahrhundert v. Chr. oder um die Zeitenwende entstandene jüdische Schrift, die in verschiedenen Übersetzungen überliefert ist. Vom hebräischen Original fehlt bis heute jede Spur. Deutsche Übersetzung: Rießler 668–681.

16 Vgl. Teufelsglaube 247–262.

17 Nur diese beiden Bezeichnungen finden wir im »Leben Adams und Evas«; in den »Testamenten der Zwölf Patriarchen« stehen Beliar, Satan und Teufel nebeneinander; in den Texten von Qumran dominiert Belial.

18 Die »Testamente der Zwölf Patriarchen« sind eine Schrift jüdischen Ursprungs, die, beginnend um 180 v. Chr., einen längeren Werdegang durchgemacht hat. Sie besteht aus zwölf Abschiedsreden, die die Söhne Jakobs angeblich an ihre Nachkommen richteten. Deutsche Übersetzung: Rießler 1149–1250.

19 Siehe Teufelsglaube 233–235.

20 Ebd. 226.229.

21 Als »Söhne des Lichts« bezeichnen die Asketen von Qumran sich selbst, als »Söhne der Finsternis« alle anderen Menschen, Juden wie Heiden.

22 Siehe Teufelsglaube 236–239.

23 Vgl. den Sammelband Die Schöpfungsmythen. Quellen des Alten Orients I, Einsiedeln 1964; E. Lipiński, La royauté de Yahwé dans la poésie et le culte de l'Ancien Israël, Brüssel 1965; M. K. Wakeman, God's Battle with the Monster, Leiden 1973.

24 Das Epos wird nach seinen Anfangsworten *enuma elisch* (»als droben«) benannt.

25 Vgl. zum Baal-Epos vor allem H. Gese, Die Religionen Altsyriens, Stuttgart 1970, 51–80.

26 G. Fohrer, Das Buch Hiob, Gütersloh 1963, 385.

27 Zum Drachen als Symbol des Bösen in der gesamten Antike vgl. R. Merkelbach, Artikel Drache, RAC 4, 1959, 226–250.

28 Die Offenbarung des Johannes dürfte unter der Regierung Domitians gegen Ende des 1. Jahrhunderts entstanden sein.

29 Vgl. den Überblick bei Limbeck, Teufelsglaube 275–277.

30 R. Schnackenburg, LThK X, 1965, 748.

31 Siehe die Übersicht bei Limbeck, Teufelsglaube 303–308.

32 Die einzige Ausnahme ist 1 Kor 7,5 (Mann und Frau sollen zusammenleben, damit sie Satan nicht während der Zeit der Enthaltsamkeit in Versuchung führt).

33 Siehe oben S. 97–99.

34 Verwiesen sei auf die eingehende Behandlung des Themas durch Limbeck, Teufelsglaube 294–303 (mit Literatur).

4. Wie reagiert Gott auf das Böse?

1 Ex 20, 22–23,19; 12./11. Jahrhundert v. Chr.

2 Die christliche Theologie hat das Prinzip auf die Formel gebracht: *In quo quis peccaverit, in eo punietur* (»Worin jemand gesündigt hat, darin wird er bestraft«).

3 W. Eichrodt, Theologie des Alten Testaments 2/3, Stuttgart [7] 1974, 296.

4 Vgl. F. Horst, Artikel Vergeltung II, RGG VI, 1343–1346.

5 Vgl. B. Lang, Die weisheitliche Lehrrede, Stuttgart 1972, 61–69.

6 Ebd. 71.

7 Vgl. F. Maass, Artikel Sühnen, THAT I, 842–857.

8 Der Text dürfte aus dem 8. Jahrhundert v. Chr. stammen.

9 Vgl. J. J. Stamm, Artikel Vergeben, THAT II, 150–160 und die dort genannten Verweisartikel und Untersuchungen.

10 Siehe oben S. 57 f.

11 Siehe oben S. 70–72.

12 Ob diese und andere eschatologische Aussagen des Johannesevangeliums einer redaktionellen Bearbeitung zuzuschreiben sind, kann hier dahingestellt bleiben.

13 Die Parallelstelle Mk 2,17 hat nur: »Ich bin nicht gekommen, die Gerechten zu berufen, sondern die Sünder.« Lukas macht deutlich, daß dieser Ruf Jesu unweigerlich Umkehr fordert. – Zum Thema Umkehr und Vergebung in den Evangelien siehe H. Leroy, Zur Vergebung der Sünden, Stuttgart 1974.

14 Siehe oben S. 34 f.

15 Dem als treulose Gattin vorgestellten Israel.

II. Die Antwort der Kirche

1. Das Ringen der Kirchenväter

1 Freiburg ²1957–1965.
2 Tübingen ³1957–1962.
3 Stromata 7, 16,2.5.
4 Apokatastasis = Wiederherstellung, hier des sündenlosen Urzustandes. Hauptbelege für diese Lehre bei Origenes, De principiis I, 6 und III,6.
5 Möglicherweise war es der Feldzug gegen den römischen Kaiser Gordian III. (242–244), in dem auf römischer Seite Plotin mitkämpfte.
6 Diese kosmologische Eschatologie schließt zwar die individuelle nicht aus, wonach der Gute im Jenseits für seine guten Taten belohnt wird (vgl. G. Widengren, Mani und der Manichäismus, Stuttgart 1961, 67–69). Indes ist die persönliche Freiheit und Verantwortung im Manichäismus nicht reflektiert.
7 Zur Problematik des Bösen bei Augustinus siehe besonders E. Dinkler, Die Anthropologie Augustins, Stuttgart 1934; F. van der Meer, Augustinus der Seelsorger, Köln ³1958; M. Seybold, Sozialtheologische Aspekte der Sünde bei Augustinus, Regensburg 1963; J. N. Bezançon, Le mal et l'existence temporelle chez Plotin et S. Augustin, Recherches Augustiniennes III, Paris 1965, 133–160; E. Mühlenberg, Das Verständnis des Bösen in neuplatonischer und frühchristlicher Sicht, Kerygma und Dogma 15, 1969, 226–238; E. Te Selle, Augustine the Theologian, London 1970; H. Häring, Die Macht des Bösen. Das Erbe Augustins, Zürich 1979.
8 Ep. 215 ad Valentium, aus dem Jahr 426/27.
9 Conf. VII, 3,4.
10 De vera religione 18, 35 u. ö.
11 *Quid est autem aliud quod malum dicitur, nisi privatio boni?* (Enchiridion 3,11).
12 Vgl. dazu R. Jolivet, Plotin et Saint Augustin ou le problème du mal, in: La pensée grecque et la pensée chrétienne, Paris 1955, 85–156, hier 102–111.
13 Die Gnade bewirkte im ersten Menschen, nach der berühmten Formel des Augustinus, nicht ein *non posse peccare*, sondern ein *posse non peccare* (De correptione et gratia 33).
14 De perfectione iustitiae hominis 9.
15 Zur Erbsündenlehre Augustins siehe vor allem U. Baumann, Erbsünde?, Freiburg 1970, 24–44.
16 *Sunt omnes homines una quaedam massa peccati* (De diversis quaestionibus ad Simplicianum I,2,16).
17 Zur Prädestinationslehre Augustins siehe jetzt G. Kraus, Vorherbestimmung, Freiburg 1977, 27–58. Hier 370–374 auch weitere Literatur.
18 B. Altaner/A. Stuiber, Patrologie, Freiburg ⁷1966, 406.
19 Vgl. H. Wey, Die Funktionen der bösen Geister bei den griechischen Apologeten des 2. Jahrhunderts nach Christus, Winterthur 1957.
20 Siehe vor allem Origenes, Contra Celsum 6,44f.; in Ex. Lom. 6,9 u. ö., und Irenaeus, Adversus haereses V, 21,1 u. 3; 23,2 u. ö.
21 So De Genesi contra Manichaeos II, 18,28; siehe auch De sermone Domini in monte I, 34.

22 De civitate Dei XIV, 13,1.

23 *quoniam diabolus culpae auctor est* . . . (Contra duas epistolas Pelagianorum I, 6, 11).

24 *. . . ea bonitate, qua naturis omnibus praestat ut sint, qua etiam ipsum facit subsistere diabolum* (Contra Julianum Pelagianum III, 9, 19 u. ö.).

2. Teufelsglaube

1 Vgl. R. Allers, Anselm von Canterbury, Wien 1936, 241– 250.

2 Vorrede zum Monologion, Opera omnia, ed. F. S. Schmitt, Seckau–Rom–Edinburgh 1938/51, I, 8 (Allers 255).

3 Vgl. R. Pouchet, La rectitudo chez Saint Anselme, Paris 1964.

4 Vom Fall des Teufels 13–20, Opera I, 255–266 (Allers 483–489).

5 Anselm kommt auf das Böse an verschiedenen Stellen zu sprechen, am ausführlichsten in seiner Schrift »Vom Fall des Teufels«.

6 Von der jungfräulichen Empfängnis und der Erbsünde 5, Opera II, 146; oder: *malum non est aliud quam non-bonum, aut absentia boni ubi debet aut expedit esse bonum* (Vom Fall des Teufels 11, Opera I, 251; Brief an Mauritius, Opera III, 224– 228; Allers 109–112). – Zum Begriff des »geschuldeten« Guten siehe unten S. 145 f.

7 Über die Vereinbarkeit des Vorherwissens, der Vorausbestimmung und der Gnade Gottes mit dem freien Willen III, 12, Opera II, 284 (Allers 559).

8 Ebd. 285 (Allers 559).

9 Besonders in: Warum Gott Mensch wurde I, 22, Opera II, 90.

10 Vom Fall des Teufels 27, Opera I, 275 (Allers 496f.).

11 Vgl. A. D. Sertillanges, Der Heilige Thomas von Aquin, Leipzig 1928, 401–417 und passim; ders., Le problème du mal, Paris 1948/51, I, 195–206 und Teil II; M. Huftier, Le péché dans la théologie augustinienne et thomiste, Lille 1958; G. van Riet, Le problème du mal dans la philosophie de la religion de Saint Thomas, Revue philosophique de Louvain 71, 1973, 5–45.

12 F. Billicsich, Das Problem des Übels in der Philosophie des Abendlandes I, Wien ²1955, 337.

13 »Der Mangel des Guten, das man von Natur aus haben sollte« (*defectus boni quod natum est et debet haberi*, q.48 a.5 ad 1; vgl. I–II q.75 a.1 c).

14 *Malum non potest esse nisi in bono* (De malo q.1 a.2; vgl. S. Th. I q.48 a.3).

15 *Corruptio unius est generatio alterius* (S. Th. I q.22 a.2 ad 2 u. a.); oder umgekehrt: *generatio unius est corruptio alterius* (S. Th. I q.19 a.9 c).

16 *Defectus unius cedit in bonum alterius* (S. Th. I q.22 a.2 ad 2).

17 *Bonum est causa mali* (S. Th. I q.49 a.1).

18 Die Lehre, daß das Übel die totale Schönheit des Universums erhöhe, war Gemeingut der mittelalterlichen Theologie.

19 Der zweite Teil der »Summa« zerfällt wieder in zwei Hälften. In der ersten (*Prima Secundae*) werden die allgemeinen Fragen der Sittlichkeit behandelt, die zweite (*Secunda Secundae*) gilt der speziellen Moraltheologie, die Thomas anhand der drei göttlichen Tugenden und der vier Kardinaltugenden entwickelt. – Zur Lehre des Aquinaten über die Sittlichkeit des menschlichen Tuns siehe u. a. J. Gründel, Die

Lehre von den Umständen der sittlichen Handlung im Mittelalter, Münster 1962, 580–646.

20 Siehe besonders die 18. Quaestio der *Prima Secundae.*

21 Zur Willensfreiheit bei Thomas siehe O. M. Pesch, Freiheitsbegriff und Freiheitslehre bei Thomas von Aquin und Luther, Catholica 17, 1963, 197–244; hier auch die frühere Literatur, vor allem G. Siewerth, Thomas von Aquin. Die menschliche Willensfreiheit, Düsseldorf 1954; L. Oeing-Hanhoff, Zur thomistischen Freiheitslehre, Scholastik 31, 1956, 161–181; ferner A. Zimmermann, Der Begriff der Freiheit nach Thomas von Aquin, in: Oeing-Hanhoff (Hg.), Thomas von Aquin 1274/1974, München 1974, 125–159.

22 Vgl. zu dieser durchaus biblischen Sicht das oben S. 106–114 Gesagte.

23 S. Th. I–II q.75–84.

24 S. Th. I q.49 a.3.

25 S. Th. I q.63 f.

26 Nicht aber das kurz zuvor (1215) abgehaltene Vierte Laterankonzil, mit dem die Deutsche Bischofskonferenz noch 1976 argumentierte.

27 Vgl. z. B. G. Schnürer, Kirche und Kultur im Mittelalter III, Paderborn 1930, 257ff.

28 S. Th. II–II q.11 a.3.

29 Siehe hierzu besonders H. Obendiek, Der Teufel bei Martin Luther, Berlin 1931; H.-M. Barth, Der Teufel und Jesus Christus in der Theologie Martin Luthers, Göttingen 1967.

30 Barth 189f.

31 Vgl. Obendiek 52–61.

32 WA 43, 123.

33 WA 8, 149.

34 WAB 2, 474.

35 Obendiek 63–71.

36 Barth 200.

37 E. Seeberg, Luthers Theologie I, Göttingen 1929, 165–167; R. Seeberg, Lehrbuch der Dogmengeschichte IV/1, Darmstadt ⁵1953, 212–214; P. Althaus, Die Theologie Martin Luthers, Gütersloh ³1972, 144–150.

38 *Melius enim iudicavit de malis bene facere quam mala nulla esse permittere* (Enchiridion 8,27).

39 Barth passim, besonders 74–82 und 197.

40 Barth 190–195.

3. Hexen – eine Verkörperung des Bösen?

1 Materialien zum Thema Hexe (Begriff, Herkommen, Prozeß, kirchliche und weltliche Rechtsprechung sowie Literatur vor 1974) bei Katharina Elliger, Die Hexe, in: Teufelsglaube 440– 476. Außer der dort genannten Literatur siehe noch G. Becker u. a., Aus der Zeit der Verzweiflung. Zur Genese und Aktualität des Hexenbildes, Frankfurt 1977; H. Döbler, Hexenwahn. Die Geschichte einer Verfolgung, München 1977; M. Hamers, Hexenwahn und Hexenprozesse, Frankfurt 1977; C. Honegger (Hg.), Die Hexen der Neuzeit. Studien zur Sozialgeschichte eines kulturellen Deutungsmusters, Frankfurt 1978.

2 S. Th. I q.51 a.3–6 (vgl. S. 150).

3 Noch Luther forderte dazu auf, solche Kinder einfach zu ertränken, weil sie statt der Seele den Teufel in sich hätten (WAT 5, 5207).

4 Siehe dazu F. Merzbacher, Die Hexenprozesse in Franken, München ²1970, 70–72. 29f.

5 Siehe hierzu die neuesten zeit- und sozialkritischen Analysen bei Becker u. a., vor allem die Kapitel I, II, 2 und II, 4.

6 H. Brackert, »Unglückliche, was hast du gehofft?«. Zu den Hexenbüchern des 15. bis 17. Jahrhunderts, in: Becker u. a. 131–187, hier 179.

7 Siehe dazu B. Lang, Der Teufel und die Juden, in: Teufelsglaube 477–489.

8 C. Gérest, Der Teufel in der theologischen Landschaft der Hexenjäger des 15. Jahrhunderts. Eine Studie über den Hexenhammer, Concilium 11, 1975, 173–183, hier 174.

9 J. Sprenger und H. Institoris, Malleus maleficarum. Zum erstenmal ins Deutsche übertragen und eingeleitet von J. W. R. Schmidt, Berlin 1906, Nachdruck 1974.

10 Hexenhammer I, 50.

11 Ebd. II, 270f.

12 Ebd. I, 162.

13 Ebd. I, 167.

14 K. Baschwitz, Hexen und Hexenprozesse. Die Geschichte eines Massenwahns und seine Bekämpfung, München 1963, 301.

15 Siehe dazu C. Ernst, Teufelsaustreibung. Die Praxis der katholischen Kirche im 16. und 17. Jahrhundert, Bern 1972, 61.69.71.88.92.103f. Auch Luther beendete den Exorzismus eines jungen Mädchens mit einem Fußtritt.

16 Zum Beispiel Hexenhammer II, 106f.178.249f.

17 Ebd. II, 78–88.

18 Ebd. I, 127–136.

19 J. Brenner/G. Morgenthal, Sinnlicher Widerstand während der Ketzer- und Hexenverfolgungen. Materialien und Interpretationen, in: Becker u. a. 188–239, hier 229.

20 Hexenhammer I, 106.

21 M. Horkheimer/Th. W. Adorno, Dialektik der Aufklärung, Frankfurt 1969, 119.

22 Siehe dazu den Abschnitt »Hebammen, weise Frauen, Ärztinnen im Mittelalter«, in: Becker u. a. 79–127.

4. Besessenheit – eine Manifestation des Bösen?

1 Zum Fall Klingenberg siehe die Dokumentation »Tod und Teufel in Klingenberg«, Aschaffenburg 1977.

2 Siehe dazu Katharina Elliger, Besessenheit, in: Teufelsglaube 391–439 und die dort genannte Literatur, besonders T. Oesterreich, Die Besessenheit, Langensalza 1921; C. Balducci, Gli indemoniati, Rom 1959; A. Rodewyk, Die dämonische Besessenheit im Lichte des Rituale Romanum, Aschaffenburg 1963; ders., Dämonische Besessenheit heute. Tatsachen und Deutungen, Aschaffenburg ²1970; W. C. van Dam, Dämonen und Besessene, Aschaffenburg 1970.

3 Siehe dazu Teufelsglaube 422–425; dort auch Literatur.

4 Vgl. M. Viller/K. Rahner, Aszese und Mystik in der Väterzeit, Freiburg 1939.
5 Siehe oben S. 86f., 102f.
6 Siehe dazu Teufelsglaube 427f. und jetzt vor allem H. Bender, Teufelskreis der Besessenheit. Exorzismus und Dämonologie im Lichte der Tiefenpsychologie und Parapsychologie, in: Tod und Teufel in Klingenberg 130–139.
7 Siehe dazu Teufelsglaube 428 Anm. 145.
8 Bender 136.
9 Vgl. dazu E. Bauer (Hg.), Psi und Psyche. Neue Forschungen zur Parapsychologie, Festschrift Bender, Stuttgart 1974, sowie Bender a. a. O.
10 Sonderbeilage zum Würzburger Diözesanblatt vom 12. 8. 1976.
11 Ausführlicher dazu Katharina Elliger, Besessenheit heute? Ihre theologische Fragwürdigkeit, in: Tod und Teufel in Klingenberg 47–65, hier 48–50; siehe ferner J. Kremer, Besessenheit und Exorzismus. Aussagen der Bibel und heutige Problematik, Bibel und Liturgie 48, 1975, 22–28.
12 M. Schmaus, Katholische Dogmatik II/1, München [6]1962, 322.
13 Dämonische Besessenheit heute 267.
14 D. Zähringer, Die Dämonen, in: Mysterium Salutis II, Einsiedeln 1967, 996–1019, hier 1009; vgl. auch K. Rahner, LThK II, 299.
15 Vgl. H. Leuner, Über den Wandel der psychischen Massenphänomene, in: W. Bitter (Hg.), Massenwahn in Geschichte und Gegenwart, Stuttgart 1965, 99–110.
16 Vgl. dazu Ernst 67–80.
17 Vgl. M. Wilson, Exorcism. A clinical-pastoral practice which raises serious questions, The Expository Times 86, 1974/75, 292–295.

5. Das Böse im Denken der Neuzeit

1 Die Zitate in IV, 15,5.2.9.
2 F. Streicher, S. Petri Canisii Doctoris Ecclesiae Catechismi latini et germanici, 2 Bde., Rom/München 1933/36. Der große lateinische, erstmals 1555 erschienene Katechismus trägt den Titel »Summa doctrinae christianae«.
3 Streicher I, 150f.; II, 67.153.
4 Streicher I, 49.150.
5 In seinem deutschen Katechismus von 1564 finden wir bei der Auslegung der sechsten Vaterunserbitte folgende Frage und Antwort: »Was ist unser beger in der sechsten bitt: Füre uns nit in versuchung?
Wir schwache, angefochtne und bekümmerte sünder bitten hie, dass uns die götliche krafft und stercke zukomme und beystehe wider die feind, beschädiger unserer seel und seligkeit. Solche feind seind: die eytel welt, unser eigen sündigs fleisch und der tausendlistig, neidig und grimmig teufel« (Streicher II, 39f.).
6 Streicher I, 50.152f.
7 Dottrina cristiana breve, Opera omnia, Paris 1870/74, Nachdruck Frankfurt 1965, Bd. 12, 261–282.
8 Dichiarazione più copiosa della dottrina cristiana, ebd. 283–337.
9 Ebd. 330; siehe ferner im Kontroverstraktat De amissione gratiae sive de statu peccati das 1. Kapitel De peccati definitione, Opera Bd. 5, 213f.

10 Dichiarazione 301.

11 Siehe oben S. 152.

12 Bd. 12, 304–306.

13 R. P. Francisci Suárez Opera omnia, Paris 1856–1861.

14 Opera II, 880–897.

15 *Peccatum est actus, seu transgressio libera divinae legis* (Opera IV, 515).

16 Ebd. 571 f.

17 Ebd. 572–580.

18 *De homine clarum est, quomodo possit esse causa peccati alterius, scilicet consulendo et praecipiendo* (ebd. 571).

19 Opera II, 1076–1084.

20 Der Streit der Fakultäten, Werke in sechs Bänden, hg. von W. Weischedel, Darmstadt 1956–1964, VI, 290 f.

21 Beantwortung der Frage: Was ist Aufklärung, Werke VI, 53.

22 «In dieser Aufklärung aber wird nichts erfordert als Freiheit» (ebd. 55).

23 Ebd. 59.

24 K. Jaspers, Kant: Leben, Werk, Wirkung, München 1975, 16.73.131 f.

25 Kritik der reinen Vernunft, Werke II, 671–676.

26 Kant nennt als Beispiel Wohltätigkeit aus Eitelkeit oder um des Vergnügens willen, Freude zu bereiten (Grundlegung zur Metaphysik der Sitten, Werke IV, 24).

27 = den freien Willen.

28 Die Religion innerhalb der Grenzen der bloßen Vernunft, Werke IV, 678.

29 Ebd. 679.

30 Ebd. 694.

31 Vgl. K. Jaspers, Das radikal Böse bei Kant, in: Rechenschaft und Ausblick. Reden und Aufsätze, München 1951, 90–114.

32 Die Religion innerhalb der Grenzen der bloßen Vernunft, Werke IV, 680.

33 Ebd.

34 Ebd. 686.

35 Ebd.

36 Beide Zitate ebd. 693 f.

37 Ebd. 686.

38 Ebd. 697 f.

39 Ebd. 698.

40 Die vier Zitate ebd. 703 f.

41 Ebd. 738.

42 Ebd. 734.

43 Ebd. 739.

44 Ebd. 751.

45 Ebd. 734 f.

46 Werke VI, 103–124.

47 Ebd. 114.

48 Ebd. 110.

49 Ebd.

50 Im Grund lehnt Kant die Vorstellung, Gott wegen des Bösen in der Welt rechtfertigen zu wollen oder gar zu müssen, als eine Verirrung der menschlichen Vernunft ab.

Er sieht darin eine Verkehrung der ursprünglich-sittlichen Vernunft in eine nur »theoretische« Vernunft.

51 Ebd. 115.
52 Ebd. 116.
53 Vgl. Hans Schmidt, Verheißung und Schrecken der Freiheit, Stuttgart 1964, 35 f.
54 Vgl. Erik Schmidt, Hegels System der Theologie, Berlin 1974, 1–4.
55 Enzyklopädie Par. 86 (Ausg. F. Nicolin/O. Pöggeler, Hamburg ⁶1959, 106 f.).
56 Schmidt, System 81–85.
57 Logik, Werke 4, 157. – Wo nicht anders vermerkt, beziehen sich die Verweise auf die Jubiläumsausgabe (Nachdruck Stuttgart 1949–1958), auch wenn im Interesse leichterer Lesbarkeit eine neuere Ausgabe benützt wird.
58 Philosophie der Religion, Werke 15, 426.
59 Ebd. Werke 15, 112.
60 System der Philosophie, Werke 8, 111.
61 Philosophie der Religion, Werke 15, 285.
62 Ebd.
63 Philosophie der Religion, Werke 16, 72–74.
64 Ebd. 74.
65 Schmidt, System 162.
66 Philosophie der Religion, Werke 16, 74. – Hegel denkt in diesem Punkt korrekt biblisch.
67 Vgl. Schmidt, Verheißung 113–128; J. Ringleben, Hegels Theorie der Sünde, Berlin 1977, 90–96.
68 Geschichte der Philosophie, Werke 19, 106.
69 Philosophie des Rechts, Werke 7, 201.
70 Ebd. 204.
71 Ebd. 200.
72 Ebd. 202.
73 Philosophie der Religion, Werke 15, 425 f.
74 Ebd. 112.
75 Siehe zu dieser besonders K. Barth, Die protestantische Theologie im 19. Jahrhundert. Ihre Vorgeschichte und ihre Geschichte, Zollikon–Zürich ²1952.
76 Zur »Tübinger Schule« siehe vor allem J. R. Geiselmann, Die katholische Tübinger Schule, Freiburg 1964; zu den recht differenzierten Positionen dieser »Schule« R. Reinhardt (Hg.), Tübinger Theologen und ihre Theologie, Tübingen 1977.
77 M. Grabmann, Geschichte der katholischen Theologie, Freiburg 1933, 231.
78 M. Schmaus, Die Stellung Matthias Joseph Scheebens in der Theologie des 19. Jahrhunderts, in: K. Feckes u. a., Matthias Joseph Scheeben, der Erneuerer katholischer Glaubenswissenschaft, Mainz 1935, 29–54, hier 37.
79 Freiburg ³1961, 631 ff.
80 Ebd. 633.
81 Ebd. 634.
82 Ebd. 635.
83 Ebd. 644.
84 Beide Zitate ebd. 653.
85 Ebd. 659.

86 Ebd. 681.

87 Ebd. 746.

88 Ebd. 750f.

89 Zum Problem der »Erbsünde« seien aus der fast uferlos angewachsenen neueren Literatur genannt: H. Haag, Biblische Schöpfungslehre und kirchliche Erbsünden-lehre, Stuttgart ⁴1968; K. Schmitz-Moormann, Die Erbsünde, Olten 1969; U. Baumann, Erbsünde?, Freiburg 1970; A. Vanneste, Het dogma van der Erfzonde, Tielt 1969 = Le dogme du péché originel, Louvain 1971.

III. Die Antwort neuer Wissenschaften

1. Ersatzbegriffe für das Böse

1 Zum Phänomen des Terrorismus siehe F. Wördemann, Terrorismus, München 1977.

2 »Ethisches Vakuum« ist der Titel eines bemerkenswerten Artikels von D. A. Seeber, Herderkorrespondenz 31, 1977, 589–593.

3 Über die Dysfunktionalität des Begriffes »böse« in der Gegenwart und die verblassende Sozialrelevanz aller theologischen Begriffe vgl. Ch. Gremmels, Soziologische Aspekte, in: G. Altner/E. Anders (Hg.), Die Sünde – das Böse – die Schuld, Stuttgart 1971, 33–47.

4 L. Oeing-Hanhoff, Die Philosophie und das Phänomen des Bösen, in: H. Häfner u. a., Realität und Wirklichkeit des Bösen, Würzburg 1965, 37–68, hier 41. Ähnlich äußert sich W. Oelmüller, Zur Deutung gegenwärtiger Erfahrungen des Leidens und des Bösen, Concilium 11, 1975, 198–207, hier 198 und 200.

5 P. Ricoeur, Die Fehlbarkeit des Menschen; ders., Symbolik des Bösen, beide Freiburg 1971.

6 K. Jaspers, Philosophie III: Metaphysik, Berlin ³1956, 75–79.

7 Darin allein sieht Oelmüller 200 überhaupt noch eine begrenzte Kompetenz der heutigen Philosophie für die Frage nach dem Leiden und dem Bösen.

8 Oelmüller 200.

9 Abriß der Psychoanalyse, Gesammelte Werke 17, Frankfurt ⁴1966, 70.

10 Dazu E. Fromm, Freuds Aggressions- und Destruktionstheorie, in: Anatomie der menschlichen Destruktivität, Hamburg 1977, 492–532.

11 Ebd. 32.

12 Ebd. 21.

13 Zum Gesamtwerk Fromms siehe jetzt R. Funk, Mut zum Menschen. Erich Fromms Denken und Werk, seine humanistische Religion und Ethik, Stuttgart 1978.

14 K. Lorenz, Das sogenannte Böse. Zur Naturgeschichte der Aggression, Wien ³⁶1974, 70.

15 W. Wieser, Konrad Lorenz und seine Kritiker, München 1976, 27.

16 Zur Kritik an Lorenz siehe u. a. W. Czapiewski/G. Scherer, Der Aggressionstrieb und das Böse, Essen 1967, 48–51; R. Denker, Aufklärung über Aggression, Stuttgart ³1971, 120f. und 135–138; H. Selg (Hg.), Zur Aggression verdammt?, Stuttgart 1971, 46–52; W. Wieser (s. o. Anm. 15).

17 I. Eibl-Eibesfeldt, Der vorprogrammierte Mensch. Das Ererbte als bestimmender

Faktor im menschlichen Verhalten, Wien 1973, 88.

18 Wieser 19.

19 I. Eibl-Eibesfeldt, Krieg und Frieden aus der Sicht der Verhaltensforschung, München 1975, 229 f.

2. Die Bewältigung des »Bösen«

1 Lorenz 351–368.

2 Der vorprogrammierte Mensch 272.

3 Krieg und Frieden 233 und 186.

4 E. Fromm, Das Menschliche in uns. Die Wahl zwischen Gut und Böse, Konstanz 1968, 172.

5 Ebd. 179.

6 Gesammelte Werke Bd. 14, Frankfurt [3]1963, 419–506.

7 Das Menschliche 150.

8 Vgl. dazu vor allem »Das Ich und das Es« und »Jenseits des Lustprinzips«, Gesammelte Werke Bd. 13, Frankfurt [5] 1967, 235–289 und 1–69.

9 Siehe dazu C. G. Jung, Gut und Böse in der analytischen Psychologie, Gesammelte Werke Bd. 11. Zürich 1963, 669–681; J. Jacobi, Der Weg zur Individuation, Zürich 1965; I. Beck, Das Problem des Bösen und seiner Bewältigung. Eine Auseinandersetzung mit der Tiefenpsychologie von C. G. Jung vom Standpunkt der Theologie und Religionspädagogik, München 1976; M. Battke, Das Böse bei Freud und Jung, Düsseldorf 1978.

10 L. Szondi, Moses. Antwort auf Kain, Bern 1973, 153; vgl. auch Szondis früheres Werk: Kain. Gestalten des Bösen, Bern 1969, und die Kritik von W. Strolz, Kain und Moses in der Schicksalsanalyse Leopold Szondis, Orientierung 38, 1974, 65–68.

11 J. Rudin, Das Schuldproblem in der Tiefenpsychologie von C. G. Jung, Weltgespräche 6, Freiburg 1968, 61–71, hier 71.

12 E. Neumann, Tiefenpsychologie und neue Ethik, Zürich 1949, 105.

3. Mensch und Umwelt

1 behaviour = Verhalten, Betragen.

2 F. S. Skinner, Jenseits von Freiheit und Würde, Hamburg 1973, 120.

3 Ebd. 118.

4 Ebd. 202.

5 Ebd. 205.

6 Ebd. 106 u. ö.

7 Ebd. 216.

8 Gott ist für Skinner das »archetypische Muster einer Fiktion« (206).

9 Ebd. 204.

10 A. Plack, Die Gesellschaft und das Böse. Eine Kritik der herrschenden Moral, München [11]1974, 22.

11 Siehe dazu Fromm, Anatomie 245–486.

12 A. Kaiser, Aggressivität als anthropologisches Problem, in: A. Plack (Hg.), Der Mythos vom Aggressionstrieb, München 1973, 43–67, hier 61.

13 Wieser 29.

14 Zur Kritik der Hegelschen Rechtsphilosophie. Einleitung (1843), Karl-Marx-Ausgabe Bd. 1, hg. v. H.-J. Lieber/P. Furth, Darmstadt 1962, 497.

15 Vgl. hierzu W. Korff, Norm und Sittlichkeit. Untersuchungen zur Logik der normativen Vernunft, Mainz 1973, 151–168, vor allem 160ff. und 166f.

16 I. Eibl-Eibesfeldt, Liebe und Haß. Zur Naturgeschichte elementarer Verhaltensweisen, München 1970, 97f.

17 Korff 85.

18 Gesellschaft und Freiheit, München 1965, 129.

19 Aggression und Anpassung II, Psyche 12, 1958/59, 523–537, hier 526; jetzt auch in: Die Idee des Friedens und die menschliche Aggressivität, Frankfurt 1971, 37–95, hier 77.

20 Korff 174.

21 Ebd. 176.

22 H. Marcuse, Triebstruktur und Gesellschaft, Frankfurt 1969, 196f.

23 Korff 159.

24 Anatomie 90.

25 Siehe oben 289 Anm. 15.

26 Wieser 23–27.

27 Ebd. 26f.

28 Ebd. 57.

29 Ebd. 32.

4. Autonome Moral

1 Vgl. dazu G. Ebeling, Die Evidenz des Ethischen und die Theologie, ZThK 57, 1960, 318–356.

2 Autonome Moral und christlicher Glaube, Tübingen 1971, 13 Anm. 4.

3 Zu den Begriffen Vernunft und Ursprungsvernunft siehe Korff 62–75.

4 Siehe dazu A. Auer, Ist die Sünde eine Beleidigung Gottes?, ThQ 155, 1975, 53–68. Als prägnanteste Definition von »Sünde« im Sinn der autonomen Moral zitiert Auer hier Thomas von Aquin: »Wir können Gott überhaupt nur dadurch beleidigen, daß wir gegen unser eigenes Wohl handeln« (S. c. Gent. III, 23).

5 Korff 93.

6 Autonome Moral 17, siehe auch 32 und 52.

7 Korff, Normtheorie, in: A. Hertz u. a. (Hg.), Handbuch der christlichen Ethik Bd. 1, Freiburg 1978 (im Druck).

8 Auer, Autonome Moral 16.

9 Korff, Norm und Sittlichkeit 68, der sich auf N. Hartmann, Ethik, Berlin ³1949, 148–160 (»Vom idealen Ansichsein der Werte«) bezieht.

10 Ebd. 67f. u. ö.; Handbuch (im Druck).

11 J. Fuchs, Gibt es eine spezifisch christliche Moral?, Stimmen der Zeit 185, 1970, 99–112, hier 100 Anm. 1.

12 Auer, Autonome Moral 161.

13 Ebd. 163.

14 Vgl. dazu den Abschnitt »Das christliche Proprium und die Autonomie des Sittlichen«, ebd. 173–184. Zu dieser Thematik siehe ferner H. Küng, Christ sein, München 1974, 520–544.

IV. Der Christ und das Böse

1. Das Böse – ein Element der Schöpfung

1 »Die von Gott gut geschaffene, gut erfundene Welt ist die, in der und mit der eine Geschichte anheben und zum Ziel kommen wird, die den Sinn der Schöpfung erfüllt« (C. Westermann, Genesis I, Neukirchen 1974, 229).

2 Siehe oben S. 180f.

3 Daß nach der Erschaffung des Firmaments im hebräischen Text die Formel »und er sah, daß es gut war« (V. 7) fehlt, dürfte auf einem Versehen beruhen, wie der Vergleich mit der alten griechischen Übersetzung (Septuaginta) zeigt.

4 Siehe oben S. 34 und 53.

5 L. Scheffczyk, Der Ursprung des Bösen im Lichte der katholischen Glaubensaussagen, in: H. Häfner u. a., Realität und Wirksamkeit des Bösen, München 1965, 91–119, hier 100.

6 «In der Sünde Adams wird jede Menschensünde und deren Folgen beschrieben. Diesen Sachverhalt sollte man nicht leugnen« (N. Lohfink, Der theologische Hintergrund der Genesiserzählung vom Sündenfall, ebd. 69–89, hier 83).

7 Vgl. H. Haag, Der »Urstand« nach dem Zeugnis der Bibel, ThQ 148, 1968, 385–404.

8 Wirklichkeit und Geheimnis der Sünde, Augsburg 1970, bes. 89–102; ferner die oben Anm. 5 genannte Arbeit.

9 Ursprung 99.

10 Wirklichkeit 94.

11 *Melius enim iudicavit de malis bene facere quam mala nulla esse permittere* (Enchiridion 8,27).

12 Ursprung 111.

13 Wirklichkeit 96.

14 Ebd. 102.

15 Andere Äußerungen Scheffczyks lassen keinen Zweifel daran, daß er den Teufelsglauben »als Kontrastmittel und als Hemmungsmoment zum Verständnis der Heilswirklichkeit« für unentbehrlich hält (»Christlicher Glaube und Dämonenlehre«, MüThZ 26, 1975, 387–396, hier 388).

16 Siehe oben S. 190.

17 W. Beinert, Müssen die Christen an den Teufel glauben?, Stimmen der Zeit 102, 1977, 541–554, hier 553.

18 Ebd.

19 Mit dieser fragwürdigen Vorstellung operiert auch W. Kasper, wenn er von einem »Risiko« spricht, das Gott mit der menschlichen Freiheit einging (Das theologische Problem des Bösen, in: W. Kasper/K. Lehmann [Hg.], Teufel–Dämonen–Besessenheit, Mainz 1978, 41–69, hier 54).

20 Voller Text in: Teufelsglaube 506–510.

21 Schon am 29. Juni des gleichen Jahres hatte der Papst in einer im Petersdom

gehaltenen Homilie ausgeführt, die Situation der Kirche sei dadurch gekennzeichnet, daß »durch eine Ritze der Rauch des Satans in den Tempel Gottes eingedrungen sei« (Teufelsglaube 134 f.).

22 Siehe H. Haag, Ein fragwürdiges römisches Studiendokument, ThQ 156, 1976, 28–34.

23 Siehe oben S. 165.

24 Siehe oben S. 170 f.

25 Siehe dazu H. Haag, Rettet den Teufel!, Süddeutsche Zeitung 12./13. März 1977.

26 Regensburger Bistumsblatt 3. Oktober 1976.

27 Zur Engelssünde siehe oben S. 83–86.

28 Freiburg 1976.

29 Der Stellenwert des Teufels im christlichen Glauben, in: H.-M. Barth/H. Flügel/R. Rieß, Der emanzipierte Teufel, München 1974, 109–170.

30 Bd. III, Regensburg 1976.

31 Siehe oben Anm. 19.

32 Zwar wird eingeräumt, Israel habe immer daran festgehalten, »daß alle Menschen ohne Ausnahme Sünder sind, daß die Sündhaftigkeit wie eine ›zweite Natur‹ zum Menschen gehöre«, gleichzeitig aber eingeschränkt: »Diese Sündhaftigkeit läßt sich jedoch in keinem Fall aus der von Gott geschaffenen Natur des Gott ebenbildlichen Menschen erklären« (Auer/Ratzinger 524).

33 Das gilt auch von den erwähnten Beiträgen zum Thema von W. Kasper und K. Lehmann (siehe oben Anm. 19). Lehmanns Feststellung: »Der geistig Hochbegabte, nicht der unterentwickelte Triebtäter kann maximal sündigen« (ebd. 87) ist zwar zutreffend, aber zur Erklärung des Ursprungs der Sünde wenig tauglich. Den »reinen Geist« für die »spontane, selbstgefundene Sünde« zu postulieren, da auch die größte Genialität des Menschen nicht ausreiche, als erster die Möglichkeit der Sünde zu denken, widerspricht dem Zeugnis der Bibel und kommt über den Wahrscheinlichkeitsgrad reiner Spekulation nicht hinaus.

34 Diese zu Recht »ermüdend« genannte Frage (Beinert 553) wird nicht von den Gegnern des Teufelsglaubens gestellt (vgl. Teufelsglaube 23 f.), sondern von dessen Verfechtern. Die neueste Behandlung des Themas durch K. Lehmann (Der Teufel – ein personales Wesen?, [Anm. 19] 71–98) führt über alte Positionen nicht wesentlich hinaus und muß zu recht akrobatischen Gedankensprüngen greifen, um eine irgendwie geartete »Personalität« des Teufels zu retten. Der wenig hilfreiche Versuch, mit der Vokabel »Un-Person« der Sache näher zu kommen, war J. Ratzinger vorbehalten (Dogma und Verkündigung, München 1973, 233).

35 L. Scheffczyk, ThR 73, 1977, 133.

36 Dei Verbum Art. 12; Gaudium et spes Art. 62.

37 Vgl. H. Haag, ThQ 148, 1968, 385–404.

38 N. M. Wildiers, Weltbild und Theologie, Einsiedeln 1974, 390 f.

39 Gemeint ist die Evolution.

40 Mein Weltbild, Olten 1975, 60 f. – Weshalb diese – übrigens durchaus biblische – Sicht eine »allzu glatte Lösung« sein soll (Beinert 554 Anm. 9), ist nicht einzusehen.

41 Weltbild 85 Anm. 37.

2. Mit dem Bösen leben

1 Abraham: Gen 12,10–20; Jakob: Gen 25,29–34; 27; Mose: Num 20,12; Dtn 1,37; David: 2 Sam 11f. u. a.
2 Der von Hosea idealisierten ungetrübten Zeit der ersten Liebe in der Wüste (Hos 2,17; 11,1; 13,4f.; vgl. Jer 2,6f.) widersprechen die geschichtlichen Berichte.
3 Siehe oben S. 57f.
4 Vgl. W. Kornfeld, Artikel Todesstrafe, BL 1764f.
5 Vgl. W. Zimmerli, ZAW 66, 1954, 13–19; Karl Elliger, Leviticus, Tübingen 1966, 101.
6 Vgl. W. Rudolf, Jona, in: Archäologie und Altes Testament, Festschrift K. Galling, Tübingen 1970, 233–239.
7 Siehe oben S. 80–82.
8 Über das Verhältnis der Mt-Fassung zum Paralleltext Lk 17,3 siehe W. Pesch, Mattäus der Seelsorger, Stuttgart 1966, 36–38.
9 Siehe dazu den Abschnitt »Der Synagogenbann« bei StB IV, 293–333.
10 Vgl. den Gegensatz τοὺς ἔξω-τοὺς ἔσω (V. 12f.) und die ausdrückliche Unterscheidung von »Welt« (κόσμος) und »Bruder« (ἀδελφός) in V. 10f.
11 Siehe oben S. 35f.
12 Siehe oben S. 36f.
13 Vgl. L. Goppelt, Theologie des Neuen Testaments I, Göttingen 1975, 178–185.

3. Das Böse durch das Gute überwinden

1 Siehe oben S. 109–111.
2 Für die wirtschaftlichen und sozialen Nöte der Länder und Völker unserer Zeit bedeutet dies nach der Enzyklika »Populorum progressio« Papst Pauls VI. (1967): »Jede Revolution – ausgenommen im Fall der eindeutigen und lange dauernden Gewaltherrschaft, die die Grundrechte der Person schwer verletzt und dem Gemeinwohl des Landes ernsten Schaden zufügt – zeugt neues Unrecht, bringt neue Störungen des Gleichgewichts mit sich, ruft neue Zerrüttung hervor. Man kann das Übel, das existiert, nicht mit einem noch größeren Übel vertreiben« (Nr. 31).
3 Die Urform des Gleichnisses (V. 24.26.28b.29) dürfte auf Jesus selbst zurückgehen.
4 Vgl. Limbeck, Teufelsglaube 314f.
5 E. Schweizer, Das Evangelium nach Mattäus, Göttingen ²1976, 204: »So wird vor dem ungeduldigen Eifer gewarnt, in dem der Mensch selbst das Gericht Gottes vollziehen will.«
6 Siehe oben S. 187f.
7 So umstritten auch die Deutung des Wortes sein mag, jedenfalls ist es legitim, es in diesem Sinn zu verstehen.
8 R. Schutz, Die Gewalt der Friedfertigen, Freiburg 1972, 11 und 115f.
9 Siehe oben S. 284 Anm. 38.
10 Siehe oben S. 54.
11 Vgl. den Kommentar zum Galaterbrief von F. Mußner, Freiburg 1974, 385.

12 H. Gollwitzer u. a., Du hast mich heimgesucht bei Nacht, München/Hamburg
   ³1969, 95.
13 De natura et origine animae, Buch I, II/2.
14 Vgl. H. Küng, Existiert Gott?, München 1978, 515–523.
15 Es bezieht sich auf die Invasion Judas durch die Babylonier um 600 v. Chr.
16 Zum Thema Hoffnung siehe vor allem J. Moltmann, Theologie der Hoffnung,
   München ¹⁰1977; ders., Experiment Hoffnung, München 1974; J. B. Metz, Glaube
   in Geschichte und Gesellschaft, Mainz 1977; ders., Ermutigung zum Gebet, Freiburg 1977.
17 B. von Blarer, Die Briefe des Sir Thomas Morus, Einsiedeln 1949, 179f.
18 Siehe oben S. 123–125.
19 E. Bloch, Das Prinzip Hoffnung, 3 Bde, Frankfurt ²1967.

Verzeichnis der Abkürzungen

BL   H. Haag (Hg.), Bibel-Lexikon, Einsiedeln ²1968
BZ   Biblische Zeitschrift
DBS   Supplément au Dictionnaire de la Bible
EvTh   Evangelische Theologie
HUCA   Hebrew Union College Annual
LThK   Lexikon für Theologie und Kirche, Freiburg
              ²1957/65
MüThZ   Münchener Theologische Zeitschrift
OTS   Oudtestamentische Studiën
par.   und synoptische Parallelen
RAC   Th. Klauser (Hg.), Reallexikon für Antike und
              Christentum, Stuttgart 1950ff.
RGG   Die Religion in Geschichte und Gegenwart, Tübin-
              gen ³1957/65
Rießler   P. Rießler, Altjüdisches Schrifttum außerhalb der
              Bibel, Augsburg 1928, Nachdruck Darmstadt 1966
StB   H. Strack/P. Billerbeck, Kommentar zum Neuen
              Testament aus Talmud und Midrasch, München
              1922/28, Nachdruck 1961/65
Teufelsglaube H. Haag u. a., Teufelsglaube, Tübingen 1974
THAT   E. Jenni/C. Westermann (Hg.), Theologisches
              Handwörterbuch zum Alten Testament, 2 Bde,
              München 1971/75
ThQ   Theologische Quartalschrift
ThR   Theologische Revue
ThWAT   G. J. Botterweck/H. Ringgren (Hg.), Theologisches
              Wörterbuch zum Alten Testament, Stuttgart 1970ff.

ThWNT	G. Kittel/G. Friedrich (Hg.), Theologisches Wörterbuch zum Neuen Testament, Stuttgart 1933 ff.
TrThZ	Trierer Theologische Zeitschrift
ZAW	Zeitschrift für die alttestamentliche Wissenschaft
ZThK	Zeitschrift für Theologie und Kirche
VT	Vetus Testamentum
WA	M. Luther, Werke. Kritische Gesamtausgabe, Weimar 1883 ff.
WAB	M. Luther, Werke. Kritische Gesamtausgabe, Briefwechsel, Weimar 1930 ff.
WAT	M. Luther, Werke. Kritische Gesamtausgabe, Tischreden, Weimar 1912 ff.

Weiterführende Literatur

Die folgenden Hinweise beschränken sich auf neuere Monographien zum unmittelbaren Thema dieses Buches. Ein umfassendes Verzeichnis der Literatur zu den Themen Teufel, Dämonen, Hexen, Besessenheit, Exorzismus und Satanismus bis 1974 findet sich in Teufelsglaube 515–525.

Altner G./Anders E. (Hg.), Die Sünde – das Böse – die Schuld, Stuttgart 1971.

Auer A., Autonome Moral und christlicher Glaube, Tübingen 1971.

Barth H.-M., Der Teufel und Jesus Christus in der Theologie Martin Luthers, Göttingen 1967.

Baschwitz K., Hexen und Hexenprozesse. Die Geschichte eines Massenwahns und seine Bekämpfung, München 1963.

Battke M., Das Böse bei Freud und Jung, Düsseldorf 1978.

Bauer E. (Hg.), Psi und Psyche. Neue Forschungen zur Parapsychologie, Festschrift Bender, Stuttgart 1974.

Baumann U., Erbsünde?, Freiburg 1970.

Baumbach G., Das Verständnis des Bösen in den synoptischen Evangelien, Berlin 1963.

Beck J., Das Problem des Bösen und seiner Bewältigung. Eine Auseinandersetzung mit der Tiefenpsychologie von C. G. Jung vom Standpunkt der Theologie und Religionspädagogik, München 1976.

Becker G. u. a., Aus der Zeit der Verzweiflung. Zur Geschichte und Aktualität des Hexenbildes, Frankfurt 1977.

Bernhart J., Chaos und Dämonie. Von den göttlichen Schatten der Schöpfung, München 1950.

Billicsich F., Das Problem des Übels in der Philosophie des Abendlandes, 3 Bde, Wien I ²1955 (¹1936), II ¹1952, III ¹1959.

Bishop G., Witness to Evil, Los Angeles 1971.

Bitter W. (Hg.), Massenwahn in Geschichte und Gegenwart, Stuttgart 1965.

Bitter W. (Hg.), Gut und Böse in der Psychotherapie, Stuttgart ²1966.

Czapiewski W./Scherer G., Der Aggressionstrieb und das Böse, Essen 1967.

Denker R., Aufklärung über Aggression, Stuttgart ³1971.

Döbler H., Hexenwahn. Die Geschichte einer Verfolgung, München 1977.

Drewermann E., Strukturen des Bösen. Die jahwistische Urgeschichte in exegetischer, psychoanalytischer und philosophischer Sicht, 2 Bde, München 1977.

Eibl-Eibesfeldt I., Liebe und Haß. Zur Naturgeschichte elementarer Verhaltensweisen, München 1970.

Eibl-Eibesfeldt I., Der vorprogrammierte Mensch. Das Ererbte als bestimmender Faktor im menschlichen Verhalten, Wien 1973.

Eibl-Eibesfeldt I., Krieg und Frieden aus der Sicht der Verhaltensforschung, München 1975.

Eibl-Eibesfeldt I., Grundriß der vergleichenden Verhaltensforschung – Ethologie, München ⁵1978.

Ernst C., Teufelsaustreibung. Die Praxis der katholischen Kirche im 16. und 17. Jahrhundert, Bern 1972.

Fromm E., Das Menschliche in uns. Die Wahl zwischen Gut und Böse, Konstanz 1968.

Fromm E., Anatomie der menschlichen Destruktivität, Hamburg 1977.

Gerstenberger E. S./Schrage W., Leiden, Stuttgart 1977.

Görmann U., A good God? A logical and semantical analysis of the problem of evil, Lund 1977.

Haack, F. W., Von Gott und der Welt verlassen. Der religiöse Untergrund in unserer Welt, Düsseldorf 1974.

Haag, H., Biblische Schöpfungslehre und kirchliche Erbsündenlehre, Stuttgart ⁴1968.

Haag H. u. a., Teufelsglaube, Tübingen 1974.

Häring H., Die Macht des Bösen. Das Erbe Augustins, Zürich 1979.

Hamers M., Hexenwahn und Hexenprozesse, Frankfurt 1977.

Hanson J. E., Evil and optimism in the thought of Teilhard de Chardin, Diss. Fordham University 1975.

Hedinger U., Erschaffen und schon gefallen? Kritik des Mythos vom guten Ursprung und bösen Fall, Frankfurt 1976.

Hick J., Evil and the God of Love, London 1966.

Honegger C. (Hg.), Die Hexen der Neuzeit. Studien zur Sozialgeschichte eines kulturellen Deutungsmusters, Frankfurt 1978.

Knierim R., Die Hauptbegriffe für Sünde im Alten Testament, Gütersloh 1965.

Kolakowski L., Die Gegenwärtigkeit des Mythos, München 1973.

Korff W., Norm und Sittlichkeit. Untersuchungen zur Logik der normativen Vernunft, Mainz 1973.

Kraus G., Vorherbestimmung, Freiburg 1977.

Lorenz K., Das sogenannte Böse. Zur Naturgeschichte der Aggression, Wien [36]1974.

Marcuse H., Triebstruktur und Gesellschaft, Frankfurt 1969.

Mercier A. (Hg.), Aggression und Toleranz. Wesen und Unwesen menschlichen Verhaltens, Bern 1977.

Montgomery J. W. (Hg.), Demon possession: a medical, historical, anthropological, and theological symposium, Minneapolis 1976.

Plack A. (Hg.), Der Mythos vom Aggressionstrieb, München 1973.

Plack A. (Hg.), Die Gesellschaft und das Böse. Eine Kritik der herrschenden Moral, München [11]1974.

Richards J., But deliver us from evil. An introduction to the demonic dimension in pastoral care, London 1974.

Ricoeur P., Die Fehlbarkeit des Menschen, Freiburg 1971.

Ricoeur P., Symbolik des Bösen, Freiburg 1971.

Sander V., Die Faszination des Bösen. Zur Wandlung des Menschenbildes in der modernen Literatur, Göttingen 1968.

Schillebeeckx E., Jesus. Die Geschichte von einem Lebenden, Freiburg 1975.

Schmidt-Mummendey A./Schmidt H. (Hg.), Aggressives Verhalten. Neue Ergebnisse der psychologischen Forschung, München [4]1976.

Schoonenberg P., Theologie der Sünde, Einsiedeln 1966.

Schwager R., Brauchen wir einen Sündenbock?, München 1978.

Sertillanges A. D., Le problème du mal, Paris 1948/51.

Seybold M., Sozialtheologische Aspekte der Sünde bei Augustinus, Regensburg 1963.

Skinner F. S., Jenseits von Freiheit und Würde, Hamburg 1973.

Smith C. R., The Bible Doctrine of Sin and the Ways of God with Sinners, London 1953.

Szondi L., Kain. Gestalten des Bösen, Bern 1969.

Szondi L., Moses. Antworten auf Kain, Bern 1973.

Te Selle E., Augustine the Theologian, London 1970.

Tod und Teufel in Klingenberg. Eine Dokumentation, Aschaffenburg 1977.

Towner W. S., How God deals with evil, Philadelphia 1976.

Welte B., Über das Böse. Eine thomistische Untersuchung, Freiburg 1959.

Wildiers N. M., Weltbild und Theologie, Einsiedeln 1974.

Wördemann F., Terrorismus, München 1977.

Zacharias G., Das Böse. Dokumente und Interpretationen, München 1972.

Autorenregister

Stellenregister

Altes Testament

Genesis (Gen)

1,1–2,4	93
1,26–28	30f., 63, 89
2,4–3,24	49–52, 82
2,17	91, 249
3	193, 198–200, 239–241
3,3	91
3,6	26, 70, 110
3,16	107, 110
4,1–16	52f., 82
4,1–8	26
4,17	26
4,19	26
4,23 (f.)	26, 110
6,1 (f.)	26, 84
6,4	84
6,5 (f.)	25, 53, 62, 64, 106f.
6,11–13	34, 53
8,21	53, 64, 93
9,15	123
11,1–9	111
13,13	26–28
16,5	34
18,24–26	116
19,1–11	26
20,1–18	29f.
31,36	29
32,22–32	44–46
37	54
39–50	54
39,9	26–28
40,1	29
41,1ff.	22
44,16	32
45,5	107
49,5	34
50,20	26

Exodus (Ex)

4,24–26	46f., 88
21,23–25	110
21,33f.	108
32,12	24
32,30–32	114
34,7	116

Leviticus (Lev)

4,2	30
7,20	254
19,18	271

Numeri (Num)

20,5	21
22,34	30

Deuteronomium (Dtn)

6,4	43
6,5	62
6,13	101
6,16	101
8,3	101
12,18	268
12,29f.	29
30,11–14	251f.
13,6	254

Josua (Jos)

9	114

Richter (Ri)

9,23	43
9,56f.	111
20,16	29

Rut (Rut)

2,12	109

1 Samuel (1 Sam)

2,25	43f.
10,10f.	166
15,23	111
16,14f.	43
18,10f.	43
19,24	166

2 Samuel (2 Sam)

3,39	109
12,13	28f., 31, 116, 123
16,5–13	32
19,20f.	32
21	114
24	44,74f.

1 Könige (1 Kön)

8,33–36	117
8,61	56
9,9	24
11,4	56
11,6	27
12,15	74
12,24	44
14,22	27
22,19–23	44,48

2 Könige (2 Kön)

2,19–22	21
17	112
17,7–23	55f.
21,17	29

1 Chronik (1 Chr)

21	74f.

2 Chronik (2 Chr)

10,15	74
36,14–16	57

Neues Testament

Personen- und Sachregister

Ein Wort zum Schluß

Ein Buch, dessen Thematik sich vom Alten Orient über die Philosophie und Theologie des Abendlandes bis zu den modernen empirischen Wissenschaften spannt, kann – will es der Gefahr des Dilettantismus entgehen – auf Rat und Hilfe zuständiger Fachvertreter nicht verzichten. So habe ich meinen Kollegen Alfons Auer, Willi Geerlings, Hermann Häring, Wilhelm Korff, Bernhard Lang, Meinrad Limbeck, Ludger Oeing-Hanhoff und Johannes Schwartländer für klärende Gespräche und die bereitwillige Durchsicht und Berichtigung einzelner Kapitel herzlich zu danken. Meine Sekretärin Eva Maria Henn besorgte die Reinschrift des Manuskripts mit der Zuverlässigkeit und Geduld, mit der sie mich seit Jahren verwöhnt. Nicht weniger sorgfältig war Christian Brencher im Beschaffen der Literatur und bei der Kontrolle der Zitate. Heribert Leider half beim Lesen der letzten Korrektur.

Niemals hätte das Buch in dieser thematischen Breite zustande kommen können ohne meine Mitarbeiterin Katharina Elliger. Wir haben das Buch gemeinsam geplant und in dauerndem Austausch erarbeitet. Daß Winfried Elliger mit kritischem Blick an das Manuskript letzte Hand anlegte und die Erstellung des Namen- und Sachregisters besorgte, brachte dem Buch eine wertvolle Bereicherung ein.

Eine besondere Freude war für mich das überzeugte Engagement, mit dem sich Klaus Piper persönlich für das Thema einsetzte. Sein Weitblick und seine vielfältigen Anregungen haben sich hier niedergeschlagen. An die Zusammenarbeit mit Frau Lektorin Renate Böhme kann ich nur mit Dankbarkeit zurückdenken.

Das letzte Wort über das Böse ist mit diesem Buch nicht gesprochen, ja es kann überhaupt nie gesprochen werden. Sicher aber ist, daß uns das Denken und Reden über das Böse vor eine hohe Verantwortung stellt, eine Verantwortung, der auch – ja gerade – die kirchliche Verkündigung nicht immer gerecht wurde. Der lange Prozeß der Klärung und Reifung kann von den Theologen allein nicht bewältigt werden. Er bedarf der Zusammenarbeit mit anderen Disziplinen. Wie kaum in einer Frage gilt für das Böse die Forderung des Zweiten Vatikanischen Konzils: »Die neuen Forschungen und Ergebnisse der Naturwissenschaften, aber auch der Geschichtswissenschaft und Philosophie stellen neue Fragen, die . . . auch von den Theologen neue Untersuchungen verlangen . . . In der Seelsorge sollen nicht nur die theologischen Prinzipien, sondern auch die Ergebnisse der profanen Wissenschaften, vor allem der Psychologie und der Soziologie, wirklich beachtet und angewendet werden, so daß auch die Laien zu einem reineren und reiferen Glaubensleben kommen« (Pastoralkonstitution, Art. 62).

Tübingen, am 31. Juli 1978   Herbert Haag